NEW!
$ 12 ⁰⁰

CONVERSACIONES CONTIGO

Robert Cabat, PhD

Former Assistant Professor of Spanish
Kingsborough Community College
New York City

Former Acting Director and Assistant Director of Foreign Languages
New York City Public Schools

Former Assistant Principal/Foreign Languages
New Utrecht High School
New York City

AMSCO SCHOOL PUBLICATIONS, INC.
315 Hudson Street, New York, N.Y. 10013

A la memoria de Jonathan, Lewis, Rose, George, Amy y Esther:
partidos de esta vida, pero nunca olvidados.

Cover design by A Good Thing, Inc.
Text design by Delgado and Company, Inc.
Illustrations by Ed & Noel Malsbert
Composition by Sierra Graphics, Inc.

Please visit our Web site at:
www. amscopub.com

When ordering this book, please specify: *either* **R 433 P**
or CONVERSACIONES CONTIGO

ISBN 978-1-56765-807-1
NYC Item 56765-807-0

Copyright © 2007 by Amsco School Publications, Inc.

No part of this book may be reproduced in any form
without written permission from the publisher.

Printed in the United States of America

1 2 3 4 5 6 7 8 9 10   11 10 09 08 07

Contents

Preface

Conversaciones contigo is a comprehensive beginning text that gives special emphasis to speaking Spanish, the skill that many students enjoy the most and that many teachers find most challenging to develop effectively. Conversation is a language skill which, of late, has been increasingly stressed in Foreign-Language curricula and standardized tests.

The book affords ample practice in reading, writing, and listening. Language structure sections in each chapter present and reinforce all of the topics required for a first-year course on the secondary level. The language-structure sections can be used for initial presentation or review. All the material is presented in the context of current Hispanic culture.

The text consists of thirty chapters. In each of these, the student is enabled to give personalized responses in situations involving two Hispanic youngsters—Elena and Pedro—and various people connected to the theme of each chapter. The themes of the chapters are based on a "ripple" format. They begin with the individual student in terms of personal introduction, identification, and greetings, and continue themes such as family, school, and shopping. Chapters based on aspects of contemporary life such as transportation, health, public services, media, and leisure time are included.

- An introduction stating the situation dealt with and the linguistic goal(s) of the chapter.
- Appropriate Spanish-English vocabulary
- A basic, theme-oriented conversation incorporating the target structural element(s). This is presented in "script" form, with <u>provision made for students to join the conversation with personalized responses</u>.
- Supplementary words and expressions relating to the conversation theme. These provide students with additional opportunities for expression.
- A ten-item completion exercise in Spanish to be answered in written or oral form.
- Ten direct questions in Spanish on the conversation, to be answered in written or oral form.
- Five "personalized" questions for the student, dealing with the material of the conversation.
- An exercise based on an illustration dealing with the material of the conversation. This stimulus may be used to elicit spoken or written responses.

- A dialog exercise in which the student is asked to respond to dialog lines dealing with the theme of the conversation.
- A directed dialog exercise based on the theme of the conversation. Instructions are given for two participants.
- *Actividad*, a suggested project for individuals or groups relating to the theme of the conversation.
- *Español Práctico*, an exercise where students are asked to interpret primary source printed material in Spanish that related to the theme of the conversation.
- *Language structure*, a brief, simple explanation of the target structure(s).
- Pattern drills focusing on new vocabulary and structures.
- Exercises of increasing order of difficulty, based on the target structure(s).
- A guided composition exercise focusing on the target structure(s) and incorporating linguistic elements presented in the lesson.
- *Refrán*, a popular proverb in Spanish related to the theme of the chapter.

The Author wishes to express his thanks for the outstanding editorial work of Wigberto Rivera and for the suggestions and encouragement of a master teacher of Spanish: Janet Cabat.

Robert Cabat

CONVERSACIÓN

1

¡Hola!

¿Qué pasa?	You are on a committee at a national conference of students of Spanish in Colorado. Members are asked to introduce themselves.
Aprendes:	Basic greetings in Spanish
	Subject pronouns and the verbs **ser** (*to be*) and **llamarse** (*to be named*)

VOCABULARIO

hola *hello*
me llamo *my name is* (from **llamarse**)
y *and*
¿cómo te llamas? *what's your name?*
mucho gusto *it's a pleasure to meet you*
igualmente *same here, likewise*

soy de *I'm from* (from **ser de**)
bienvenido(-a) *welcome*
vamos *let's go* (from **ir**)
a *to, at*
sí *yes*
ahora mismo *right now*

CONVERSACIÓN

PEDRO:	Hola. Me llamo Pedro García.
ELENA:	Y yo me llamo Elena Pérez.
PEDRO:	¿Cómo te llamas?
ESTUDIANTE:	Me llamo _____.
	(student's name)
PEDRO Y ELENA:	Mucho gusto.
ESTUDIANTE:	Igualmente.
PEDRO:	Yo soy de Denver.
ELENA:	Yo soy de Boulder.
ESTUDIANTE:	Yo soy de _____.
	(student's town or city)
PEDRO Y ELENA:	Bienvenido(-a)* a Colorado.
ELENA:	Vamos a la cafetería.
PEDRO:	Sí, vamos ahora mismo.

---

*Use the ending **-o** when referring to someone masculine and **-a** for someone feminine.

VOCABULARIO ADICIONAL

adiós	*goodbye*	**de**	*from*
ahora	*now*	**dónde**	*where*
buenos días	*hello, good morning*	**gracias**	*thank you*
buenas noches	*good evening, good night*	**muy bien**	*very well*
buenas tardes	*good afternoon*	**¿qué dices?**	*what do you say?*
¿cómo estás?	*how are you?*	**¿quién?, ¿quiénes?**	*(plural) who?*
¿cuándo?	*when?*		

EJERCICIO A

Complete the following sentences based on the conversation and express them in English.

1. El estudiante se llama (*The student's name is*) _____ García.

_____

2. La estudiante se llama Elena _____ .

_____

3. Vamos a la _____ .

_____

4. _____ es de Boulder.

_____

5. Yo me llamo _____ .

_____

EJERCICIO B

Answer the following questions based on the **Conversación**.

1. ¿De dónde son (*are*) Pedro y Elena?

_____

2. ¿Cómo se llama la estudiante de Boulder?

_____

3. ¿De dónde es (*is*) Pedro?

_____

4. ¿Adónde van (*go*) los tres?

_____

5. ¿Cuándo van?

_____

EJERCICIO C

Preguntas Personales

1. ¿Cómo estás?

Estoy _____

2. ¿Cómo te llamas?

_____

3. ¿De dónde eres?

_____

4. ¿Cómo se llama el (la) profesor(-a)?

_____

5. ¿Adónde vamos?

_____

EJERCICIO D

Make up five sentences in Spanish of a description or dialog about the following scene.

_____

_____

_____

_____

_____

EJERCICIO E

Diálogo You and Clara have just met at a student conference. Respond to her in Spanish.

CLARA: Hola, me llamo Clara. ¿Cómo te llamas?

TÚ: _____

CLARA: Mucho gusto.

TÚ: _____

CLARA: ¿Cómo estás hoy (*today*)?

TÚ: _____

CLARA: Bienvenido(-a) a nuestro (*our*) grupo.

TÚ: _____

CLARA: ¿De dónde eres (*are you*)?

TÚ: _____

CLARA: ¿Cuándo vamos a la cafetería?

TÚ: _____

CLARA: Buenas noches.

TÚ: _____

EJERCICIO F

Charla   For the following theme, hold a conversation with a classmate or your teacher. The conversation should consist of at least three relevant responses on the part of each participant.

1. Imagine that you meet your partner for the first time at a student conference. You start the conversation.

EJERCICIO G

Actividad   Prepare identification tags for your classmates and yourself that give a name and an expression of greeting in Spanish.

EJERCICIO H

Español Práctico   Here are "calling cards" for two Spanish-speaking people. Pretend that you are one of them and introduce yourself to a classmate or your teacher. Then make your own card in order to introduce yourself.

Tel.: 573-7182 Ricardo Sánchez Calle Juárez, #38* Acapulco, México	Margarita Flores Avenida de la Plata, #125 Montevideo, Uruguay Tel.: 573-7182 Fax: 897-3152

*Note that in addresses in Spanish the house number usually follows the street name or street number.

Language Structure

◆ **Subject Pronouns**

Learn the following subject pronouns in Spanish:

	SUBJECT	
PERSON	**SINGULAR**	**PLURAL**
1st	**yo** *I* (written with small letter)	**nosotros, (-as)** *we* (use **-as** ending when the entire group is feminine)
2nd	**tú** *you* (familiar, used when addressing friends, relatives, and children	
3rd	**usted (Ud.)** *you* (used in polite situations)	**ustedes (Uds.)** *you* (used in most Spanish-speaking countries for both polite and familiar situations)
	él *he*	**ellos** *they* (masculine)
	ella *she*	**ellas** *they* (feminine)

◆ **The Verb ser** (*to be*)*

SUBJECT	PRESENT-TENSE FORM
yo	**soy** *I am*
tú	**eres** *you are*
Ud.	**es** *you are*
él / ella	**es** *he / she is*
nosotros / nosotras	**somos** *we are*
Uds.	**son** *you are*
ellos / ellas	**son** *they are*

Notes:

1. Subject pronouns are often omitted in Spanish.

   Soy de Denver.   *I am from Denver.*

---

*In Spanish, there are two verbs that mean *to be*: **ser** and **estar**. For now, learn the forms of the verb **ser** in the present tense; **estar** will be explained later.

2. Noun subjects require the same verb endings as their corresponding pronoun forms.

ella es	*she is*	**los muchachos son**[**]	*the boys are*
María es	*Mary is*	**los papeles**[***] **son**	*the papers are*
ellos son	*they are*		

◆ **The Verb** llamarse   (*to be called/named*)

SUBJECT	PRESENT-TENSE FORM
yo	**me llamo** *my name is*
tú	**te llamas** *your name is*
Ud.	**se llama** *your name is*
él / ella	**se llama** *his / her name is*
nosotros / nosotras	**nos llamamos** *our names are*
Uds.	**se llaman** *your names are*
ellos / ellas	**se llaman** *their names are*

NOTE: **Llamarse** is a reflexive verb; which means that the action reflects back to the subject. The use of the reflexive pronouns **me**, **te**, **se**, **nos**, and **se**, is required with this type of verb.

EJERCICIO I

Pattern Drills

1. Say the first sentence in Spanish and express it in English. Repeat the Spanish sentence with the new subject, changing the form of the verb to agree with it. Then, express the sentence in English.

   a. *Yo soy* del estado de California.   _____   _____

      (1) tú   _____   _____

      (2) ella   _____   _____

      (3) nosotros   _____   _____

      (4) Juan   _____   _____

      (5) ellas   _____   _____

      (6) los estudiantes   _____   _____

[**]Singular nouns ending in a vowel usually form the plural by adding **-s**.
[***]Singular nouns ending in a consonant usually form the plural by adding **-es**.

     b. Ella se llama María.   _____

        (1) Ud. / Pedro   _____

        (2) nosotros / Juan y Marta   _____

        (3) yo / Carlos   _____

        (4) tú / Anita   _____

        (5) él / Pablo   _____

        (6) ellos / Raquel y Antonio   _____

2. Say the original sentence in Spanish and express it in English. Restate the sentence, replacing the words in italics with each of the listed alternatives. Then, express the new sentence in English.

     a. Yo soy de Venezuela   _____

        (1) ellos   _____

        (2) tú   _____

        (3) nosotros   _____

        (4) el estudiante   _____

        (5) Elena y María   _____

        (6) Pedro y yo (*we*)   _____

     b. Ella se llama *Alicia Gómez*   _____

        (1) tú / Juan Soto   _____

        (2) nosotros / Pérez   _____

        (3) el estudiante / Julio Vargas   _____

        (4) yo / Ana Moreno   _____

        (5) ellos / Carlos y Manuel   _____

EJERCICIO J

Give the correct form of the subject pronoun in each sentence and express in English.

1. _____ soy de Nueva York.

_____

2. _____ se llaman Pedro y Raúl.

_____

3. _____ me llamo Ricardo.

_____

4. _____ eres muy inteligente.

_____

5. _____ se llama María.

_____

6. _____ es un buen amigo.

_____

7. _____ nos llamamos Ricardo y Sara.

_____

8. _____ te llamas Carolina.

_____

9. _____ somos estudiantes.

_____

10. _____ son mexicanos.

_____

Ejercicio K

Complete the sentences with the correct form of the verb **ser**.

1. Ellos _____ estudiantes.

2. Yo _____ de Guatemala.

3. Nosotros _____ amigos.

4. Tú _____ un estudiante excelente.

5. Ud. _____ de San Francisco.

Ejercicio L

Complete the sentences with the correct form of the verb **llamarse**.

1. Nosotros _____ Pérez.

2. Ellos _____ González.

3. Él _____ Juan Domingo.

4. Tú _____ Celia Vargas.

5. Yo _____ Pablo Romero.

Ejercicio M

Composición Using the words and expressions that you have learned, express the following sentences in Spanish.

1. Hello, my name is _____, welcome.

   _____

2. What's your name? His name is Pablo.

   _____

3. It's a pleasure. Same here.

   _____

4. Good morning. How are you? Very well thank you.

_____

5. Where are you from? I'm from _____ .

_____

6. When are we going (**vamos**) to the cafeteria?

_____

7. Let's go right now.

_____

8. Who is from Texas? Her name is Juanita.

_____

9. Our name is Pelayo. We are from California.

_____

10. What do you say now? Good evening and good-bye.

_____

Refrán	
Para aprender, lo principal es querer.	*In order to learn, the most important thing is to want to.*

CONVERSACIÓN

|2|

La familia de Elena

¿Qué pasa?	You and your friend Pedro visit Elena's house to meet her family.
Aprendes:	Basic vocabulary about the family
	Forming simple negative sentences
	Stating possession and possessive adjectives

VOCABULARIO

mi *my*
el padre* *father*
de *of, from*
conocerlos *to meet you* (pl.)
la madre *mother*
encantado(-a) *delighted*
el nombre *name*
el hermano *brother*
su *his, her, your, their*
la hermana *sister*
nuestro(-a) *our*

menor *younger*
está *is* (from **estar**)
aquí *here*
ésta *this (one)*
la abuela *grandmother*
la señora *Mrs.*
el abuelo *grandfather*
en *in, on*
la biblioteca *library*
la casa *house*

CONVERSACIÓN

ELENA: Esta es mi familia.

PADRE: Soy Diego Pérez, el padre de Elena.

PEDRO: Me llamo Pedro. Mucho gusto en conocerlos.

TÚ: Me llamo _____.

MADRE: Soy la madre de Elena, Teresa Pérez.

PEDRO: Encantado.

TÚ: _____

---

*In Spanish, all nouns are either masculine or feminine. When introduced in this book, singular masculine nouns are preceded by **el** (*the*) and singular feminine nouns are preceded by **la** (*the*). For plural nouns, **los** is the masculine form for *the* and **las** is the feminine form for *the*.

HERMANO: Mi nombre es Pablo. Soy el hermano de Elena.

HERMANA: Soy Rosita, su hermana. Caterina, nuestra hermana menor, no está aquí.

ELENA: Y ésta es mi abuela, doña* Sofía Bernal. Nuestro abuelo Carlos está en la biblioteca.

ABUELA: Bienvenidos** a la casa de los Pérez.

TÚ: _____

VOCABULARIO ADICIONAL

el bebé *baby*
con *with*
deseo *I want* (from **desear**)
la nieta *granddaughter*
el nieto *grandson*
tenemos *we have* (from **tener**)
el pariente *relative*
presentar *to introduce*
la prima *cousin* (f.)
el primo *cousin* (m.)
el señor* *Mr.*

tenemos *we have* (from **tener**)
tengo *I have* (from **tener**)
la tía *aunt*
tiene *has, have* (from **tener**)
el tío *uncle*
trabaja *works* (from **trabajar**)
trabajan *work* (from **trabajar**)
vive *lives* (from **vivir**)
vivo *I live* (from **vivir**)
vivimos *we live* (from **vivir**)

EJERCICIO A

Complete the following sentences based on the conversation and then express them in English.

1. Diego Pérez es el _____ de Elena.

_____

2. La madre de Elena se llama _____ Pérez.

_____

3. Pablo es el _____ de Elena.

_____

_____

*A title of respect, used before the given name of an elder or an important woman. The corresponding masculine form is **don**.

The **s is used because the adjective describes a plural noun.

***Señor** or **señora** are used in direct address without **el** or **la**. For example, **¿Cómo está Ud., señor Bernal?** In indirect address the definite article is used. **El señor Flores es muy inteligente.**

4. Rosita es su _____ .

_____

5. Caterina es la hermana de _____ .

_____

6. El abuelo se llama _____ .

_____

7. _____ está en la biblioteca.

_____

EJERCICIO B

Answer the following questions based on the conversation.

1. ¿Cómo se llama el padre de Elena?

_____

2. ¿Quién es Teresa Pérez?

_____

3. ¿Cómo se llama el hermano de Elena?

_____

4. ¿Quiénes son sus hermanas?

_____

5. ¿Quién es la señora Bernal?

_____

6. ¿Dónde está el abuelo Carlos?

_____

7. ¿Adónde están bienvenidos Pedro y el estudiante?

_____

EJERCICIO C

Preguntas Personales

1. ¿Dónde vive tu abuela?

   _____

2. ¿Quién es tu primo?

   _____

3. Al conocer (*When meeting*) a una persona ¿qué dices?

   _____

4. ¿Dónde vives?

   _____

5. ¿Dónde vive tu familia?

   _____

EJERCICIO D

Make up five sentences in Spanish that might be said in the scene below.

_____

_____

_____

_____

_____

EJERCICIO E

Diálogo   You and your classmate Esteban are describing your families.

ESTEBAN: ¿Quiénes son los miembros de tu familia?

TÚ: _____.

ESTEBAN: ¿Dónde viven Uds.?

TÚ: _____.

ESTEBAN: ¿Tienen Uds. parientes en Hispanoamérica?

TÚ: _____.

ESTEBAN: ¿Tienes un hermano menor? (*Use* **no** *before the verb if the answer is negative.*)

TÚ: _____.

ESTEBAN: ¿Cómo se llama tu abuela?

TÚ: _____.

ESTEBAN: ¿Dónde está tu abuela ahora?

TÚ: _____.

ESTEBAN: En mi casa tenemos un bebé.

TÚ: _____.

ESTEBAN: Mis primos viven en Miami. ¿Y tus primos?

TÚ: _____.

ESTEBAN: Mi tío Alberto trabaja en la biblioteca. ¿Dónde trabaja tu tío?

TÚ: _____.

ESTEBAN: Ven (*come*) a mi casa para conocer a mi familia.

TÚ: _____.

EJERCICIO F

Charla   For the following theme, hold a conversation with a classmate or your teacher. The conversation should consist of at least five relevant responses on the part of each participant.

1. You and your partner talk about the members of your families.

EJERCICIO G

Actividad   Prepare a "family tree" chart showing your immediate family, grandparents, aunts, uncles, and cousins. Label in Spanish each person's relationship to you.

EJERCICIO H

Español Práctico   The following message appeared in a Spanish newspaper to celebrate the 15th birthday of a girl. Explain it to someone who does not know Spanish.

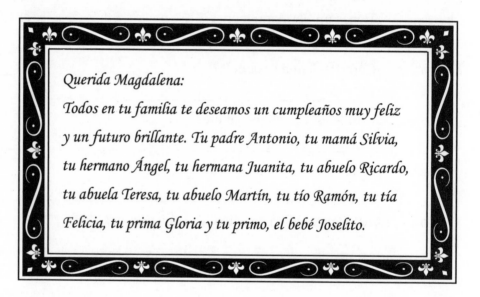

Querida Magdalena:

Todos en tu familia te deseamos un cumpleaños muy feliz y un futuro brillante. Tu padre Antonio, tu mamá Silvia, tu hermano Ángel, tu hermana Juanita, tu abuelo Ricardo, tu abuela Teresa, tu abuelo Martín, tu tío Ramón, tu tía Felicia, tu prima Gloria y tu primo, el bebé Joselito.

LANGUAGE STRUCTURE

◆ **Simple Negative Sentences**

To make a sentence negative, place **no** before the verb.

La familia vive en Colorado.	*The family lives in Colorado.*
La familia *no* vive en Colorado.	*The family doesn't live in Colorado.*
Mis amigos son mexicanos.	*My friends are Mexican.*
Mis amigos *no* son mexicanos.	*My friends aren't Mexican.*
Tenemos muchas primas.	*We have many cousins.*
***No* tenemos muchas primas.**	*We don't have many cousins.*

◆ **Possession and Possessive Adjectives**

There is no apostrophe in Spanish to express possession. To do so, the following formula is used:

el / la / los / las* + *thing or person possessed* + **de** + *possessor*

el automóvil de Lucas   *Lucas's car* (*the car of Lucas*)
la casa de María   *María's house* (*the house of María*)
los hermanos de Juan   *Juan's brother* (*the brother of Juan*)
las camisas de mi abuelo   *my grandfather's shirts*

NOTE: These are the four forms of the definite article (*the*): **el** is used with masculine singular nouns and **los** with masculine plural nouns; **la** is used with feminine singular nouns and **las** with feminine plural nouns.

◆ **Possessive Adjectives** (*my, your, his, her, our, their*)

PERSON	ADJECTIVES
yo	*mi* clase *my class* *mis* clases *my classes*
tú	*tu* pluma *your pen* *tus* plumas *your pens*
Ud. **él / ella**	*su* amigo *his / her / your friend* *sus* amigos *your* (pl.) / *his / her friends*
nosotros / nosotras	*nuestro* libro *our book* *nuestros* libros *our books* *nuestra* prima *our cousin* *nuestros* primos *our cousins*
Uds. **ellos / ellas**	*su* amigo *your* (pl.) / *his / her friend* *sus* amigos *your* (pl.) / *their friends*

NOTES:

1. Possessive adjectives agree in number and gender with the noun that follows them, NOT with the possessor.

   Nosotros vivimos en nuestra *casa*.   *We live in our house.*

   Yo tengo mis libros.   *I have my books.*

*****Los** and **las** are the plural forms of **el** and **la**.

2. **Su** can have several meaning. Often the context of the sentence will reveal it.

María tiene *su* **pluma.**   *María has her pen.*

If clarification is necessary, instead of **su**, use the following expression:

article + noun possessed + **de** *+ subject pronoun referring to possessor*

María tiene *su* **pluma.**
María tiene *la pluma de él.*   } *María has his pen.*

Carlos visita *su* **casa.**
Carlos visita *la casa de ellos.*   } *Carlos visits their house.*

EJERCICIO I

Pattern Drills

1. Make each sentence negative and then express it in English.

EJEMPLO: **Pedro es** *mi* **amigo.**   Pedro *no* es mi amigo.
Pedro is not my friend.

a. Nosotros vivimos en California.   _____

_____

b. Yo tengo una casa aquí.   _____

_____

c. Alfonso está en la biblioteca.   _____

_____

d. Nuestros primos son argentinos.   _____

_____

e. Su nombre es Ricardo.   _____

_____

2. Say the original sentence in Spanish and express it in English. Replace the words in italics with each of the listed alternatives. Then, express the new sentence in English.

a. Salvador es *un amigo.* _____

   (1) un abuelo _____

   _____

   (2) mi primo _____

   _____

   (3) nuestro tío _____

   _____

   (4) un bebé _____

   _____

b. Rosa es *la tía.* _____

   (1) mi abuela _____

   _____

   (2) nuestra amiga _____

   _____

   (3) su prima _____

   _____

   (4) su hermana menor _____

c. *Mi* casa está aquí. _____

   (1) su _____

   _____

   (2) nuestra _____

   _____

   (3) tu _____

   _____

d. *Nuestras* amigas son venezolanas. _____

    (1) mis   _____

_____

    (2) sus   _____

_____

    (3) tus   _____

_____

Ejercicio J

Express the following items in Spanish using the appropriate clarifying form.

1. Ellas viven en _____.
                             (*her house*)

2. Tengo _____.
              (*his books*)

3. Carlos trabaja con _____.
                    (*your* [polite, singular] *cousins*)

4. Juan está en _____.
               (*their library*)

5. María conoce a _____.
                  (*your* [polite, plural] *grandmother*)

Ejercicio K

Express the following possessive phrases in Spanish.

1. Juan's brother   _____

2. Ana's house   _____

3. the mother's library   _____

4. Ramón's uncle   _____

5. the aunt's baby _____

6. Pablo's cousin _____

7. Elena's house _____

8. the granddaughter's uncle _____

9. the sister's name _____

10. the family's relative. _____

EJERCICIO L

Fill in the possessive adjective that refers to the subject of the sentence and express the sentence in English.

EJEMPLO: **Yo vivo en *mi* casa.**   *I live in my house.*

1. Tú estás con _____ familia.

_____

2. Nosotros visitamos a _____ abuela.

_____

3. Yo deseo presentar a _____ familia.

_____

4. Los primos trabajan en _____ biblioteca.

_____

5. Elena escribe (*writes*) _____ nombre.

_____

6. Uds. saludan (*greet*) a _____ amigo.

_____

7. Juan visita a _____ parientes.

_____

8. Yo tengo _____ libros (*books*).

_____

9. Sara vive en _____ casa.

_____

10. Clara conoce a _____ primo.

_____

Ejercicio M

Composición   Using the words and expressions that you have learned, express the following in Spanish.

1. I wish to introduce (**a**) my cousin.

_____

2. We don't have our friends here.

_____

3. My grandfather's library has books in Spanish (**en español**).

_____

4. He has his relatives in Los Angeles.

_____

5. I'm glad to meet you (*pl.*).

_____

6. His younger brother (place the adjective after the noun) is Alfonso.

_____

7. Juan is not Pedro's cousin.

_____

8. I am not Clara's mother. She is not (**está**) here.

_____

9. My cousin's name is very beautiful (**muy bello**).

_____

10. You live in their house (*specific form*).

_____

Refrán	
Muchas manos alivian el trabajo.	*Many hands make work easier.*

CONVERSACIÓN

|3|

La casa de Pedro

¿Qué pasa? You and Elena visit Pedro's house.

Aprendes: Basic vocabulary about the house

Numbers from 0 to 10

Using the expression **hay** (*there is, there are*)

VOCABULARIO

¿cuál? *what?, which?*
la dirección *address*
vivo *I live* (from **vivir**)
la calle *street*
necesito *I need* (from **necesitar**)
tiene *has/have* (from **tener**)
la casa *particular private house*
el piso *floor* (*level*)
vive *lives* (from **vivir**)
¡qué casa más bella! *what a beautiful house!*
de nada *you're welcome*
la habitación *room*

el garaje *garage*
hay *there is / are*
el dormitorio *bedroom*
la cocina *kitchen*
la sala *living room*
el comedor *dining room*
el cuarto de baño *bathroom*
más pequeño(-a) *smaller*
el ascensor *elevator*
los muebles *furniture*
y *and*
estilo español *Spanish style*

LOS NÚMEROS: 0–10

0	cero	6	seis
1	un (o), una	7	siete
2	dos	8	ocho
3	tres	9	nueve
4	cuatro	10	diez
5	cinco		

CONVERSACIÓN

PEDRO: Vamos a mi casa ahora.

ELENA: ¿Cuál es tu dirección?

PEDRO: Vivo en la Calle Pino, Número Siete (7)

ELENA: Necesito tu número de teléfono.

PEDRO: Mi número de teléfono es cinco, cero, seis, uno, ocho, nueve, tres.

ELENA: ¿Tiene tu familia un apartamento o una casa particular?

PEDRO: Vivimos en una casa particular de dos pisos.

ESTUDIANTES: Mi familia vive en _____.

* * * * *

ELENA: ¡Qué casa más bella!

PEDRO: Gracias.

ELENA: De nada. Las habitaciones son grandes.

PEDRO: Sí. Y hay siete: tres dormitorios, la cocina, la sala, el comedor y el cuarto de baño.

ELENA: Nuestro apartamento es más pequeño. Vivimos en el piso diez (10) y usamos el ascensor.

ESTUDIANTE: En mi casa hay _____.

ELENA: Los muebles de la casa de Pedro son modernos.

PEDRO: Y en tu casa son de estilo español.

VOCABULARIO ADICIONAL

la avenida *avenue*
la cama *bed*
la casa de pisos *apartment house*
la cortina *curtain*
la lámpara *lamp*
el libro *book*

la mesa *table*
la puerta *door*
la sala de recreo *recreation room*
la silla *chair*
el sótano *basement*
la ventana *window*

EJERCICIO A

Complete the following sentences based on the **Conversación** and then express them in English.

1. La dirección de Pablo es _____ Pino, Número 7.

_____

2. 506-1893 es su número de _____.

_____

3. Pedro vive en una _____ particular.

_____

4. La casa de Pedro tiene dos _____.

_____

5. Según (*according to*) Elena, la casa de Pedro es _____.

_____

6. En la casa de Pedro las _____ son grandes.

_____

7. La casa tiene tres _____.

_____

8. El apartamento de Elena está en el piso _____.

_____

9. Elena y su familia usan el _____.

_____

10. Los _____ de la casa de Pedro son modernos.

_____

EJERCICIO B

Answer the following questions, based on the **Conversación**.

1. ¿Adónde van los tres ahora?

   _____

2. ¿Cuál es la dirección de Pedro?

   _____

3. ¿Cuál es su número de teléfono?

   _____

4. ¿Cómo (*how*) es la casa de Pedro? (Describe.)

   _____

5. ¿Cómo son las habitaciones?

   _____

6. ¿Cuántas (how many) habitaciones hay en la casa?

   _____

7. ¿En qué piso está el apartamento de Elena?

   _____

8. ¿Qué usa Elena para subir a su apartamento?

   _____

9. ¿Cómo son los muebles en la casa de Pedro?

   _____

10. ¿Quién tiene muebles de estilo español?

   _____

EJERCICIO C

Preguntas Personales

1. ¿Cuál es tu dirección?

_____

2. ¿Es grande tu casa / apartamento?

_____

3. ¿Cuál es tu habitación favorita?

_____

4. ¿Cómo son los muebles en tu casa?

_____

5. ¿En qué habitación de tu casa hay sillas y una mesa?

_____

EJERCICIO D

Make up five sentences in Spanish to describe this house.

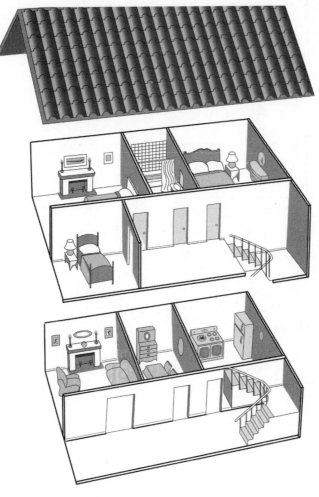

_____

_____

_____

_____

_____

EJERCICIO E

Diálogo You and Rosita are talking about the place where you live.

ROSITA: ¿Vives en un apartamento o en una casa particular?

TÚ: _____

ROSITA: ¿Cuántas habitaciones hay?

TÚ: _____

ROSITA: ¿Cuáles son?

TÚ: _____

ROSITA: ¿Cómo son los muebles?

TÚ: _____

ROSITA: ¿Dónde estudias?

TÚ: _____

ROSITA: ¿Cuál es tu habitación favorita?

TÚ: _____

ROSITA: ¿Tienes un teléfono celular?

TÚ: _____

ROSITA: ¿Cuál es tu número de teléfono?

TÚ: _____

ROSITA: En mi casa hay dos pisos.

TÚ: _____

ROSITA: En mi casa ideal deseo tener una sala de recreo.

TÚ: _____

EJERCICIO F

Charla For the following theme, hold a conversation with a classmate or your teacher. The conversation should consist of at least five relevant responses on the part of each participant.

1. You and your partner discuss your own houses or apartments.

EJERCICIO G

Actividad   Prepare a floor plan of your house or apartment. Label all of the parts that you can in Spanish.

EJERCICIO H

Español Práctico   Explain the following two real estate ads to a friend who does not speak Spanish.

Brooklyn
Casa remodelada de 2 pisos, para 2 familias. Construcción en ladrillo. 3 habitaciones, 2 baños. Localizada cerca de escuela secundaria y transportación publica. Para más información, llame a Rosa Fuentes, Castro Realty. (555) 343-2020.

Houston
Compre con solo $40,000 de pronto. Casa con 4 dormitorios, 1½ baño, sala, cocina y garaje. Sótano terminado y amueblado. Propiedad no paga impuestos por 10 años. Llame al Sr. Tony Pantojas al (555) 549-9951, de 9 AM a 5 PM.

LANGUAGE STRUCTURE

◆ **Numbers from 0 to 10**

cero 0	uno 1	dos 2	tres 3	cuatro 4	cinco 5
seis 6	siete 7	ocho 8	nueve 9	diez 10	

If the number *one* is used before a masculine noun, the form **un** is used.

un apartamento   *one apartment*

Uno is used referring to a masculine noun.

¿Tienes un libro? Sí, tengo *uno*.   *Do you have a book? Yes, I have one.*

Before a feminine noun, and referring to feminine noun, **una** is used.

Necesito *una* pluma y Pedro necesita *una* también   *I need a pen and Pedro needs one too.*

Un and **una** may also mean *a* or *an*. For example, the expressions above may be translated "an apartment" and "a house." *A* and *an* are called the indefinite article.

◆ The Spanish expression **hay** means *there is* or *there are*. It is used with both singular and plural nouns.

Hay una ventana en la habitación.   *There is one window in the room.*

Hay camas en el dormitorio.   *There are beds in the bedroom.*

Hay generally precedes the noun and the word order is the same for statements and questions. Questions are indicated by punctuation (¿?) in written Spanish and by tone of voice in the spoken language.

Hay **dos pisos en la casa.**	*There are two floors in the house.*
¿*Hay* dos pisos en la casa?	*Are there two floors in the house?*

To form a negative sentence with **hay**, place **no** before the verb.

No hay **muchas ventanas en** **mi apartamento.**	*There are not many windows in my apartment.*

NOTE: **Hay** is used to express the existence of persons or things, not to point them out.

***Hay* dos hermanos en la familia.**	*There are two brothers in the family.*

But:

***Allí* están mis dos hermanos,** **en la sala.**	*There are my two brothers in the living room.*

EJERCICIO I

Pattern Drills

1. Say the first sentence in Spanish and express it in English. Repeat the Spanish sentence, replacing the words in italics with each of the listed alternatives. Then, express the sentence in English.

   a. Vivo en *una casa grande.*   _____

      (1) una casa pequeña   _____

                           _____

      (2) una casa particular   _____

                           _____

      (3) un apartamento bello (*beautiful*).   _____

                           _____

      (4) una casa de estilo español   _____

                           _____

b. El número de mi casa es *el diez.*

   (1) ocho

   (2) tres

   (3) siete

   (4) dos

c. En mi dormitorio hay *sillas.*

   (1) una cama

   (2) dos lámparas

   (3) una mesa

   (4) muchos (*many*) libros

d. En la casa de hay Juan *un sótano.*

   (1) tres pisos

   (2) muchas ventanas

(3) dos cuartos de baño

_____

_____

(4) cuatro mesas

_____

_____

Ejercicio J

Give the following telephone numbers in Spanish.

1. tu número de teléfono

_____

2. el número de tu amigo(a)

_____

3. el número de un pariente

_____

4. el número para información

_____

5. el número para emergencias

_____

Ejercicio K

Express the following sentences in English.

1. Hay dos puertas en mi casa.

_____

2. Hay tres lámparas en el sótano.

_____

3. Hay una mesa en la sala de recreo.

_____

4. Hay dos camas en el dormitorio.

_____

5. ¿Hay un libro en la cocina?

_____

6. No hay muchas ventanas en la sala de recreo.

_____

7. Hay diez pisos en la casa de pisos.

_____

8. No hay muebles modernos en mi casa.

_____

9. ¿Hay cuatro sillas en la cocina?

_____

10. ¿No hay cortinas en el comedor?

_____

EJERCICIO L

Composición   Express the following sentences in Spanish, using the words and expressions that you have learned.

1. There are large curtains (**cortinas grandes**) and four chairs in our living room.

_____

2. His apartment house has ten floors, two elevators, and a garage.

_____

3. Are there three bathrooms in their private house?

_____

4. There are two lamps, one table and one bed in his bedroom.

_____

5. My house has Spanish-style furniture (furniture of Spanish style).

_____

6. Rosario's address is 9 Lincoln Avenue. Thank you. — You're welcome.

_____

7. Our recreation room is in the basement.

_____

8. The dining room is smaller than (**que**) the living room.

_____

9. Aren't there two kitchens in her house?

_____

10. I live in a house that has eight rooms and many (**muchas**) windows.

_____

Refrán	
Dime a quién prefieres y te diré quién eres.	*Tell me whom you prefer and I'll tell you who you are.*
	You are judged by the company you keep.

CONVERSACIÓN

4

La escuela

¿Qué pasa?	You and Pedro visit Elena's school.
Aprendes:	Basic vocabulary about school
	The present tense of **-ar** verbs

VOCABULARIO

esta mañana   *this morning*
visitamos   *we visit* (from **visitar**)
la escuela   *school*
lejos   *far*
andamos   *we walk* (from **andar**)
tan   *so*
el gimnasio   *gymnasium*
el salón de actos   *auditorium*
además de   *in addition to*
la sala de clase   *classroom*
la oficina   *office*
estudias   *you* (fam., sing.)
   study (from **estudiar**)

estudia   *he studies* (from **estudiar**)
pero   *but*
estudio   *I study* (from **estudiar**)
por   *through*
entran*   *they enter* (from **entrar**)
allí   *there*
todas las tardes   *every afternoon*
generalmente   *generally*
entramos   *we enter* (from **entrar**)
estudio   *I study* (from **estudiar**)
la puerta principal   *main door*

CONVERSACIÓN

ELENA:	Esta mañana visitamos mi escuela.
PEDRO:	¿Cómo se llama tu escuela?
ELENA:	Se llama «Escuela Secundaria Carson».
ESTUDIANTE:	Mi escuela se llama _____.
PEDRO:	(a Elena) ¿Está lejos la Escuela Secundaria Carson?
ELENA:	No. Mi primo Ricardo y yo andamos a la escuela.

---

*When an object follows a form of **entrar**, use the preposition **en** before it: **Entramos *en* la casa.**

PEDRO: ¿Está lejos de tu casa la escuela?

ESTUDIANTE: _____.

* * * * *

PEDRO: ¡Qué escuela más magnífica! ¡Tiene tres pisos y es tan moderna!

ELENA: Sí, hay dos gimnasios, un salón de actos y una cafetería, además de las salas de clase y las oficinas.

PEDRO: ¿Estudias en la biblioteca?

ELENA: Tenemos una biblioteca excelente. Ricardo estudia en ella (it) pero generalmente yo estudio en casa.

ESTUDIANTE: En mi escuela hay _____.

PEDRO: ¿Por dónde entran los estudiantes?

ELENA: Entramos por la puerta principal.

VOCABULARIO ADICIONAL

la asignatura (*school*) *subject*
la ciencia *science*
desear *to wish, want* (from **desear**)
difícil *difficult*
la escuela intermedia *junior high school*
la escuela primaria *elementary school*
la escuela secundaria *high school*

el español* *Spanish*
el inglés *English*
fácil *easy*
hablar *to speak*
la historia *history*
las matemáticas *mathematics*
necesitar *to need*

EJERCICIO A

Complete the following sentences based on the **Conversación** and express them in English.

1. Esta mañana los tres visitan la _____ de Elena.

_____

2. La escuela se _____ Carson High School.

_____

*In Spanish, names of languages are masculine and begin with small letters.

3. Carson High School no está _____.

_____

4. Es una escuela _____.

_____

5. En Carson High School hay tres _____.

_____

6. Hay _____ gimnasios.

_____

7. Hay un _____ de actos.

_____

8. La biblioteca es _____.

_____

9. Ricardo _____ en la biblioteca.

_____

10. Los estudiantes entran por la _____ principal.

_____

EJERCICIO B

Answer the following questions based on the **Conversación**.

1. ¿Qué visitan los tres esta mañana?

_____

2. ¿Cómo se llama la escuela secundaria de Elena?

_____

3. ¿Cómo va (*goes*) Elena a la escuela?

_____

4. ¿Cómo es la escuela de Elena?

_____

5. ¿Cuántos pisos tiene la escuela?

_____

6. ¿Cuántos gimnasios hay en la escuela?

_____

7. Además de los gimnasios, ¿qué hay en la escuela?

_____

8. ¿Cómo es la biblioteca de la escuela?

_____

9. ¿Quién estudia en la biblioteca?

_____

10. ¿Por dónde entran los estudiantes en la escuela?

_____

EJERCICIO C

Preguntas Personales

1. ¿Dónde está tu escuela?

_____

2. ¿Cómo se llama la escuela?

_____

3. Describe tu escuela.

_____

4. ¿Qué estudias en la escuela?

_____

5. ¿Dónde estudias?

_____

EJERCICIO D

Make up five sentences in Spanish to describe the scene below.

_____

_____

_____

_____

_____

Ejercicio E

Diálogo   You and Margarita talk about your respective schools.

MARGARITA: ¿Cómo se llama tu escuela?

TÚ: _____

MARGARITA: ¿Dónde está tu escuela?

TÚ: _____

MARGARITA: ¿Está lejos de tu casa?

TÚ: _____

MARGARITA: ¿Cuántos pisos hay en tu escuela?

TÚ: _____

MARGARITA: ¿Cómo es la biblioteca de tu escuela?

TÚ: _____

MARGARITA: ¿Qué asignatura es difícil en la escuela?

TÚ: _____

MARGARITA: ¿Cuál es tu asignatura favorita?

TÚ: _____

MARGARITA: ¿Dónde estudias?

TÚ: _____

MARGARITA: ¿Es fácil la historia?

TÚ: _____

MARGARITA: ¿Cómo se llama tu profesor(-a) de español?

TÚ: _____

Ejercicio F

Charla   For the following theme, hold a conversation with a classmate or your teacher. The conversation should consist of at least five relevant responses on the part of each participant.

1. Both of you discuss your school in terms of its physical appearance and the subjects offered there.

EJERCICIO G

Actividad   Draw a floor plan of your school, showing important locations—such as the auditorium and gymnasiums, as well as classrooms and offices. Label the main parts of the school in Spanish.

EJERCICIO H

Español Práctico   Show the following student's program card to a friend who doesn't know Spanish and explain it to him (her).

ESCUELA SECUNDARIA ANDRÉS BELLO		
Horario		
Año escolar: _____		**Semestre:** Primero
Nombre: Paula Suárez	**Grado:** 11	**Consejero(a):** Sr. Aquino
Padres: Carlos y Ana Suárez	**Teléfono:** (555) 543-7890	
HORA	CLASE	PROFESOR(A)
1.　7:30–8:15	**BIOLOGÍA**	Bugg
2.　8:20–9:05	**GEOMETRÍA**	Fletcher
3.　9:10–9:55	**ESPAÑOL**	Blanco
4.　10:00–10:45	**HISTORIA**	Collins
5.　10:50–11:35	**ARTE: ESCULTURA**	Gilbert
6.　11:35–12:15	**ALMUERZO**	
7.　12:15–1:30	**INGLES**	Rubiano
8.　1:35–2:15	**INFORMÁTICA**	Chang

LANGUAGE STRUCTURE

◆ **Infinitives**

The basic form of a verb is the infinitive. In English, the infinitive is expressed by *to*, plus the verb: *to walk, to eat, to live*. In Spanish the infinitive is a verb ending in **-ar**, **-er**, or **-ir**: **andar** (*to walk*), **comer** (*to eat*), **vivir** (*to live*).

◆ **The Present Tense**

When we use verbs in the present tense or time in English, the form of the verb changes according to the subject: *I walk, he walks*, etc. In Spanish, the changes are more apparent:

(yo) ando, (él) anda, (nosotros) andamos

To form the present tense of a regular verb in Spanish, drop the last two letters of the infinitive and add the appropriate present-tense ending:

andar ➡ **and** ➡ **(ellos) andan**

The stem **and** remains constant. The verb ending is determined by the subject.

◆ **Expressing the Present Tense in English**

In Spanish, the present tense usually expresses three possible ideas:

Juan habla. {
Juan speaks.
Juan does speak.
*Juan is speaking.***
}

Therefore when expressing forms of the English present tense in Spanish, express the main verb only; do not express helping verbs like *does* and *is*.

Please see the *Language Structure* section of **Conversación 2** for the use of the present tense in simple negative sentences, for example, **ellos no estudian** (*they don't study*).

◆ **-Ar Verbs**

Of the three types of infinitives (**ar, er, ir**) **ar** is the most common and is called the "first conjugation." The forms of **andar** in the present tense are as follows:***

SUBJECT	PRESENT-TENSE FORM
yo	**and***o* *I walk*
tú	**and***as* *you walk*
Ud.	**and***a* *you walk* (formal)
él / ella	**and***a* *he / she walks*
nosotros / nosotras	**and***amos* *we walk*
Uds.	**and***an* *you walk* (plural)
ellos / ellas	**and***an* *they walk*

The endings **-o, -as, -a, -amos**, and **-an** can be used with any regular verb in the present tense. For example:

regresar (*to return*) ➡ **(ellos) regres***an*

** Later you will learn another way to express this thought.

*** In addition to andar, the following regular -ar verbs have been presented in this lesson: **desear, entrar, estudiar, hablar, necesitar**, and **visitar**.

With noun subjects, use the verb ending corresponding to the appropriate pronoun.

Juan = él ➡ **él habla** ➡ **Juan habla**

Pedro y Carlos = ellos ➡ **ellos habl*an*** ➡ **Pedro y Carlos habl*an***

Note that when the subject of a sentence is another person or persons and **yo**, the verb ending is in the **nosotros** form:

Ana y yo = nosotros ➡ **nosotros habl*amos*** ➡ **Ana y yo habl*amos***

♦ **Forming Questions in Spanish**

In written Spanish, questions are indicated by an inverted question mark at the beginning and a regular question mark at the end of the sentence.

¿Quién anda a la escuela?	*Who goes / is going to school?*
¿Qué estudian Uds.?	*What do you study? / What are you studying?*

Note that the most frequent word order in questions is verb + subject:

¿Anda Juan a la escuela?	*Does Juan go to school?*
¿Estudian Uds. ciencia?	*Do you study science?*

EJERCICIO I

Pattern Drills

1. Say the sentence in Spanish and express it in English. Repeat the Spanish sentence, replacing the words in italics with each of the listed alternatives. Then, express the sentence in English.

   a. En mi escuela hay *tres pisos.* _____

      (1) dos gimnasios _____

   _____

      (2) muchas salas de clase _____

   _____

      (3) un salón de actos _____

   _____

      (4) una biblioteca grande _____

   _____

2. Say the Spanish sentence and express it in English. Repeat the Spanish sentence, replacing the subject in italics with each of the listed alternatives and making the verb agree with the new subject. Then, express the new sentence in English.

a. *Juan* entra por la puerta principal. _____

    (1) yo _____

    _____

    (2) nosotros _____

    _____

    (3) Uds. _____

    _____

    (4) ella _____

    _____

b. ¿Estudia *Ud.* en la biblioteca? _____

    (1) el tío _____

    _____

    (2) ellos _____

    _____

    (3) nosotros _____

    _____

    (4) María _____

    _____

c. *Ella* no anda a la escuela. _____

    (1) nosotros _____

    _____

(2) el profesor

_____

_____

(3) tú

_____

_____

(4) mis amigos

_____

_____

d. ¿No estudia _Marcos_ la historia?

_____

(1) ellas

_____

_____

(2) nosotros

_____

_____

(3) Alicia y yo

_____

_____

(4) nuestros amigos

_____

_____

EJERCICIO J

Give the correct ending of the **-ar** verb in the present tense. Then, express the sentence in English.

_1._ María habl_____ con sus amigos.

_____

_2._ Nosotros entr_____ en la oficina.

_____

_3._ Yo no estudi_____ en la biblioteca.

_____

4. Ellos and_____ con sus primos.

_____

5. Pedro y yo necesit_____ los libros.

_____

6. Carlos no visit_____ la casa de Pedro.

_____

7. ¿Estudi_____ Uds. la historia de Mexico?

_____

8. Tú necesit_____ hablar con Andrés.

_____

9. ¿No dese_____ Uds. visitar la oficina?

_____

10. La estudiante entr_____ por la puerta principal.

_____

EJERCICIO K

Complete each sentence with the correct form of the present tense. Then, express the sentence in English.

1. Ellos _____ la escuela de María.
        (visitar)

_____

2. Esta mañana nosotros _____ a la casa de Antonio.
                          (andar)

_____

3. Yo _____ muchas asignaturas en la escuela.
        (estudiar)

_____

4. Los estudiantes no _____ por la puerta principal.
(entrar)

_____

5. ¿_____ tú mi libro de matemáticas?
(Necesitar)

_____

6. Carlos y yo _____ estudiar la ciencia.
(desear)

_____

7. ¿No _____ María con sus primos?
(hablar)

_____

8. Mis amigos _____ estudiar en la biblioteca.
(necesitar)

_____

9. Yo _____ muy lejos para (*in order to*) visitar a mi abuela.
(andar)

_____

10. Uds. _____ la asignatura mucho porque (*because*) es tan difícil.
(estudiar)

_____

EJERCICIO L

Composición   Using the word and expressions that you have learned, express the following sentences in Spanish.

1. John studies mathematics in the library with his brother.

_____

2. The cousins wish to visit their grandmother's house.

_____

3. We need to speak Spanish in the classroom.

_____

4. I want to enter the gymnasium now.

_____

5. The subject is (**es**) difficult and she wants to study with Rosa.

_____

6. In addition to the classrooms, you (familiar, singular) need to enter the auditorium.

_____

7. Don't they study Spanish in the elementary school?

_____

8. This morning María and I are walking to (**a la**) school.

_____

9. My friend Lorenzo doesn't visit his grandfather's office.

_____

10. You (polite, singular) need to enter (**en**) the secondary school through the main door.

_____

Refrán	
Bien empezado, casi acabado.	*Something begun well is almost finished.*

CONVERSACIÓN
|5|
La profesora Fuentes

¿Qué pasa?   Elena and you visit Pedro's Spanish class.

Aprendes: The verb **hacer** (*to do, to make*) in the present tense◆

                  Numbers from 11 to 30

VOCABULARIO

el (la) alumno(-a) *pupil*
tienen *you* (plural) *have* (from **tener**)
el permiso *permission*
simpático(-a) *nice, pleasant*
la lección *lesson*
¿cuántos? *how many?*
siempre *always*
interesante *interesting*
voy *I'm going* (from **ir**)
pasar lista *to take attendance*
ausente *absent*
menos *except*
enfermo(-a) *sick*
el resfriado *cold* (illness)
haces *you do / make* (from **hacer**)
escucho *I listen* (to) (from **escuchar**)
leo *I read* (from **leer**)
hago *I do / make* (from **hacer**)
escribes *you* (familiar, singular) *write*
  (from **escribir**)
la palabra *word*
la frase *sentence, phrase*
el cuaderno *notebook*

la pluma *pen*
la pizarra *chalkboard*
la tiza *chalk*
la tarea *assignment*
todos los días *every day*
con cuidado *carefully*
hacemos un viaje *we take a trip*
  (from **hacer un viaje**)

◆Forms of the verb **hacer**, which appear in the **Conversación**, will be highlighted. The same procedure will
  be used for newly introduced verbs and various grammar structures in the lessons that follow.

Los números 11–30

11	once	21	veintiuno (veinte y uno)**
12	doce	22	veintidós (veinte y dos)
13	trece	23	veintitrés (veinte y tres)
14	catorce	24	veinticuatro (veinte y cuatro)
15	quince	25	veinticinco (veinte y cinco)
16	dieciséis (diez y seis)*	26	veintiséis (veinte y seis)
17	diecisiete (diez y siete)	27	veintisiete (veinte y siete)
18	dieciocho (diez y ocho)	28	veintiocho (veinte y ocho)
19	diecinueve (diez y nueve)	29	veintinueve (veinte y nueve)
20	veinte	30	treinta

Conversación

PEDRO: Vamos a mi clase de español. Es una clase para alumnos que hablan español en casa. Uds. tienen permiso para entrar.

ELENA: ¿Cómo es tu profesora de español?

PEDRO: La señorita Fuentes es muy inteligente, simpática y popular con los alumnos. Ella siempre hace la lección muy interesante y nosotros siempre hacemos caso de sus instrucciones. Cuando hacemos preguntas, ella siempre contesta claramente y con cortesía.

ELENA: ¿Y cómo es tu profesor(-a) de español?

ESTUDIANTE: Mi profesor(-a) de español es _____.

ELENA: ¿Cuántos alumnos hay en la clase?

PEDRO: Hay veintinueve: dieciséis alumnas y trece alumnos.

* * * * *

PROFESORA: Buenos días clase. Voy a pasar lista. Todos están presentes, menos Alfonso. Él está ausente.

PEDRO: Sí señorita, está enfermo. Tiene un resfriado.

PROFESORA: Gracias, Pedro.

ESTUDIANTE: Pedro, ¿qué haces en la clase?

---

*In Spanish, numbers from 16 to 29 are usually expressed as one word, but may be found as two.

**Uno becomes un directly before a masculine noun and una directly before a feminine noun.

PEDRO: Escucho a la profesora, hablo español, leo mi libro y hago los ejercicios de nuestro libro.

ELENA: ¿Dónde escribes?

PEDRO: Escribo las palabras y las frases en mi cuaderno con mi pluma, o en la pizarra con tiza.

PROFESORA: Clase, ¿hacen Uds. la tarea todos los días?

ALUMNOS: Sí señorita, y hacemos la tarea con cuidado. Estudiamos y escribimos español en casa. Hoy, en nuestra composición, hacemos un viaje imaginario a España.

PROFESORA: ¿Y tú estudias todos los días?

ESTUDIANTE: _____.

* * * * *

PEDRO: ¿Qué haces en tu clase de español?

ESTUDIANTE: _____.

ELENA: ¿Dónde haces las tareas?

ESTUDIANTE: _____.

VOCABULARIO ADICIONAL

la bandera *flag*
el borrador *eraser (for chalkboard)*
borrar *to erase*
el cesto *wastebasket*
la computadora *computer*
el cuadro *picture*
el DVD (pronounced "deh beh deh")
   DVD (Digital Versatile Disc)
el escritorio *teacher's desk, table*

el lápiz (plural: **lápices**) *pencil*
la mesa *teacher's desk, table*
el papel *paper*
el pupitre *student's desk*
la revista *magazine*
usar *to use*
la videocinta *videotape*
la videograbadora *VCR*

EJERCICIO A

Complete the following sentences, based on the **Conversación**.

1. Los tres van a la clase de español de _____.

2. Ellos tienen el permiso de la profesora para _____.

3. La señorita Fuentes es muy _____.

4. Ella es popular con los _____.

5. Hay _____ alumnos en la clase.

6. Alfonso está _____.

7. Tiene un _____.

8. En la clase Pedro lee _____.

9. Los alumnos hacen la _____ todos los días.

10. Ellos estudian y escriben en _____.

EJERCICIO B

Answer the following questions, based on the **Conversación**.

1. ¿Qué hablan en casa los alumnos de la clase?

_____

2. ¿Cómo es la profesora Fuentes?

_____

3. ¿Cuántas alumnas hay en la clase?

_____

4. ¿Quién no está presente?

_____

5. ¿Qué tiene?

_____

6. ¿Qué hace Pedro en la clase?

_____

7. ¿Dónde escribe Pedro las palabras?

_____

8. ¿Con qué escribe Pedro en la pizarra?

_____

9. ¿Cómo hacen los alumnos la tarea?

_____

10. ¿Dónde estudian español?

_____

EJERCICIO C

Preguntas Personales

1. ¿Cómo se llama tu profesor(-a) de español?

_____

2. ¿Cómo es tu profesor(-a) de español?

_____

3. ¿Cuántos alumnos hay en tu clase de español?

_____

4. ¿Qué haces en la clase de español?

_____

5. ¿Qué usas en la clase?

_____

EJERCICIO D

Make up five sentences in Spanish that might be said in the scene that follows.

_____

_____

_____

_____

_____

EJERCICIO E

Diálogo   Manuel and you are talking about your Spanish class.

MANUEL: ¿Quién es tu profesor(-a) de español?

TÚ: _____.

MANUEL: ¿Cuántos alumnos hay en tu clase?

TÚ: _____.

MANUEL: ¿Qué hablan los alumnos en casa?

TÚ: _____.

MANUEL: ¿Quién pasa lista en tu clase?

TÚ: _____.

MANUEL: En mi clase hablamos español todos los días.

TÚ: _____.

MANUEL: ¿Usan Uds. computadoras en su clase?

TÚ: _____.

MANUEL: ¿Dónde escribes los ejercicios de su libro?

TÚ: _____.

MANUEL: En mi clase usamos mucho la videograbadora y videocintas.

TÚ: _____.

MANUEL: ¿Dónde estudias?

TÚ: _____.

MANUEL: ¿Cuál es tu opinión de tu clase de español?

TÚ: _____.

EJERCICIO F

Charla   For the following theme, hold a conversation with a classmate or your teacher. The conversation should consist of at least five relevant responses on the part of each participant.

> *1.* You and your partner discuss what goes on in the Spanish class.

EJERCICIO G

Actividad   Prepare labels in Spanish for at least seven objects and three people in your Spanish class.

EJERCICIO H

Español Práctico   Show the following "student contract" in Spanish and explain it to someone who doesn't know Spanish.

CONTRATO PARA ESTUDIANTES DE LA ACADEMIA BOLÍVAR

Como estudiante de la Academia Bolívar, yo, _____, estoy de acerdo en:

- Trabajar mucho y sperar los mejores resultados de mis esfuerzos.
- Vestirme todos los días con la ropa apropiada, de acuerdo con las normas de la escuela.
- Estar callado/a, ser ordenado/a y hacer mi trabajo en la clase.
- Completar y entregar las asignaciones dadas en clase y la tarca hecha en mi casa.
- Cuidar las computadoras, libros, muebles y equipo de la escuela.
- Ayudar a asequrar que los terrenos de la escuela permanezcan limpios y presentables en todo momento.
- No pelear, usar lenguaje y gestos profanos, intimidar, molestar o amenazar a otros.
- Ser responsable de traer y llevar cualquier aviso de mis maestros, padres o guardianes.

_____
Escuela

_____
Firma Administrativa

_____   _____
Firma del / de la Estudiante   Fecha

_____
Firma del padre (madre o encargado/ a)

_____

_____
Dirección Residencial

_____   _____   _____
Teléfono de la Casa   Teléfono Celular   Teléfono del Trabajo

_____   _____
Contacto de Emergencia   Número de Teléfono

LANGUAGE STRUCTURE

◆ **The Irregular Verb hacer (*to do, to make*)**

Learn the forms of **hacer** in the present tense.*

SUBJECT	PRESENT-TENSE FORM
yo	**hago** *I do, make*
tú	**haces** *you* (familiar) *do, make*
Ud.	**hace** (polite) *do, make*
él / ella	**hace** *he/she does, makes*
nosotros / nosotras	**hacemos** *we do, make*
Uds.	**hacen** *you do, make*
ellos / ellas	**hacen** *they make, do*

Hacer is used in idiomatic expressions, which are not translated word for word from one language to the other. For example:

hacer un viaje   *to take a trip*   **hacer caso de**   *to pay attention to*

hacer un papel   *to play a part*   **hacer preguntas**   *to ask questions*

hacer una maleta   *to pack a valise*

NOTES:

1. When used as helping verbs in English, do or does are not expressed into Spanish.

    Ellos estudian en casa.   *They do study at home.*

    Ella habla con su prima.   *She does speak with her cousin.*

2. When a form of **hacer** is used in a question, another verb is often used in the answer.

    ¿Qué hacen en la clase? Hablan español.   *What do they do in class? They speak Spanish.*

    ¿Cómo *hace* Juan la tarea? *Escribe* con lápiz en su cuaderno.   *How does Juan do the homework? He writes on his notebook with a pencil.*

---

*Remember that each of the forms can be express three different ideas in English: I make, am making, do make.

Ejercicio I

Pattern Drills

1. Say the first sentence in Spanish and express it in English. Repeat the Spanish sentence, replacing the words in italics with each of the listed alternatives. Then, express the sentence in English.

   a. En la sala de clase hay muchos alumnos. _____

      (1) una profesora _____

      _____

      (2) tres pizarras _____

      _____

      (3) cuadernos de los alumnos _____

      _____

      (4) treinta pupitres _____

      _____

      (5) cuadros muy bellos _____

      _____

      (6) cinco borradores _____

      _____

   b. Mi profesora de español es muy *simpática.* _____

      (1) popular _____

      _____

      (2) inteligente _____

      _____

      (3) bella _____

      _____

(4) buena (*good*) _____

_____

2. Say the Spanish sentence and express it in English. Repeat the Spanish sentence, replacing the subject in italics with each of the listed alternatives and changing the verb accordingly. Then, express the new sentence in English.

  a. María escucha bien en la clase. _____

  (1) nosotros _____

_____

  (2) yo _____

_____

  (3) Carlos y Pedro _____

_____

  (4) tú _____

_____

  b. Carlos siempre hace la tarea

  (1) Uds. _____

_____

  (2) yo _____

_____

  (3) tú _____

_____

  (4) nosotros _____

_____

  (5) Juan _____

_____

EJERCICIO J

Matemáticas   Using the models below, state the equations listed in Spanish.

EJEMPLOS: $9 + 8 = 17$ **nueve y ocho son diecisiete**

$25 - 12 = 13$ **veinticinco menos doce son trece**

1. $11 + 13 =$ _____   _____

2. $14 + 14 =$ _____   _____

3. $20 + 10 =$ _____   _____

4. $15 + 3 \ =$ _____   _____

5. $21 + 5 \ =$ _____   _____

6. $28 - 17 =$ _____   _____

7. $30 - 14 =$ _____   _____

8. $21 - 8 \ =$ _____   _____

9. $25 - 17 =$ _____   _____

10. $23 - 19 =$ _____   _____

EJERCICIO K

Complete each sentence with the correct form of **hacer** in the present tense; then, express it in English.

1. Ud. _____ la tarea en la biblioteca.

_____

2. Las tías _____ las cortinas para la casa.

_____

3. Nosotros _____ una mesa en el sótano.

_____

4. Yo siempre _____ caso de las palabras de mi profesor.

_____

5. La muchacha _____ la maleta en el dormitorio.

_____

6. Pedro y yo no _____ los ejercicios ahora.

_____

7. ¿Qué _____ tú con la videograbadora?

_____

8. ¿Quién _____ el papel de Juan en la comedia (play)?

_____

9. ¿No _____ los alumnos muchas preguntas en español?

_____

10. Nuestra clase _____ un viaje a la capital.

_____

EJERCICIO L

Composición   Using the words and expressions that you have learned, express the following in Spanish.

1. Good morning, I'm going to (**a**) take attendance now. María is absent.

_____

2. Twenty-six students write (**escriben**) the words in their notebooks with pens and one student does the sentences on the chalkboard with chalk.

_____

3. In my classroom there are thirty pupils' desks and our teacher's desk with a chair, a VCR, and a DVD in Spanish.

_____

4. I do my assignment carefully every day in my notebook. I write with a pencil.

_____

5. There is a basket for (**para**) the papers that (**que**) we are not using in the lesson.

_____

6. In our class I use the computer when we make a magazine in Spanish.

_____

7. There are flags, pictures, and videotapes about (**sobre**) Spanish América (**Hispanoamérica**) in his classroom.

_____

8. Do they always do the assignment when the teacher is absent?

_____

9. Marta and I are doing the lesson. I read and she writes (**escribe**) the words with her pencil.

_____

10. Aren't you (familiar, singular) taking a trip to your cousin's house in Mexico?

_____

Refrán	
No dejes para mañana lo que puedes hacer hoy.	*Don't leave for tomorrow what you can do today.*

CONVERSACIÓN

|6|

Vamos de compras

¿Qué pasa?   Elena, Pedro, and you plan to go shopping.

Aprendes: The verb **tener** (*to have*) in the present tense◆

VOCABULARIO

no hay clases *there's no school*
de compras *shopping*
los calcetines *socks*
el par *pair*
la blusa *blouse*
el zapato *shoe*
tengo que *I have to* (from **tener que**)
comprar *to buy*
el diccionario *dictionary*
la camiseta *T-shirt*
los vaqueros *jeans*
pues *well*
juntos, (-as) *together*
vamos al centro *let's go downtown*

el almacén *department store*
se vende *is sold* (from **vender**)
todo eso *all that*
bastante *enough*
el dinero *money*
la cartera *purse, wallet*
la tarjeta de crédito *credit card*
tiene seis años *he / she is six years old*
ya *already*
él sabe *he knows* (*how to*) (from **saber**)
la ropa *clothing*
otras cosas *other things*
prefiero *I prefer* (from **preferir**)

CONVERSACIÓN

PEDRO: No hay clases hoy. ¿Qué vamos a hacer?

ELENA: Vamos de compras. Necesito un cuaderno, calcetines, una blusa y un par de zapatos.

PEDRO: Elena, tú siempre *tienes* buenas ideas. Yo *tengo* que comprar un diccionario, unas* camisetas y vaqueros.

ESTUDIANTE: Yo deseo comprar _____.

***Unos** (masculine) and **unas** (feminine) are plural forms of the indefinite article. They are often translated as *some*.

67

ELENA: Pues, vamos juntos al centro. Allí hay un almacén donde se vende todo eso.

PEDRO: ¿*Tienen* bastante dinero?

ELENA: Sí, y además en mi cartera *tengo* mi tarjeta de crédito.

ESTUDIANTE: En mi cartera *tengo* _____.

ELENA: También deseo comprar un libro para mi hermanito. *Tiene* solamente seis años, pero ya sabe leer.

PEDRO: Pues hay mucho que comprar: ropa y otras cosas.

ELENA: Bueno, vamos. *Tenemos* que tomar el autobús o un taxi.

ESTUDIANTE: Yo prefiero _____.

Vocabulario adicional

la camisa *shirt*	**los pantalones** *pants*
la corbata *tie*	**el suéter** *sweater*
la falda *skirt*	**el traje** *suit*
las medias *stockings, socks*	**el vestido** *dress*

EJERCICIO A

Complete the following sentences, based on the **Conversación**.

1. Hoy no hay _____.

2. Vamos de _____.

3. Elena necesita un _____.

4. Pedro tiene que comprar unas _____.

5. Los tres van _____ al centro.

6. En el centro hay un _____.

7. Elena tiene una _____ de crédito.

8. Ella desea un libro para su _____.

9. Él tiene _____ años.

10. Tienen que tomar un taxi o un _____.

EJERCICIO B

Answer the following questions, based on the **Conversación**.

1. ¿Cuándo no hay clases?

   _____

2. ¿A dónde van los tres?

   _____

3. ¿Qué necesita Elena?

   _____

4. ¿Qué tiene que comprar Pedro?

   _____

5. ¿Dónde se vende todo?

   _____

6. ¿Qué necesitan para comprar cosas?

   _____

7. ¿Qué tiene Elena en la cartera?

   _____

8. ¿Para quién desea comprar Elena un libro?

   _____

9. ¿Cuántos años tiene?

   _____

10. ¿Qué tienen que tomar los tres para ir al centro?

    _____

EJERCICIO C

Preguntas Personales

1. ¿Qué tienes en la cartera?

_____

2. ¿Dónde compras ropa?

_____

3. ¿Cuándo usas una tarjeta de crédito?

_____

4. ¿Qué ropa necesitas?

_____

5. ¿Cuántos años tienes?

_____

EJERCICIO D

Make up five sentences in Spanish to describe the following scene.

_____

_____

_____

_____

_____

EJERCICIO E

Diálogo   Clara and you are talking about shopping.

CLARA: ¿Deseas ir de compras?

TÚ: _____.

CLARA: ¿Cuándo vamos?

TÚ: _____.

CLARA: Yo necesito una falda y una blusa. ¿Y tú?

TÚ: _____.

CLARA: ¿Tienes bastante dinero?

TÚ: _____.

CLARA: Yo voy a usar mi tarjeta de crédito.

TÚ: _____.

CLARA: Deseo comprar algo (*something*) para mi hermanita que tiene diez años.

TÚ: _____.

CLARA: ¿Cuál es tu almacén favorito?

TÚ: _____.

CLARA: ¿Dónde está?

TÚ: _____.

CLARA: ¿Aceptan mi tarjeta de crédito?

TÚ: _____.

CLARA: ¿Cómo vamos a llegar (*arrive*) al centro?

TÚ: _____.

EJERCICIO F

Charla For the following theme, hold a conversation with a classmate or your teacher. The conversation should consist of at least five relevant responses on the part of each participant.

1. You and your partner are planning a shopping trip.

EJERCICIO G

Actividad Prepare a shopping list in Spanish for use in a department store. Include five items for yourself and three gifts for other people.

_____

_____

_____

_____

_____

_____

EJERCICIO H

Español Práctico   Show an ad in Spanish for a department store and explain it to someone who doesn't know Spanish.

ALMACENES ROMERO
GRAN VENTA ESPECIAL DEL 1 DE JULIO AL 31 DE AGOSTO

Sofá de piel (disponible en varios tamaños y precios) Dale un nuevo estilo a tu sala con este magnífico sofá blanco que deslumbra por sus materiales y su confort.

Precio Regular: 990 €
Oferta Especial: 790 € (131.445 PTA)

LANGUAGE STRUCTURE

◆ **The Irregular Verb tener**

Learn the forms of **tener** in the present tense.

PERSON	PRESENT-TENSE FORM
yo	**tengo** *I have*
tú	**tienes** *you have*
Ud.	**tiene** *you have*
él / ella	**tiene** *he/she has*
nosotros / nosotras	**tenemos** *we have*
Uds.	**tienen** *you have*
ellos / ellas	**tienen** *they have*

NOTE: Remember that each of the forms can express three different ideas in English:

> **él tiene**   *he has, does have, is having*

◆ **Tener** is used in many idiomatic expressions. Two of them are presented in this lesson:

tener que + infinitive   *to have to*

> **María *tiene que estudiar mucho.***   *María has to study a lot.*

Tener... años   *to be . . . years old*

> **Mi hermana *tiene quince años.***   *My sister is fifteen years old.*

EJERCICIO I

Pattern Drills

1. Say the first sentence in Spanish and express it in English. Repeat the Spanish sentence, replacing the words in italics with each of the listed alternatives. Then, express the sentence in English.

a. Deseo comprar *zapatos.*   _____

  (1) una cartera   _____

      _____

  (2) calcetines   _____

      _____

(3) un suéter

_____

_____

(4) pantalones

_____

_____

b. María necesita *una falda*.

_____

(1) un vestido

_____

_____

(2) vaqueros

_____

_____

(3) medias

_____

_____

(4) una tarjeta de crédito

_____

_____

c. Juan tiene bastante dinero para comprar *una camisa*.

_____

(1) un traje

_____

_____

(2) tres corbatas

_____

_____

(3) una camiseta

_____

_____

(4) un diccionario

_____

_____

2. Say the Spanish sentence and express it in English. Repeat the Spanish sentence, replacing the subject in italics with each of the listed alternatives. Then, express the new sentence in English.

    a. *Yo* tengo muchos amigos. _____

        (1) ella _____

        _____

        (2) tú _____

        _____

        (3) nosotros _____

        _____

        (4) mis primos _____

        _____

    b. Él tiene que estudiar las lecciones. _____

        (1) Pedro y yo _____

        _____

        (2) las muchachas _____

        _____

        (3) Ud. _____

        _____

        (4) yo _____

        _____

EJERCICIO J

Give the correct form of **tener** in the present tense. Then, express the sentences in English.

1. Mi primo _____ tres hermanas.

_____

2. ¿_____ Ricardo y María amigos en México?

_____

3. Nosotros no _____ que ir al centro.

_____

4. Su amigo _____ quince años.

_____

5. Yo _____ que comprar un par de calcetines.

_____

6. ¿Cuántos años _____ tú?

_____

7. Ellos _____ que usar sus tarjetas de crédito.

_____

8. Felipe y yo no _____ mucho dinero.

_____

9. ¿No _____ (Ud.) que comprar libros en el almacén?

_____

10. Carlos ya _____ una camiseta de los Yankees.

_____

EJERCICIO K

Express the following sentences in Spanish, using appropriate idiomatic expressions with **tener**.

1. She has to buy the skirt.

_____

2. Their friends are sixteen years old.

_____

3. How old is your uncle?

_____

4. We don't have to speak with Claudio.

_____

5. I have to visit my grandmother's house.

_____

Ejercicio L

Composición   Using the words and expressions that you have learned, express the following sentences in Spanish.

  1. There's no school and I have to go downtown in order to (**para**) buy clothing.

_____

  2. Juan needs a suit, a shirt, 2 ties, socks and a pair of shoes.

_____

  3. Clara is 15 years old and she already has a credit card.

_____

  4. Pedro and I have T-shirts from our school but I prefer a sweater.

_____

  5. Does María have to buy a skirt, a blouse, and stockings?

_____

  6. We go shopping in the department store when we have enough money.

_____

  7. Don't your (familiar, singular) sisters have blouses and pants?

_____

8. Gloria and Felipe go (**van**) downtown together. They have to buy jeans and dictionaries.

_____

9. Rafael doesn't have enough money in his (**la**) wallet to (**para**) buy clothing.

_____

10. He already knows all that but he has to study Lesson 17 in the library.

_____

Refrán	
Come para vivir y no vivas para comer	_Eat to live and don't eat to live._

CONVERSACIÓN
|7|
La transportación

¿Qué pasa?   Pedro, Elena, and you discuss taking public transportation.

Aprendes: Basic vocabulary about public transportation

The verb **estar** (*to be*) in the present tense◆

Some important uses of **estar** and **ser**

VOCABULARIO

la parada *bus stop*	**esperar** *to wait* (*for*)
la cuadra (*city*) *block*	**toda la gente** *all the people*
paran *they stop* (from **parar**)	**la suerte** *luck*
la tarifa *fare*	**podemos** *we can, we are able* (from **poder**)
estar listo(-a) *to be ready*	
media hora *half an hour*	**conseguir** *to get, obtain*
estar seguro(-a) *to be sure*	**el asiento** *seat*
debemos *we must* (from **deber**)	**no se preocupen (Uds.)** *don't worry* (plural command; from **preocuparse**)
hay que *it's necessary, one must*	
a la derecha *to the right*	**la hora punta** *rush hour*
hasta *up to, until*	**no importa** *it's not important*
luego *then* (*next*)	**la ciudad** *city*
cambiamos *we change* (from **cambiar**)	**el metro** *urban transit* (*subway*)
bajamos *we get off* (from **bajar**)	**me gusta más** *I prefer*

CONVERSACIÓN

PEDRO: Para ir a un almacén vamos a tomar el autobús. ¿Dónde *está* la parada?

ELENA: No estamos lejos. La parada está a tres cuadras. Allí paran los autobuses de varias líneas.

PEDRO: Tengo la tarifa para los tres. ¿*Están* listos?

80

ELENA: Sí y *estoy* contenta porque en el autobús vamos a ver partes interesantes de la ciudad. Vamos a llegar en media hora.

ESTUDIANTE: Deseo tomar el autobús porque _____.

* * * * *

PEDRO: Elena, ¿*estás* segura de la línea que debemos tomar?

ELENA: Sí, hay que tomar la Línea F, que para por aquí, hasta la Avenida Central. Luego cambiamos para la Línea 7 y bajamos en la Calle 14.

PEDRO: Vamos a esperar donde *está* toda la gente. Si tenemos suerte podemos conseguir asientos.

ELENA: No se preocupen Vds. No es la hora punta.

ESTUDIANTE: No importa la hora. Los autobuses son importantes aquí. En otras ciudades como Nueva York, donde vive mi primo, también usan el metro. Me gusta más _____.

VOCABULARIO ADICIONAL

a la izquierda   *to the left*
el andén   *platform*
el anuncio   *announcement*
el cambio   *change* (*coins*)
derecho   *straight ahead*

la estación   *station*
la muchedumbre   *crowd*
el pasajero   *passenger*
el torniquete   *turnstile*
el vagón   (*train*) *car*

EJERCICIO A

Complete the following sentences based on the **Conversación** and express them in English.

1. Para ir al almacén es necesario tomar el _____.

_____.

2. La _____ está a una distancia de tres cuadras.

_____.

3. Pedro tiene la _____ para los tres.

_____.

4. En el autobús van a ver partes _____ de la ciudad.

_____.

5. En la parada hay que tomar la _____ F.

_____.

6. Bajan del autobús en la _____ 14.

_____.

7. Si tienen suerte pueden _____ asientos.

_____.

8. No es la hora _____.

_____.

9. Los autobuses son muy _____ en la ciudad.

_____.

10. En Nueva York usan autobuses y el _____.

_____.

EJERCICIO B

Answer the following questions based on the **Conversación**.

1. ¿Dónde toman el autobús?

_____.

2. ¿Quién tiene la tarifa para los tres?

_____.

3. ¿Qué van a ver desde (*from*) el autobús?

_____.

4. ¿De qué está segura Elena?

_____.

5. ¿Hasta qué avenida toman la Línea F?

_____.

6. ¿Dónde bajan del autobús de la Línea 7?

_____.

7. ¿Dónde van a esperar el autobús?

_____.

8. ¿Qué van a conseguir si tienen suerte?

_____.

9. ¿Cómo son los autobuses en la vida (_life_) de la ciudad?

_____.

10. ¿Qué usan además de los autobuses en la ciudad de Nueva York?

_____.

EJERCICIO C

Preguntas Personales

1. ¿A qué distancia de tu casa o apartamento está la parada de autobús?

_____.

2. ¿Cuándo tomas el autobús? (use **voy** _I go_ in your answer.)

_____.

3. ¿Qué hay que tener para tomar el autobús?

_____.

4. ¿Qué deseas cuando tomas el autobús?

_____.

5. ¿Dónde bajas del autobús?

_____.

Ejercicio D

Make up five sentences in Spanish to describe the scene below.

_____

_____

_____

_____

_____

Ejercicio E

Diálogo   Carlos, a visitor from another city, and you are talking about traveling to a department store.

CARLOS: ¿Adónde vamos para tomar el autobús?

TÚ: _____

CARLOS: ¿Qué línea necesitamos?

TÚ: _____

CARLOS: Tengo el cambio necesario para la tarifa.

TÚ: _____

CARLOS: Prefiero no usar el autobús durante la hora punta.

TÚ: _____

CARLOS: ¿En qué calle bajamos del autobús?

TÚ: _____

* * * * *

CARLOS: ¿En qué dirección vamos?

TÚ: _____

CARLOS: ¿Cómo se llama el almacén?

TÚ: _____

CARLOS: Necesito comprar ropa.

TÚ: _____

CARLOS: En mi ciudad usamos los autobuses y el metro.

TÚ: _____

CARLOS: Me gusta más el metro porque es mucho más rápido.

TÚ: _____

EJERCICIO F

Charla   For the following theme, hold a conversation with a classmate or your teacher. Each conversation should consist of at least five relevant responses on the part of each participant.

1. You and your partner discuss traveling to the center of the city on public transportation.

EJERCICIO G

Actividad   A Spanish-speaking friend will be visiting your home. Prepare a simple map for your guest, showing your house/apartment, school, department store, and the transportation lines you can use to travel to the places indicated. Label all of the above in Spanish.

Ejercicio H

Español Práctico   Explain the following transit announcement in Spanish to someone who doesn't know Spanish.

Estaciones del Tren y Rutas AMA / Metrobús II

Horarios y Tarifas del Sistema

Tren Urbano

de lunes a domingo
de 5:30 AM a 11:30 PM

AMA & Metrobús II

de lunes a domingo
de 4:30 AM a 10:00 PM

Tarifas

$1.50	General
$0.75*	Estudiantes escolares y universitarios
$0.75	Edad dorada (60 a 74 años), personas con impedimentos
GRATIS	Personas mayores de 75 años y niños menores de 6 años

*Requiere tarjeta de estudiante o identificación con foto.

LANGUAGE STRUCTURE

◆ **The Irregular Verb estar (*to be*)**

Learn the forms of **estar** in the present tense.

PERSON	PRESENT-TENSE FORM
yo	**estoy** *I am*
tú	**estás** *you are*
Ud.	**está** *you are*
él / ella	**está** *he/she is*
nosotros / nosotras	**estamos** *we are*
Uds.	**están** *you are*
ellos / ellas	**están** *they are*

NOTE: **Ser** (see **Conversación 1**) and **estar** both mean *to be*, but they MAY NOT be used interchangeably. Certain situations call for the use of **estar**, others for **ser**. Since the verb *to be* is frequently used, it is very important to know when to use **ser** and when to use **estar**.

◆ **Some frequent uses of ser and estar are as follows:**

Ser expresses adjectives that describe permanent conditions; qualities likely to last more than twenty-four hours.

Carla *es* venezolana.	*Carla is Venezuelan.*
Pedro *es* un médico excelente.	*Pedro is an excellent doctor.*
El libro *es* grande.	*The book is large.*
Mi auto *es* blanco.	*My car is white.*
Raquel *es* inteligente.	*Raquel is intelligent.*
Alfonso *es* joven.	*Alfonso is young.*

NOTE: While no one is always young, it is not a quality likely to change in twenty-four hours.

Ser expresses possession:

Los libros *son* de María.	*The books are María's.*
El automóvil *es* de mi tío.	*The automobile is my uncle's.*

Ser connects the subject of sentence with a predicate noun that means the same as the subject.

Clara **es** la *abuela* **que está en Puerto Rico.**   *Clara is the grandmother who is in Puerto Rico.*

Ellos **son** *estudiantes* **de mi escuela.**   *They are students from my school.*

Later you will learn that ser expresses time in Spanish.

Son las ocho.   *It's eight o'clock.*

Estar expresses location (temporary or permanent):

Madrid *está* **en España.**   *Madrid is in Spain.*

Estar expresses temporary conditions likely to change within twenty-four hours.

Ellos *están* **tristes.**   *They are sad.*

María *está* **ausente.**   *María is absent.*

Estar is used in expressions of health.

Los muchachos *están* **enfermos.**   *The boys are ill.*

◆ **Consider the differences between the following questions:**

¿Cómo está su profesor?   ¿Cómo es su profesor?

Both questions are equivalent to English *how is your teacher?*; but the former implies *how is he feeling?* (**Está enfermo.**   *He's ill.*), while the latter implies *what kind of person is he?* (**Es muy inteligente.**   *He's very intelligent.*)

EJERCICIO I

Pattern Drills

1. Say the first sentence in Spanish and express it in English. Repeat the Spanish sentence, replacing the words in italics with each of the listed alternatives. Then, express the sentence in English.

   a. En mi escuela hay *tres pisos.* _____

      (1) dos gimnasios _____

   _____

(2) muchas salas de clase _____

_____

(3) un salón de actos _____

_____

(4) una biblioteca grande _____

_____

2. Say the Spanish sentence and express it in English. Repeat the Spanish sentence, replacing the words in italics with each of the listed alternatives. Then, express the new sentence in English.

   a. María está en *la parada.* _____

     (1) el asiento _____

_____

     (2) la cuadra _____

_____

     (3) el metro _____

_____

   b. Los alumnos están en *el tren.* _____

     (1) el vagón _____

_____

     (2) la estación _____

_____

     (3) el andén _____

_____

     (4) el almacén _____

3. Say the first sentence in Spanish and express it in English. Repeat the Spanish sentence with the new subject, changing the form of the verb to agree with it. Then, express the new sentence in English.

a. *Tú* estás aquí. _____

   (1) los muchachos _____

                        _____

   (2) Clara y yo _____

                        _____

   (3) yo _____

                        _____

   (4) mi amigo _____

                        _____

EJERCICIO J

Give the correct form of **estar** in the present tense. Then express the sentence in English.

1. Juan _____ aquí ahora.

_____

2. Los alumnos _____ en la escuela.

_____

3. El almacén _____ a la derecha.

_____

4. Yo _____ con mis amigos.

_____

5. Nosotras _____ seguras.

_____

6. Tú no _____ con la muchedumbre.

_____

7. La escuela _____ derecho.

_____

8. ¿_____ Uds. contentos?

_____

9. ¿No _____ ausente María?

_____

10. Mi casa _____ a la izquierda.

_____

EJERCICIO K

¿Ser o estar? Give the correct form of **ser** or **estar** in the present tense, according to the meaning of the sentence. Then, express the sentence in English.

1. Cancún _____ en México.

_____

2. ¿Por qué _____ tú triste?

_____

3. La escuela _____ grande.

_____

4. Nuestra casa _____ blanca.

_____

5. El torniquete _____ a la derecha.

_____

6. El automóvil _____ de Carlos.

_____

7. Nosotros _____ amigos.

_____

8. Yo _____ con mis hermanos.

_____

9. Yo. _____ joven.

_____

10. Nosotros _____ enfermos.

_____

11. Federico no _____ nuestro primo.

_____

12. La biblioteca _____ derecho.

_____

13. Tú _____ muy inteligente.

_____

14. ¿No _____ españoles sus amigos?

_____

15. ¿Dónde _____ el conductor?

_____

EJERCICIO L

Composición   Using the word and expressions that you have learned, express the following in Spanish.

1. With luck, we can get seats in the bus that (**que**) is to the left.

_____

2. During the rush hour I prefer the subway because it is very quick.

_____

3. The cars of the train stop and the conductor makes an announcement for (**para**) the passengers that (**que**) are on the platform.

_____

4. I am sure that (**que**) we have the change for the bus that (**que**) is straight ahead.

_____

5. We should wait half an hour. It is not important to be in the city early (**temprano**).

_____

6. When we get off (**del**) the bus we change for (**para**) the B Line. Then we walk until the subway.

_____

7. Don't worry, the bus is large and the crowd makes little (**poco**) noise.

_____

8. All the people are (**es**) from Puerto Rico and we can speak Spanish with the passengers.

_____

9. Miguel is not the student who (**que**) walks 10 blocks to (**la**) school.

_____

10. Carlos is your cousin. Is he absent because (**porque**) he is sick?

_____

Refrán	
Cada oveja con su pareja.	_Birds of a feather flock together._
	(Each sheep with it's mate.)

CONVERSACIÓN

|8|

El almacén

¿Qué pasa?	Pedro, Elena, and you are in a department store.
Aprendes:	Basic vocabulary about a department store
	Regular **-er** verbs in the present tense

VOCABULARIO

la tienda   *store*
comprendo   *I understand* (from **comprender**)
venden   *they sell* (from **vender**)
de todo   *everything* (*a wide variety*)
leemos   *we read* (from **leer**)
vamos a ver   *let's see*
el cuero   *leather*
tercer   *third* (short form of **tercero**)
quinto(-a)   *fifth*
sexto(-a)   *sixth*
el ascensor   *elevator*
la escalera mecánica   *escalator*
después   *afterwards*
la dependienta   *saleswoman*
firmar   *to sign*
según   *according to*
¿en qué puedo servirle?   *how can I help you?*

la vitrina   *showcase, shopwindow*
¿cuánto cuesta?   *how much does it cost?*
el precio   *price*
la etiqueta   *tag*
inclusive   *including*
el impuesto   *tax*
demasiado   *too* (*much*)
caro(-a)   *expensive*
barato(-a)   *inexpensive*
está bien   *it's ok; fine*
me quedo con   *I'll take*
aquí tiene (Ud.)   *here it is*
(Ud.) debe   *you must, should* (*from* **deber**, *a verb indicating obligation*)
el recibo   *receipt*
comes   *you eat* (from **comer**)

CONVERSACIÓN

PEDRO:	Aquí estamos en el almacén.
ELENA:	Es una tienda grande y muy interesante.
ESTUDIANTE:	Ahora comprendo por qué Uds. desean _____.
PEDRO:	Y venden de todo aquí: de ropa a computadoras.

ESTUDIANTE: ¿Venden también _____?

ELENA: Si leemos el directorio vamos a ver. Venden artículos de cuero y discos compactos en el tercer piso. Los libros y las plumas están en el quinto y en el sexto hay una cafetería. Vamos a tomar el ascensor.

PEDRO: Yo prefiero la escalera mecánica.

ESTUDIANTE: Primero vamos al tercer piso. Después deseo _____.

* * * * *

DEPENDIENTA: ¿En qué puedo servirle señorita?

ELENA: Deseo comprar la cartera de cuero en la vitrina. ¿Cuánto cuesta?

DEPENDIENTA: El precio está en la etiqueta, inclusive el impuesto. Si es demasiado cara vendemos otras más baratas en el sótano.

ELENA: Está bien. Me quedo con la cartera. ¿Acepta Ud. tarjetas de crédito?

DEPENDIENTA: Sí, con mucho gusto. Aquí tiene la cartera y su tarjeta de crédito. Ud. debe firmar el recibo por favor.

ESTUDIANTE: Señorita, ¿dónde venden _____?

DEPENDIENTA: Yo vendo solamente artículos de cuero. Ud. debe ir al (to the) otro extremo de la tienda en este piso.

PEDRO: Y después vamos al quinto piso. Elena, ¿comes en la cafetería aquí?

ELENA: Mi amiga Carmen come en el almacén y según ella los tacos son excelentes.

ESTUDIANTE Y PEDRO: ¡Qué buena idea!

VOCABULARIO ADICIONAL

el abrigo *overcoat*
antes *before*
aprender *to learn*
la cámara *camera*
el cheque *check*
el cinturón *belt*
creer *to believe*
el dinero contante *cash*
subir *to go up*

el dólar *dollar*
el euro *euro, unit of money used in most European countries*
el impermeable *raincoat*
pagar *to pay*
el peso *peso, Mexican unit of money*
el reloj de pulsera *wrist watch*
responder *to answer*

Ejercicio A

Complete the following sentences based on the **Conversación** and express them in English.

1. Los tres están en el _____.

_____

2. Es una _____ grande.

_____

3. El _____ indica donde están varios artículos.

_____

4. Hay artículos de cuero y discos compactos en el tercer _____.

_____

5. Para subir (go up) van a tomar el _____.

_____

6. Pedro prefiere la _____ mecánica.

_____

7. Elena desea comprar una cartera de _____.

_____

8. Ella tiene que firmar el _____.

_____

9. Carmen es la _____ de Elena.

_____

10. Pedro desea comer _____.

_____

EJERCICIO B

Answer the following questions based on the **Conversación**.

1. ¿Dónde están los amigos?

   _____

2. ¿Qué venden allí?

   _____

3. ¿Qué leen ellos para saber dónde venden los artículos?

   _____

4. ¿Dónde está la cafetería?

   _____

5. ¿Quién vende artículos de cuero?

   _____

6. ¿Dónde está el precio de la cartera?

   _____

7. ¿Cómo paga Elena?

   _____

8. ¿Qué tiene que firmar Elena?

   _____

9. ¿Adónde debe ir el /la estudiante?

   _____

10. ¿Qué desean hacer en la cafetería?

   _____

Ejercicio C

Preguntas Personales

1. ¿Por qué deseas ir a un almacén?

_____

2. ¿Qué usas para encontrar (*to find*) varios artículos?

_____

3. ¿Qué explica una dependienta en el almacén?

_____

4. ¿Cómo pagas en un almacén?

_____

5. ¿Qué usas para subir al quinto piso del almacén?

_____

Ejercicio D

Make up five sentences to describe the scene below.

_____

_____

_____

_____

_____

EJERCICIO E

Diálogo   You and your friend Juanita go shopping in a department store.

JUANITA: El almacén es mi tienda favorita.

TÚ :   _____

JUANITA: ¿Qué deseas comprar aquí?

TÚ :   _____

JUANITA: ¿Cómo pagas?

TÚ :   _____

JUANITA: ¿Cómo sabemos (*do we know*) dónde venden relojes de pulsera?

TÚ :   _____

JUANITA: Prefiero usar la escalera mecánica, no el ascensor.

TÚ :   _____

JUANITA: Deseo saber el precio del reloj en la vitrina.

TÚ :   _____

JUANITA: ¿Dónde venden relojes más baratos?

TÚ :   _____

JUANITA: Después deseo comprar un regalo (*gift*) para mi hermano.

TÚ :   _____

JUANITA: Finalmente, (*finally*) necesito un diccionario español/inglés.

TÚ :   _____

JUANITA: Ahora vamos a comer.

TÚ :   _____

Ejercicio F

Charla   For the following theme hold a conversation with a classmate or your teacher. The conversation should consist of at least five relevant responses on the part of each participant.

1. Both of you discuss your shopping experiences in a department store.

Ejercicio G

Actividad   Prepare a newspaper ad in Spanish for a department store called «El Superalmacén.» Mention at least six items and the cafeteria in the store.

Ejercicio H

Español Práctico   Explain the following department-store ad to someone who doesn't know Spanish.

ALMACÉN

EL BARCO

celebra su Quinto Aniversario

GRAN VENTA ESPECIAL

SÓLO POR TIEMPO LIMITADO

¡GRANDES DESCUENTOS!

Artículos de cuero - 30 por ciento
Abrigos de hombre - 25 por ciento
Abrigos de mujer - 20 por ciento
Relojes de pulsera unisex - 15 por ciento

Para mas información llame al 555-343-2020 de 10 AM a 7 PM

LANGUAGE STRUCTURE

◆ **Regular -er (second conjugation) verbs in the present tense.**

Infinitives that end in **-er** follow the same pattern as **-ar** verbs in the present tense except that **e** is substituted for **a**.

PERSON	PRESENT-TENSE FORM
yo	**como** *I eat*
tú	**comes** *you eat*
Ud.	**come** *you eat*
él / ella	**come** *he/she eats*
nosotros / nosotras	**comemos** *we eat*
Uds.	**comen** *you eat*
ellos / ellas	**comen** *they eat*

Negative and interrogative sentences are formed in the same way as with **-ar** verbs.

Ellos no *comen* en la cafetería.   *They don't eat in the cafeteria.*

***¿Come* María en la cafetería?**   *Does María eat in the cafeteria?*

***¿No comes* en la cafetería?**   *Don't you eat in the cafeteria?*

Remember: The present tense in Spanish can be expressed in three ways in English:

nosotros comemos $\left\{ \begin{array}{l} \textit{we eat} \\ \textit{we do eat} \\ \text{we are eating} \end{array} \right.$

Notes:

1. The helping-verb forms *do* and *are* are not expressed in Spanish.

2. In addition to **comer**, forms of the regular **-er** verbs **comprender** (*to understand*), **leer** (*to read*), **deber** (*must*), **aprender** (*to learn*), **responder** (*to answer*), **creer** (*to believe*), and **vender** (*to sell*) have been presented in this lesson.

Ejercicio I

Pattern Drills

1. Say the first sentence in Spanish and express it in English. Repeat the Spanish sentence, replacing the words in italics with each of the listed alternatives. Then, express the sentence in English.

a. En el almacén venden *abrigos.* _____

   (1) cámaras _____

   _____

   (2) cinturones _____

   _____

   (3) impermeables _____

   _____

   (4) relojes de pulsera _____

   _____

b. Rosita paga con *un cheque.* _____

   (1) dólares _____

   _____

   (2) euros _____

   _____

   (3) dinero contante _____

   _____

   (4) una tarjeta de crédito _____

   _____

2. Say the first sentence in Spanish and express it in English. Repeat the Spanish sentence with the new subject, changing the form of the verb to agree with it. Then, express the sentence in English.

a. Ricardo come en casa. _____

   (1) tú _____

      _____

   (2) ellos _____

      _____

   (3) Ud. _____

      _____

   (4) nosotras _____

      _____

   (5) Yo _____

      _____

   (6) mis abuelos _____

      _____

b. ¿No aprenden *Uds.* mucho en la escuela?

   (1) nosotros _____

      _____

   (2) ella _____

      _____

   (3) yo _____

      _____

   (4) tú _____

      _____

(5) Carlos y yo _____

_____

(6) los estudiantes _____

_____

c. Yo leo mucho en la biblioteca.

(1) mis amigos _____

_____

(2) la profesora _____

_____

(3) tú _____

_____

(4) Uds. _____

_____

(5) nosotras _____

_____

(6) Juan y Dorotea _____

_____

EJERCICIO J

Complete each sentence with the present-tense ending of the **-er** verb given. Then, express the sentence in English.

1. María vend_____ cámaras y relojes en la tienda.

_____

2. Mis amigos comprend_____ que el impuesto es demasiado alto (*high*).

_____

3. Nosotros le_____ el directorio y vamos al quinto piso.

_____

4. Yo deb_____ tomar el ascensor porque los cinturones de cuero están en el sexto piso.

_____

5. La dependienta no respond_____ cuando pregunto si ella acepta un cheque personal.

_____

6. Pedro y yo aprend_____ que hay impermeables baratos en otra tienda.

_____

7. María cre_____ que las sortijas en la vitrina tienen sus precios en las etiquetas.

_____

8. ¿No vend_____ Ud. calcetines en el tercer piso?

_____

9. Tú siempre deb_____ leer el recibo cuando compras con dinero contante.

_____

10. Carlos y Ana com_____ en la cafetería y toman la escalera mecánica hasta el quinto piso.

_____

EJERCICIO K

Complete each sentence with the present-tense form of the infinitive in parentheses. Be sure to distinguish between **-ar** and **-er** verbs. Then, express the sentences in English.

1. Yo _____ que en México debemos usar pesos en las tiendas.
   (comprender)

_____

2. Primero, nosotros _____ el departamento de cámaras.
   (visitar)

_____

3. Tú _____ en el parque con tus amigos.
   (comer)

_____

4. ¿No _____ aprender Juan el precio de las sortijas en dólares?
   (deber)

   _____

5. María y yo _____ en el ascensor y vamos al sexto piso.
   (entrar)

   _____

6. Según la etiqueta, ella _____ más dinero para comprar la cámara.
   (necesitar)

   _____

7. Federico _____ camisas baratas en el sótano.
   (vender)

   _____

8. Cinco alumnos _____ cuando el profesor pasa lista.
   (responder)

   _____

9. Mi abuela no _____ hablar con la dependienta.
   (desear)

   _____

10. Carlos _____ que el precio en la etiqueta es veinte euros, inclusive
    (creer)
    el impuesto.

    _____

EJERCICIO L

Composición   Using the words and expressions that you have learned, express the
following in Spanish.

1. How can I help you, miss? Do you (plural) sell leather belts (belts of leather) on the
   fifth floor?

   _____

2. We believe that the price including the tax is on the tag. That's fine.

   _____

3. Do they understand that we are going to the (al) sixth floor in the elevator?

_____

4. How much does the ring in the showcase cost?

_____

5. The saleslady answers: «Thank you; here is your receipt». We have everything in our store.

_____

6. According to my mother, the watches and the rings are too expensive (caros).

_____

7. You (familiar singular) must read the directory when you enter the department store.

_____

8. Doesn't Julio eat in the cafeteria that (que) is near (cerca de) the escalator?

_____

9. I'll take the raincoat and afterwards I want to buy an overcoat with cash.

_____

10. We do learn a lot (mucho) when we go to the store with our parents.

_____

Refrán	
A quien bien hace otro bien le nace.	_He who does good works, will be rewarded._

CONVERSACIÓN

|9|

Una carta

¿Qué pasa?   Marta writes a letter to her pen pal William.

Aprendes: How to communicate as a pen pal

The verb **dar** (*to give*) in the present tense ◆

VOCABULARIO

la carta   *letter*

el (la) amigo(-a) por correspondencia
   pen pal

asisto   *I attend* (from **asistir**)

el interés   *interest*

el pasado   *past*

la patria   *homeland*

el pasatiempo   *pastime*

da a   *faces*

el parque   *park*

damos un paseo   *we take a walk* (from
   dar un paseo)

doy de comer   *I feed*

una vez a la semana   *once a week*

juego al tenis   *I play tennis*
   (from **jugar al tenis**)

el sitio   *place*

las vacaciones   *the vacation*
   (always plural, in Spanish)

ellos me dan   *they give me*

el verano   *summer*

damos con   *we meet, run into*
   (from **dar con**)

se los voy a dar   *I'm going to give*
   them to her

busca   *she is looking for* (from **buscar**)

escríbeme   *write to me*

pronto   *soon*

sinceramente   sincerely

los meses del año*   *the months of the year*

enero   *January*

febrero   *February*

marzo   *March*

abril   *April*

mayo   *May*

junio   *June*

julio   *July*

agosto   *August*

septiembre   *September*

octubre   *October*

noviembre   *November*

diciembre   *December*

---

*Please note that in Spanish the months of the year are not capitalized.

LA CARTA

el 15 de noviembre

Querido William:

Me llamo Marta González y soy tu amiga por correspondencia. Vivo con mi familia en la ciudad de Monterrey, México. Somos cinco: mi padre, mi madre, mis dos hermanos y yo.

Tengo quince años y asisto a la Escuela Juárez. Allí estudio español, inglés, matemáticas, ciencia e historia. También tenemos clases de arte, de música y de educación física. Mi clase favorita es la historia porque tengo mucho interés en el pasado de mi patria. Mi pasatiempo favorito es la música popular. Tengo muchos discos compactos en casa y asisto a conciertos con mis amigos. Mi banda favorita se llama «Las Rocas».

Nuestra casa *da* a un parque muy bonito y, cuando no hay clases, mis amigos y yo *damos* un paseo allí y *doy* de comer a los pájaros. Una vez por semana juego al tenis con mis amigos en el parque.

Mis vacaciones en diciembre me *dan* la oportunidad de hacer viajes con mi familia. Visitamos sitios de interés, como Acapulco y la capital y *damos* con personas muy interesantes. Mi primo Pedro vive en Miami y en el verano va a visitarme durante julio y agosto.

Si me *das* el nombre y la dirección de un amigo que desea corresponder con otra joven mexicana, se los voy a dar a mi amiga Dolores, que busca un amigo por correspondencia en los Estados Unidos. Escríbeme pronto.

Dirección de correo electrónico: marmont@mex.com

Sinceramente,
Marta

Vocabulario adicional

el (la) aficionado(-a)   (sports) fan
atentamente   yours truly
el campo   country (rural area)
hablar por teléfono   to talk on the telephone
en cuanto a   as for
el equipo   (sports) team
hacer footing   to jog
el invierno   winter
jugar al básquetbol   to play basketball

jugar al fútbol   to play soccer
jugar al fútbol americano   to play football
mirar la televisión   to watch televisión
el otoño   autumn
la primavera   spring (season)
próximo(-a)   next
el pueblo   town

Ejercicio A

Complete the following sentences based on **La carta** and express them in English.

1. Marta González vive en la ciudad de _____.

   _____

2. Marta tiene _____ años.

   _____

3. Las lenguas que ella estudia son el español y el _____.

   _____

4. Ella tiene interés en el _____ de su patria.

   _____

5. Su pasatiempo favorito es la _____ popular.

   _____

6. Marta juega al _____ con sus amigos.

   _____

7. Ella tiene vacaciones durante el mes de _____.

   _____

8. Con su familia ella visita _____ de interés.

_____

9. El primo va a _____ a Marta durante el verano.

_____

10. Dolores busca un amigo por _____.

_____

EJERCICIO B

Answer the following questions based on **La carta**.

1. ¿Cómo se llama la persona que escribe la carta?

_____

2. ¿Dónde vive ella?

_____

3. ¿Cuántas personas hay en su familia?

_____

4. ¿Cómo se llama su escuela?

_____

5. ¿Cuál es su asignatura favorita?

_____

6. ¿Dónde da ella un paseo?

_____

7. ¿Con quiénes juega al tenis?

_____

8. ¿Qué ciudad visita Marta con su familia?

_____

9. ¿Dónde vive su primo Pedro?

_____

10. ¿Qué desea Dolores?

_____

EJERCICIO C

Preguntas Personales

1. ¿Quiénes son los miembros de tu familia?

_____

2. ¿Dónde vives?

_____

3. ¿Cuál es tu asignatura favorita?

_____

4. ¿Qué haces en el parque?

_____

5. ¿Adónde vas durante las vacaciones?

_____

EJERCICIO D

Make up five sentences to describe the following scene.

_____

_____

_____

_____

_____

EJERCICIO E

Fill the blanks in this letter from you to your pen pal.

---

el _____ de _____ de _____

Querido(-a) _____:

Me llamo _____. Vivo en _____. En mi familia hay _____ personas. Tengo _____ años. Asisto a _____. Allí estudio _____. Cuando no hay clases, voy al parque con _____ donde nosotros _____. Tengo mis vacaciones en los meses de _____ y _____. Durante ese tiempo, yo _____. El año próximo, voy a visitar _____.

　　Escríbeme pronto.

Sinceramente,

_____

EJERCICIO F

Charla　For the following theme, hold a conversation with a classmate or your teacher. The conversation should consist of at least five relevant responses on the part of each participant.

　　1. Both of you discuss your respective pen pals.

EJERCICIO G

Actividad   Prepare a description of yourself and your activities for the Spanish Club yearbook. Include at least six items.

_____

_____

_____

_____

_____

_____

EJERCICIO H

Español Práctico   Explain the following letter to a friend who does not know Spanish.

el 8 de octubre

Querida Betty:

Yo soy Alfredo Jiménez, tu amigo por correspondencia. Tengo dieciséis años y vivo con mis padres Felipe y Gloria en la ciudad de Caracas, capital de Venezuela. Tenemos un apartamento cerca del centro de la ciudad.

Asisto a la Academia Bolívar, donde mis asignaturas favoritas son las matemáticas y el arte. En la escuela soy miembro del equipo de béisbol, que es mi deporte favorito. Aquí en Caracas vemos los partidos de béisbol en la televisión y soy un gran aficionado de los «New York Yankees». El año próximo, cuando mis padres y yo viajemos a Nueva York, espero ver a mi equipo favorito en persona.

En cuanto a mis ambiciones, deseo asistir a la universidad y ser arquitecto como mi padre.

Deseo aprender mucho sobre (about) tu vida. Escríbeme pronto, por favor.

Atentamente,

Alfredo Jiménez

LANGUAGE STRUCTURE

◆ **Learn the forms of the irregular verb dar in the present tense.**

PERSON	PRESENT-TENSE FORM
yo	**doy** *I give*
tú	**das** *you* (informal) *give*
Ud.	**da** *you* (formal) *give*
él / ella	**da** *he/she gives*
nosotros / nosotras	**damos** *we give*
Uds.	**dan** *you* (formal) *give*
ellos / ellas	**dan** *they give*

NOTE: Remember that each of the forms can be translated into English in three ways:

Ellos dan.
$\begin{cases} \text{\textit{They give.}} \\ \text{\textit{They do give.}} \\ \text{\textit{They are giving.}} \end{cases}$

◆ **Dar is used in important idiomatic expressions. For example:**

dar un paseo   *to take a walk or a ride*

    Damos un paseo por el parque.   *We take a walk through the park.*

dar a   *to face*

    Mi casa da a a a la biblioteca.   *My house faces the library.*

dar con   *to come upon (to meet, run into)*

    **Siempre doy con mis amigos en
el almacén.**   *I always meet my friends in the department
store.*

dar de comer   *to feed*

    La madre les da de comer a sus niños.   *The mother feeds her children.*

EJERCICIO I

Pattern Drills

1. Say the first sentence in Spanish and express it in English. Repeat the Spanish sentence, replacing the words in italics with each of the listed alternatives. Then, express the sentence in English.

   a. Mis amigos desean *tocar el piano.**   _____

      (1) jugar al golf   _____

      (2) hacer footing en el parque   _____

      (3) dar un paseo   _____

      (4) mirar la televisión   _____

      (5) leer novelas   _____

   b. Prefiero tener mis vacaciones en *el verano.*   _____

      (1) el invierno   _____

      (2) el otoño   _____

      (3) la primavera   _____

---

*Tocar = to play an instrument

2. Say the first sentence in Spanish and express it in English. Repeat the Spanish sentence with the new subject, changing the form of the verb to agree with it. Then, express the sentence in English.

a. *Yo* doy mucho dinero a la
   universidad. _____

   (1) nosotros _____

   _____

   (2) Juan _____

   _____

   (3) tú _____

   _____

   (4) los alumnos _____

   _____

   (5) Ud. _____

   _____

b. ¿No da *María* un paseo por el parque?

   (1) mis amigos _____

   _____

   (2) Uds. _____

   _____

   (3) yo _____

   _____

   (4) tú _____

   _____

   (5) el abuelo _____

   _____

EJERCICIO J

¿En qué mes o meses? Give the name of the appropriate month or months.

1. Celebramos nuestra fiesta (*holiday*) nacional en _____.

2. Tienes tus vacaciones de la escuela en _____ y _____.

3. Celebras tu cumpleaños (*birthday*) en _____.

4. Deseas pasar tiempo en el campo en _____.

5. Celebramos el Día de Acción de Gracias (*Thanksgiving Day*) en _____.

6. La primavera comienza (*begins*) en _____.

7. Celebramos la Navidad (*Christmas*) en _____.

8. Deseas jugar al golf en _____.

9. El año académico comienza en _____.

10. Ahora estamos en el mes de _____.

EJERCICIO K

Complete each sentence with the correct form of **dar**. Then, express the sentence in English.

1. Marta _____ de comer a los animales en el laboratorio.

   _____

2. Yo siempre les _____ dinero a los pobres.

   _____

3. Mis primos _____ con sus amigos en el parque.

   _____

4. Ud. no _____ mucho tiempo a su tarea.

_____

5. Nosotros _____ nuestros libros a la escuela.

_____

6. ¿No _____ Juan un paseo con Dorotea?

_____

7. Los alumnos le _____ la tarea a la profesora.

_____

8. ¿Le _____ tú el dinero a tu amigo pronto?

_____

9. El padre le _____ un reloj de pulsera a su hija.

_____

10. Yo le _____ mi cuaderno a mi primo, si desea estudiar.

_____

EJERCICIO L

Composición   Using the word and expressions that you have learned, express the following in Spanish.

1. The team wants to play football during the months of October, November, and December.

_____

2. As for my favorite pastime (**pasatiempo favorito**), I prefer to talk on the telephone with my friends.

_____

3. My pen pal has a lot of (**mucho**) interest in the past of my homeland.

_____

4. Our apartment faces a park where I jog during the spring and the fall.

_____

5. Once a week I play tennis in the country with my cousin.

_____

6. I attend (**a**) a school where my teachers give me many (**muchas**) assignments.

_____

7. The place where we want to play basketball is in my school.

_____

8. We don't give much money because we aren't rich (ricos).

_____

9. The fans watch (**la**) television during the winter.

_____

10. Don't you (familiar singular) give your books to the library in the city?

_____

EJERCICIO M

Write a letter in Spanish to your pen pal. Include the following items:

date	your age
salutation	something about your school
your name	something about your pastimes
where you live	something about your vacation activities
something about your family	closing

_____

_____

_____

_____

_____

_____

_____

Refrán	
Nunca llueve a gusto de todos.	*You can't please everyone.*
	It never rains to everyone's pleasure.

CONVERSACIÓN

|10|

El barrio

¿Qué pasa?   Elena, Pedro, and you discuss your neighborhoods

Aprendes: Basic vocabulary about the neighborhood

             The present tense of **-ir** verbs

VOCABULARIO

el barrio *neighborhood*
pobre *poor*
vivo *I live* (from **vivir**)
hispano(-a) *person whose cultural roots are in Spanish America*
describes *you describe* (from **describir**)
el ambiente *atmosphere*
la bodega *grocery store*
la carnicería *butcher shop*
la salchicha *sausage*
la repostería *pastry shop*
el pastel *cake*
al gusto hispano *Hispanic style*
el periódico *newspaper*
parten *they leave* (from **partir**)

ya lo creo *indeed*
abren *they open* (from **abrir**)
el quiosco *newstand*
temprano *early*
rápidamente *quickly*
recibimos *we receive* (from **recibir**)
el tendero *shopkeeper*
el anuncio *advertisement*
el cine *movie theater*
veo *I see* (from irregular verb **ver**)
la película *film*
asisto *I attend* (from **asistir**)
la reunión *meeting*
recién llegado(-a) *recently arrived*
escriben *they write* (from **escribir**)

CONVERSACIÓN

ESTUDIANTE: ¿Qué es un barrio?

PEDRO: Es un área de una ciudad que forma una comunidad.

ELENA: Hay muchos barrios: de ricos, de pobres y de clase media. Muchos barrios también reflejan la cultura de los residentes.

PEDRO: Yo vivo en un barrio donde hay muchos hispanos y mi amigo Henry vive en un barrio donde hay muchos asiáticos. Elena, ¿cómo describes tu barrio?

ELENA: Nosotros vivimos en un barrio donde hay familias de varias razas y culturas.

ESTUDIANTE: Las personas que viven en mi barrio _____.

PEDRO: El ambiente cerca de mi casa es muy agradable. Hay tiendas que venden productos hispanos. En las bodegas hay frutas tropicales y en las carnicerías compramos salchichas. La repostería «El Sol»es mi tienda favorita porque venden pasteles al gusto hispano.

ELENA: ¿Venden periódicos en español en tu barrio?

PEDRO: Ya lo creo. Los tenderos abren los quioscos muy temprano y venden los periódicos rápidamente. También hay revistas en español. Además, los tenderos escriben sus anuncios en español. Mis amigos y yo vamos al cine del barrio, donde veo películas en español.

ESTUDIANTE: En mi barrio hay _____.

PEDRO: Elena, ¿hay muchos alumnos de habla española en tu escuela?

ELENA: Sí, tenemos un club hispano y yo asisto regularmente a las reuniones. El club tiene muchos miembros porque en la escuela hay muchos estudiantes hispanoamericanos recién llegados a los Estados Unidos. Ellos progresan muy bien en las clases especiales organizadas para ellos: hablan, leen y escriben en inglés. Después de las clases muchos alumnos van al parque para jugar al fútbol.

ESTUDIANTE: En mi escuela _____.

VOCABULARIO ADICIONAL

el banco *bank*
el cajero automático *automated teller machine (ATM)*
la carne *meat*
la farmacia *pharmacy*
la medicina *medicine*
el pan* *bread*
la panadería* *bakery*
el panadero* *baker*
el panecillo* *roll*

el supermercado *supermarket*
la tienda de videos *video store*
la tienda de comida rápida *fast-food store*
la tintorería *dry cleaner*

---

*Note the suffixes used with pan: -ía: place; -ero: occupation; and -illo: small size. These are frequently used in Spanish.

EJERCICIO A

Complete the following sentences based on the **Conversación** and express them in English.

1. Un barrio es un área de una _____.

_____

2. Los barrios reflejan la _____ de los residentes.

_____

3. Pedro vive en un barrio donde hay muchos _____.

_____

4. En la _____ venden frutas tropicales.

_____

5. Compran _____ en la repostería.

_____

6. Abren los quioscos muy _____.

_____

7. Pedro va al cine para ver _____ en español.

_____

8. En la escuela, Elena asiste a las _____ del Club Hispano.

_____

9. Para los alumnos recién llegados hay _____ especiales.

_____

10. Los alumnos hablan, leen y _____ en inglés.

_____

EJERCICIO B

Answer the following questions based on the **Conversación**.

1. ¿Qué es un barrio?

   _____

2. ¿Quiénes viven en el barrio de Pedro?

   _____

3. ¿Cómo es el ambiente cerca de la casa de Pedro?

   _____

4. ¿Qué hay en la bodega?

   _____

5. ¿Dónde venden salchichas?

   _____

6. ¿Por qué es la repostería «El Sol» la tienda favorita de Pedro?

   _____

7. ¿Quiénes tienen sus anuncios en español en el barrio?

   _____

8. ¿Por qué tiene el Club Hispano muchos miembros?

   _____

9. ¿Qué hacen los estudiantes hispanos en las clases especiales?

   _____

10. ¿Dónde juegan al fútbol los estudiantes después de sus clases?

    _____

EJERCICIO C

Preguntas Personales

1. ¿En qué tipo de barrio vives?

   _____

2. ¿Cuál es tu tienda favorita en el barrio hispano? ¿Por qué?

   _____

3. ¿Qué oportunidades hay para practicar el español en el barrio hispano?

   _____

4. ¿Qué hacen en tu escuela los alumnos recién llegados de Hispanoamérica?

   _____

5. ¿Cuáles son tus actividades favoritas con tus amigos(-as) hispanoamericanos(-as)?

   _____

Ejercicio D

Using the words and expressions of the **Conversación**, make up five sentences in Spanish describing the picture below.

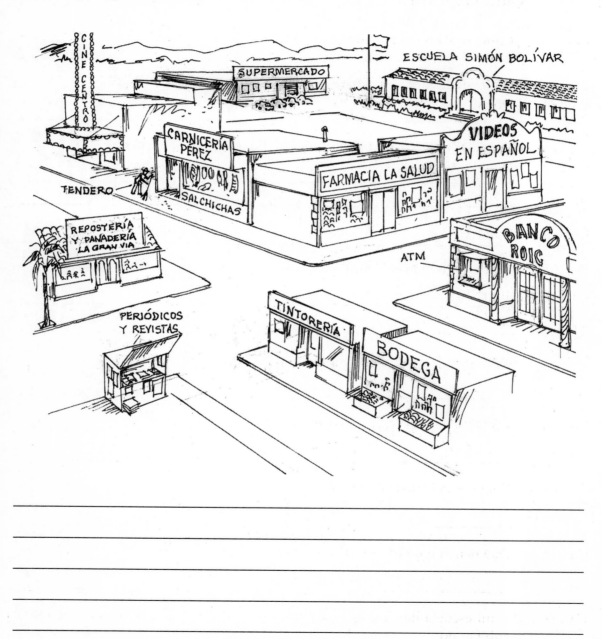

_____

_____

_____

_____

_____

EJERCICIO E

Diálogo   You and Carlos have a conversation about your neighborhood. Respond to Carlos in Spanish.

CARLOS: ¿Cómo se llama tu barrio?

TÚ: _____

CARLOS: ¿Dónde está tu barrio?

TÚ: _____

CARLOS: ¿Quiénes viven allí?

TÚ: _____

CARLOS: ¿Cómo es el ambiente cerca de tu casa?

TÚ: _____

CARLOS: Mi tienda favorita es la panadería.

TÚ: _____

CARLOS: Compro frutas tropicales en mi barrio.

TÚ: _____

CARLOS: ¿Qué tipo de revistas venden en tu barrio?

TÚ: _____

CARLOS: ¿Cómo es la escuela de tu barrio?

TÚ: _____

CARLOS: ¿Qué tienen para los estudiantes hispanos en la escuela?

TÚ: _____

CARLOS: En mi escuela hay varias actividades para los estudiantes. Mi favorita es el Club Latino.

TÚ: _____

Ejercicio F

Charla For the following theme, hold a conversation with a classmate or your teacher. The conversation should consist of at least five relevant responses on the part of each participant.

1. Both of you talk about the Hispanic students in school. You begin the conversation.

Ejercicio G

Actividad Draw a street plan (**plano**) of your neighborhood that can be used by a Spanish-speaker who might visit you. Include your house or apartment building and other important places there.

Ejercicio H

Español Práctico You and your friend, who does not know Spanish, visit the "barrio hispano." You see the following in the window of a shop there. Explain it to your friend.

Repostería Euskadi

Panes
Pan francés $1.50
Pan italiano $1.30
Pan mexicano $1.30

Pasteles
Pastel de cumpleaños $25.00
Pastel de bodas $45.00
Pastel simple $10.00

Café
Café negro $.75
Café con leche $1.25
Café expreso $2.00

LANGUAGE STRUCTURE

◆ **Regular -ir Verbs in the Present Tense.**

Infinitives that end in **-ir**, like **vivir** (*to live*), belong to the third conjugation. Like **-ar** and **-er** verbs, **-ir** verbs form the present tense by adding endings to the stem of the infinitive.

$$\text{vivir} \implies \text{viv-} \implies \text{vivo}$$

Third-conjugation verb endings agree with the subject of the sentence. They are the same as those used for **-er** verbs, except for the **nosotros (-as)** form; which requires the ending **-imos**.

◆ **The forms of vivir in the present tense are as follows:**

SUBJECT	PRESENT-TENSE FORM
yo	vivo
tú	vives
Ud.	vive
él / ella	vive
nosotros / nosotras	vivimos
Uds.	viven
ellos / ellas	viven

NOTES:

1. The present tense in Spanish can express three ideas in English:

Ud. vive. *You live / are living / do live.*

2. Negative and interrogative sentences using **-ir** verbs are formed in the same way as with **-ar** and **-er** verbs.

¿Vive **María en California?**	*Does Mary live in California?*
Ellos *no viven* **en España.**	*They don't live in Spain.*
¿No vive **Carlos en un barrio atractivo?**	*Doesn't Carlo live in an attractive neighborhood?*

3. In addition to **vivir**, forms of the regular **-ir** verbs **abrir** (*to open*), **asistir** (*to attend*), **describir** (*to describe*), **escribir** (*to write*), **partir** (*to leave, depart*), and **recibir** (*to receive*) have been presented in this lesson.

EJERCICIO I

Pattern Drills

1. Say the first sentence in Spanish and express it in English. Repeat the Spanish sentence, replacing the words in italics with each of the listed alternatives. Then, express the sentence in English.

    a. Mi amigo está en *la farmacia.* _____

        (1) el supermercado _____

        _____

        (2) la tienda de videos _____

        _____

        (3) la tintorería _____

        _____

        (4) el quiosco _____

        _____

        (5) la tienda de comida rápida _____

        _____

    b. Su tío Alfredo *es panadero.* _____

        (1) carnicero _____

        _____

        (2) tendero _____

        _____

        (3) policía _____

        _____

        (4) profesor _____

        _____

        (5) pobre _____

2. Say the Spanish sentence and express it in English. Repeat the Spanish sentence, replacing the words in italics with each of the listed alternatives. Then, express the new sentence in English.

a. *Carlos* vive en un barrio latino. _____

    (1) tú   _____

                                          _____

    (2) nosotros   _____

                                          _____

    (3) yo   _____

                                          _____

    (4) Marta y María   _____

                                          _____

    (5) Ud.   _____

                                            _____

b. ¿Escribes *tú* las palabras correctamente? _____

    (1) Uds.   _____

                                            _____

    (2) los alumnos   _____

                                          _____

    (3) nosotros   _____

                                          _____

    (4) ella   _____

                                          _____

    (5) Pedro y yo   _____

                                              _____

c. *Mis amigos* no parten ahora. _____

   (1) Juan _____

      _____

   (2) los panaderos _____

      _____

   (3) yo _____

      _____

   (4) tú _____

      _____

   (5) Ud. _____

      _____

   (6) nosotras _____

      _____

EJERCICIO J

Give the correct ending for the present tense of the following **-ir** verbs. Then express the sentence in English.

1. Yo recib_____ dinero del (*from*) cajero automático del banco.

_____

2. Ellos abr_____ el supermercado muy temprano.

_____

3. Mi amigo viv_____ cerca de la tintorería.

_____

4. Nosotros escrib_____ las palabras.

_____

5. Juan no part_____ con María.

_____

6. ¿Abr_____ tú el libro?

_____

7. Carlos y Elena viv_____ cerca de la familia.

_____

8. Yo describ_____ la película.

_____

9. ¿No recib_____ Ana el anuncio?

_____

10. Pedro y yo asist_____ a una escuela donde hay muchos hispanos.

_____

EJERCICIO K

Complete each sentence with the correct present-tense form of the verb in parenthesis. Then, express the sentences in English. (Note that verbs of all three conjugations are used.)

1. Ellos _____ revistas en el quiosco.
   (vender)

_____

2. Yo _____ carne en la carnicería.
   (comprar)

_____

3. Pedro _____ muchas cartas de Hispanoamérica.
   (recibir)

_____

4. Nosotros _____ bien la lección.
   (aprender)

_____

5. ¿_____ tú cerca de la tienda de videos?
      (vivir)

_____

6. Carlos _____ en la bodega.
         (entrar)

_____

7. Mi amigo no _____ la puerta del cine.
                  (abrir)

_____

8. ¿_____ el profesor la película?
       (describir)

_____

9. Carlos y yo _____ de mi casa para comprar panecillos.
                   (partir)

_____

10. ¿No _____ Marta y Rosa las palabras?
            (escribir)

_____

Ejercicio L

Composición   Using the word and expressions that you have learned, express the fol-
                lowing in Spanish.

1. I live in a neighborhood where there are many families of the middle class.

_____

2. They sell many Hispanic products (**muchos productos hispanos**) in the supermarket
and my friends buy sausages there.

_____

3. You (familiar singular) understand the ads that (**que**) the shopkeepers have because
you study Spanish in (**la**) school.

_____

4. When my cousin opens the grocery store I buy tropical fruit (**frutas tropicales**) for (**para**) the family.

_____

5. You and your friend Clara eat tacos at the fast food restaurant and she visits the newsstand where she receives magazines in Spanish.

_____

6. The newspaper describes the life (**la vida**) of the young people (**los jóvenes**) in Spanish América.

_____

7. My friends and I attend (**a**) a school where there are special classes where recently arrived (**llegados**) students write compositions (**composiciones**) in English and in Spanish.

_____

8. The video store is near the bakery and after buying (**después de comprar**) bread you rent (**alquilar**) a movie in Spanish.

_____

9. Indeed, Miguel the butcher is the father of my friend Carlos and my mother buys meat and sausages in his butcher shop.

_____

10. When your (familiar singular) family leaves (**de**) your neighborhood (**para**) to visit (**a**) your grandparents, you buy a Hispanic-style cake at (**en**) the pastry shop.

_____

Refrán	
Amor con amor se paga.	_Love is the true price of love._

CONVERSACIÓN

|11|

La bodega del señor Morales

¿Qué pasa?   Elena, Pedro, and you visit a bodega.

Aprendes: Basic vocabulary about the grocery store

              Using the verb **ir** (*to go*) in the present tense ◆

VOCABULARIO

voy   *I'm going* (from **ir**)
ese(-a)   *that*
la leche   *milk*
el vegetal   *vegetable*
la carne   *meat*
vas   *you go* (fam. sing.) (from **ir**)
el dueño   *owner*
acompañarte   *to accompany you*
la mantequilla   *butter*
el helado   *ice cream*
va   *he / she is going* (from **ir**)
contento(-a)   *happy*
vernos   *to see us*
déme   *give me* (polite command; from **dar**)
la libra   *pound*
el frijol   *bean*
la lata   *can (container)*

el jugo de tomate   *tomato juice*
ponga   *put* (polite command; from **poner**)
la bolsa de papel   *paper bag*
medio(-a)   *half*
prefieres   *you* (familiar singular) *prefer*
escoger   *to choose*
tome   *take* (polite command; from **tomar**)
la vuelta   *change* (money returned)
me gusta   *I like*
el comestible   *food item*
sabroso(-a)   *delicious*
módico(-a)   *reasonable (prices)*
tales como   *such as*
el garbanzo   *chick pea*
el azafrán   *saffron*
regresar   *to return*

CONVERSACIÓN

PEDRO: *Voy* a la bodega del señor Morales ahora. Tengo que comprar leche, carne vegetales y otras cosas para la casa.

ELENA: ¿Por qué *vas* a la bodega?

PEDRO: El dueño es un hombre simpático y amigo de mi tío.

ELENA: *Voy* a acompañarte porque necesito mantequilla y helado.

ESTUDIANTE: Si Uds. *van*, yo voy también porque _____.

PEDRO: El señor Morales *va* a estar muy contento de vernos.

ELENA: Sí, *vamos* ahora mismo.

* * * * *

SR. MORALES: Bienvenidos, jóvenes. ¿En qué puedo servirles?

PEDRO: Por favor, déme un galón de leche, dos libras de frijoles, una lata de jugo de tomate y una libra de carne picada (*ground beef*). Aquí tiene el dinero. Ponga mis compras en una bolsa de papel por favor.

ELENA: Deseo una libra de mantequilla y medio galón de helado.

SR. MORALES: ¿Qué clase de helado prefiere, señorita?

ELENA: *Voy* a escoger el de chocolate. Tome el dinero. ¿Hay vuelta?

SR. MORALES: Sí señorita, veinticinco centavos. (Al / A la estudiante) ¿Y qué desea, joven?

ESTUDIANTE: Yo _____.

PEDRO: Me gusta esta tienda. Los comestibles son sabrosos y los precios módicos. Además aquí se venden productos hispanos, tales como los garbanzos y azafrán.

ESTUDIANTE: *Voy* a regresar a esta bodega porque _____.

VOCABULARIO ADICIONAL

el guisante *pea*
el huevo *egg*
el jamón *ham*
la lechuga *lettuce*
el maíz *corn*
la manzana *apple*
el melocotón *peach*

la naranja *orange*
la papa *potato*
el pescado *fish* (food)
el queso *cheese*
el tocino *bacon*
la zanahoria *carrot*

EJERCICIO A

Complete the following sentences based on the **Conversación** and express them in English.

1. Pedro tiene que comprar _____, vegetales y otras cosas.

   _____

2. El _____ de la bodega es amigo del tío de Pedro.

   _____

3. Elena necesita _____ y helado.

   _____

4. Pedro desea dos libras de _____.

   _____

5. También compra _____ de tomate.

   _____

6. El bodeguero* pone las compras de Pedro en una _____ de papel.

   _____

7. Elena desea una _____ de mantequilla.

   _____

8. Ella prefiere el helado de _____.

   _____

9. La _____ que Elena recibe es de veinticinco centavos.

   _____

10. _____ es un ejemplo de un producto hispano.

   _____

_____

*See Conversación 10, page 123.

EJERCICIO B

Answer the following questions based on the **Conversación**.

1. ¿Adónde va Pedro?

   _____

2. ¿Qué necesita comprar?

   _____

3. ¿Cómo se llama el bodeguero?

   _____

4. ¿Quiénes acompañan a Pedro cuando va a la tienda del señor Morales?

   _____

5. ¿De qué compra Pedro dos libras?

   _____

6. ¿Dónde pone el bodeguero las compras de Pedro?

   _____

7. ¿Qué desea Elena además de mantequilla?

   _____

8. ¿Cuánto dinero recibe Elena del (*from the*) bodeguero?

   _____

9. ¿Cómo son los precios en la bodega?

   _____

10. ¿Quién va a regresar a la bodega?

    _____

Ejercicio C

Preguntas Personales

1. ¿Dónde está tu bodega favorita?

_____

2. ¿Cómo es el bodeguero?

_____

3. ¿Cómo son los comestibles en la bodega?

_____

4. ¿Qué productos hispanos venden en la bodega?

_____

5. ¿Qué compras en la bodega?

_____

Ejercicio D

Using the words and expressions of the **Conversación**, make up five sentences in Spanish, describing the picture below.

_____

_____

_____

_____

_____

_____

| EJERCICIO E |

Diálogo   You enter Mr. Laredo's bodega to buy some food.

SR. LAREDO: Buenos días, ¿en qué puedo servirte?

TÚ: _____

SR. LAREDO: ¿Qué más necesitas?

TÚ: _____

SR. LAREDO: Tenemos muchos productos hispanos aquí.

TÚ: _____

SR. LAREDO: Hoy vendemos helado a un precio especial.

TÚ: _____

SR. LAREDO: ¿Deseas vegetales para la casa?

TÚ: _____

SR. LAREDO: Tenemos frutas muy sabrosas.

TÚ: _____

SR. LAREDO: Muchas personas compran nuestros garbanzos hoy.

TÚ: _____

SR. LAREDO: ¿Deseas tus compras en una bolsa de papel o de plástico?

TÚ: _____

SR. LAREDO: ¿Vas a pagar con dinero contante o una tarjeta de crédito?

TÚ: _____

SR. LAREDO: Gracias por tus compras y vuelve (*come back*) pronto.

TÚ: _____

EJERCICIO F

Charla   For the following themes, hold a conversation with a classmate or your teacher. The conversation should consist of at least five relevant responses on the part of each participant.

   1. Both of you discuss why they want to go to the "Bodega La Cosecha" ("The Harvest" grocery store).

   2. You are a customer who wants to purchase three items from your partner, a "bodeguero" (grocery store clerk).

EJERCICIO G

Actividad   Draw a picture of the inside of a bodega that you can display to the class. Label in Spanish at least ten food items in your picture.

EJERCICIO H

Español Práctico Explain this ad from a food store to a friend who does not know Spanish.

MERCADO LA COSECHA

611 DUNDEE AVE. ELGIN

OFERTA VALIDA HASTA OCT. 16

HORARIO: L-S : 8 A 8 DOM: 8 A 8

TEL: 695 8688

49¢ MANOJO **CILANTRO** VERDE FRESCO

ESPECIAL DE CARNICERIA USDA ESCOGIDA

TOMATILLOS **69¢** LB

CHULETAS $2 39 LB PRECIO INCIUYE IIMPLEZA Y ABIANDE

GRADO A UNA DOCENA DE HUEVOS GRATIS CON SU COMPRA MÍNIMA DE $10 PRESENTANDO ESTE CUPÓN.

LÍMITE UNA DOCENA LÍMITE UN CUPÓN POR CLIENTE

HUEVOS GRATIS

99¢ 4 LBS. **BANANAS**

$1 00 3 LBS. **TOMATES**

LANGUAGE STRUCTURE

◆ **The Verb ir (*to go*)**

Learn the forms of the irregular verb ir in the present tense.

SUBJECT	PRESENT-TENSE FORM
yo	**voy** *I go*
tú	**vas** *you go*
Ud.	**va** *you go*
él / ella	**va** *he / she goes*
nosotros / nosotras	**vamos** *we go*
Uds.	**van** *you go*
ellos / ellas	**van** *they go*

NOTES:

1. Remember that the Spanish present tense can express three ideas in English:

    Ellas *van.*   *They go, do go, are going.*

2. Often a form of **ir** is followed by an infinitive. When this occurs, the word **a** must be inserted between the two forms.

    Juan *va a hablar.*   *Juan is going to speak.*

    Ellas *van a comer.*   *They are going to eat.*

NOTE: Forms of **ir** + **a** + *infinitive* indicate what will happen in the future.

    Mañana *voy a regresar* a la bodega.   *Tomorrow I'm going to return to the grocery store.*

3. The form **vamos** may mean *let's go.*

    ***Vamos* a la bodega ahora.**   *Let's go to the grocery store now.*

    —**La película en el cine es excelente.**   — *The film at the movies is excellent.*

    —**Pues vamos.**   — *Let's go then.*

4. In Spanish, *let's not go* is **no vayamos**.

EJERCICIO I

Pattern Drills

1. Say the first sentence in Spanish and express it in English. Repeat the Spanish sentence, replacing the words in italics with each of the listed alternatives. Then, express the sentence in English.

a. Vamos a comprar *mantequilla*. _____

   (1) frijoles _____

   _____

   (2) tres manzanas _____

   _____

   (3) azafrán _____

   _____

   (4) una libra de queso _____

   _____

b. En la bodega venden *helado*. _____

   (1) naranjas _____

   _____

   (2) jamón _____

   _____

   (3) huevos _____

   _____

   (4) comestibles sabrosos _____

   _____

   (5) frutas tropicales _____

   _____

2. Say the first sentence in Spanish and express it in English. Repeat the Spanish sentence with the new subject, changing the form of the verb to agree with it. Then, express the sentence in English.

   a. *Raquel* va a la biblioteca. _____

     (1) Tú _____

 _____

     (2) Nosotros _____

 _____

     (3) Los muchachos _____

 _____

   b. ¿Va a leer *Pedro* el libro? _____

     (1) Juan y María _____

 _____

     (2) Ud. _____

 _____

     (3) yo _____

 _____

     (4) nosotras _____

 _____

   c. *Yo* no voy a la repostería (*pastry shop*). _____

     (1) Martín _____

 _____

     (2) Carlos y yo _____

 _____

(3) Mis amigos _____

_____

(4) Tú _____

_____

EJERCICIO J

Complete each sentence with the correct present-tense form of **ir**. Then, express the sentence in English.

1. María _____ a comprar papas y melocotones.

_____

2. Mis amigos no _____ a la escuela hoy.

_____

3. Tú no _____ a la panadería con Carlos.

_____

4. Yo _____ a comer tocino y huevos.

_____

5. Nosotros _____ a la bodega con nuestro abuelo.

_____

6. ¿_____ juntos al parque Carlos y María?

_____

7. Mi primo Ramón _____ a México con su clase.

_____

8. ¿No _____ Uds. a estudiar ahora?

_____

9. David _____ a comprar carne y garbanzos.

_____

10. Tú _____ a escoger un libro interesante.

_____

EJERCICIO K

Express the following sentences in Spanish.

1. Let's go to the grocery store.

_____

2. Juan is going to study.

_____

3. I am not going to write on the board.

_____

4. You (*familiar singular*) are going to speak with the owner.

_____

5. Let's not go to the store.

_____

EJERCICIO L

Composición Using the word and expressions that you have learned, express the following sentences in Spanish.

1. María is going to the grocery store because she needs half a gallon of milk and a can of tomato juice.

_____

2. The owner is happy because many (**muchas**) families want to buy his Hispanic products, such as chickpeas and saffron.

_____

3. We are going to choose delicious fruit (**frutas deliciosas**): oranges and apples.

_____

4. They are going to put the eggs and the beans in a paper bag with the vegetables.

_____

5. Today he is not going to need bacon and cheese.

_____

6. Mr. Sanchez is going to buy meat, fish, corn, and butter.

_____

7. The food items are tasty (**sabrosos**) and the price is very reasonable.

_____

8. I'm going to pay, and with the change, I'm going to buy a newspaper.

_____

9. You (_familiar singular_) are going to eat the ice cream that (**que**) they sell in the store.

_____

10. Let's go! We have to be in the movie theater very soon.

_____

Refrán	
No digas quien eres, que tú lo dirás.	_Actions speak louder than words._

CONVERSACIÓN

|12|

La tintorería

¿Qué pasa?	The three friends visit a dry cleaner.
Aprendes:	The present tense of the irregular verb **salir** (*to leave; to go out*) ◆
	The days of the week in Spanish
	Using the Spanish contraction **al** (*to the*)
	The basic colors in Spanish

VOCABULARIO

salgo   *I'm leaving* (from **salir**)
azul   *blue*
sucio(-a)   *dirty*
los   *them* (direct object)
el sábado*   *Saturday*
llevar   *to wear, to take, to carry*
limpiar   *to clean*
planchar   *to iron, to press*
la chaqueta   *jacket*
la prenda de vestir   *garment*
blanco(-a)   *white*
gris   *grey*

el viernes   *Friday*
rojo(-a)   *red*
la lana   *wool*
amarillo(-a)   *yellow*
el algodón   *cotton*
el miércoles   *Wednesday*
el dia**   *day*
el cargo   *charge* (money)
el domingo   *Sunday*
recoger   *to pick up, to gather*
azul   *blue*
llenar   *to fill* (out)

CONVERSACIÓN

PEDRO: *Salgo* ahora porque debo ir a la tintorería. Mi traje azul, una camisa y una corbata están sucios y los deseo llevar el sábado. Primero voy al cajero automático para conseguir dinero.

ELENA: Pues, vamos juntos. Deseo hacer (to have) limpiar y planchar una falda y un vestido.

---

*In Spanish, the days of the week begin with small letters.

**Note gender.

152

ESTUDIANTE: Tengo un par de pantalones y una chaqueta sucios. Por eso yo _____.

* * * * *

TINTORERA: Buenos días. Veo que Uds. tienen muchas prendas de vestir. Pedro, ¿debo limpiar y planchar tu traje azul, tu camisa blanca y tu corbata gris?

PEDRO: Sí por favor, voy a *salir* con mis amigos el sábado y los necesito para el viernes.

TINTORERA: Está bien. Aquí tienes tu recibo. Elena, ¿el vestido rojo es de* lana o de algodón?

ELENA: Es de lana y la falda amarilla es de algodón. Quiero hacer limpiar el vestido para el miércoles.

TINTORERA: Para el servicio rápido de un día hay un cargo adicional.

ELENA: No importa, el domingo mi familia y yo *salimos* a visitar a mis tías y a los primos de mi madre. Puedo recoger la falda el viernes.

TINTORERA: Elena, cuando *sales*, la buena apariencia hace una buena impresión. Y tú, ¿tienes ropa para limpiar y planchar?

ESTUDIANTE: Sí, tengo _____.

TINTORERA: Voy a llenar el recibo. Tu nombre y tu dirección por favor.

ESTUDIANTE: Me llamo _____. Vivo en _____.

TINTORERA: Adiós, y muchas gracias.

TODOS: De nada, señora Guzmán.

TINTORERA: (Al / A la estudiante) ¿Para cuando necesitas tu ropa?

ESTUDIANTE: _____.

VOCABULARIO ADICIONAL

anaranjado(-a) *orange* (color)
el botón button
el chaleco vest
coser to sew
el jueves Thursday
listo(-a) *ready* (used with **estar**)
el lunes *Monday*
marrón *brown*
el martes Tuesday

negro(-a) black
morado(-a) *purple*
rosado(-a) *pink*
la seda *silk*
el sombrero *hat*
la última moda *latest style*
verde *green*

*De is used before the name of the material of which something is made.

Ejercicio A

Complete the following sentences based on the **Conversación**. Then, express them in English.

1. Pedro sale para la _____.

   _____

2. El traje de Pedro es de color _____.

   _____

3. Va al cajero automático para conseguir _____.

   _____

4. Elena desea hacer limpiar y _____ una falda y un vestido.

   _____

5. Pedro va a _____ con sus amigos el sábado.

   _____

6. La falda amarilla de Elena es de _____.

   _____

7. Para el servicio rápido hay un _____ adicional.

   _____

8. Elena va a visitar a varios miembros de su _____.

   _____

9. El (la) estudiante tiene una chaqueta _____.

   _____

10. Para el recibo la tintorera necesita el nombre y la _____.

    _____

EJERCICIO B

Answer the following questions, based on the **Conversación**.

1. ¿Por qué desea Pedro ir a la tintorería?

   _____

2. ¿De qué color es el traje de Pedro?

   _____

3. ¿Qué desea hacer limpiar y planchar Elena?

   _____

4. ¿Con quiénes va a salir Pedro?

   _____

5. ¿Qué prenda de vestir de Elena es de algodón?

   _____

6. ¿Para cuándo necesita Elena el vestido?

   _____

7. ¿Qué hay para el servicio rápido?

   _____

8. ¿A quiénes va a visitar Elena?

   _____

9. ¿Cuándo va a recoger Elena la falda?

   _____

10. ¿Cómo se llama la tintorera?

    _____

EJERCICIO C

Preguntas Personales

1. ¿Cómo se llama la tintorería en tu barrio?

_____

2. ¿Cuándo vas a la tintorería?

_____

3. ¿Cuánto cuesta hacer limpiar y planchar un traje?

_____

4. ¿Cuándo necesitas servicio rápido en la tintorería?

_____

5. ¿Cuál es tu prenda de vestir favorita?

_____

EJERCICIO D

Using the words and expressions of the **Conversación**, make up five sentences in Spanish describing the picture below.

_____

_____

_____

_____

EJERCICIO E

Diálogo You speak with Mr. Vargas, the owner of a dry-cleaning shop, about your family's clothing that you are bringing to him.

SR. VARGAS: Hola, ¿cómo estás hoy?

TÚ: _____

SR. VARGAS: ¿De quiénes son estas prendas de vestir?

TÚ: _____

SR. VARGAS: El traje azul es muy bonito.

TÚ: _____

SR. VARGAS: El vestido amarillo es de última moda.

TÚ: _____

SR. VARGAS: Voy a limpiar y planchar todo. ¿Está bien?

TÚ: _____

SR. VARGAS: ¿Para qué día necesitas la ropa?

TÚ: _____

SR. VARGAS: Tenemos un servicio rápido especial si necesitas una prenda de vestir para mañana (*tomorrow*).

TÚ: _____

SR. VARGAS: Voy a llenar el recibo; tu nombre y tu dirección, por favor.

TÚ: _____

SR. VARGAS: Todo va a estar listo para el viernes.

TÚ: _____

SR. VARGAS: Adiós y gracias.

TÚ: _____

Ejercicio F

Charla   For the following themes, hold a conversation with a classmate or your teacher. The conversation should consist of at least five relevant responses on the part of each participant.

1. You work in a dry-cleaning establishment. Your partner enters the store with three articles of clothing to be cleaned and pressed.

2. Both of you discuss the favorite articles of clothing that you own. Each mentions at least three items.

Ejercicio G

Actividad   Draw pictures of at least ten articles of clothing that you have at home. Label the items in Spanish.

EJERCICIO H

Español Práctico   Explain the following dry cleaners ad in Spanish to a friend who does not know the language.

Tintorería La Elegante

Calle del Acuerdo, 55
28015 MADRID
Teléfono 91 522 6934
tle@inter-madrid.es

Limpieza en Seco
Recogida Y Entrega A Domicilio
Trabajos Garantizados

CABALLEROS		SEÑORAS	
Trajes	9 €	Vestidos desde	8 €
Camisas	5 €	Faldas desde	4 €
Pantalones	4 €	Blusas desde	4,35 €
Chalecos	3,50 €	Trajes	9 €
Abrigos	9 €	Abrigos	9 €
Corbatas	3,50 €	Chaquetas	5 €
Jerseys	3,70 €	Batas desde	8 €

Abierto de lunes a viernes, de 7am a 4pm

Language Structure

◆ **The Verb salir (*to leave, to go out*)**

Salir is irregular in the first-person singular: **yo salgo.** All other forms of the verb in the present tense are those of a regular **-ir** verb.

Salir is usually followed by **de** when the place from which the subject leaves, or goes out is mentioned.

Yo *salgo de* la escuela con mis amigos.   *I leave school with my friends.*

Carlos *sale de* la biblioteca después   *Carlos goes out of the library after*
de estudiar.   *studying.*

◆ **The Days of the Week**   *Los días de la semana*

lunes *Monday*	**jueves** *Thursday*	**sábado** *Saturday*
martes *Tuesday*	**viernes** *Friday*	**domingo** *Sunday*
miércoles *Wednesday*		

In Spanish, the days of the week are not capitalized and usually follow the definite article **el** (*the*).

El domingo es mi día favorito.   *Sunday is my favorite day.*

El miércoles voy a la tintorería.   *(On*) Wednesday I'm going to the dry cleaners.*

Note: An important exception is the expression **hoy es** (*today is*).

Hoy es martes.   *Today is Tuesday.*

In the plural, the days remain the same except for **sábado** and **domingo**, which add an **s.**

Los *jueves* Juan come en un   *On Thursdays, Juan eats in a restaurant.*
restaurante.

Los *sábados* visitamos a nuestros   *On Saturdays, we visit our grandparents.*
abuelos.

◆ **Stating the Date in Spanish**

To ask the date in Spanish, say:

¿Cuál es la fecha de hoy?

To answer say:

Hoy es lunes, el tres de abril.

---

*In English, the word *on* is usually understood before them.

NOTES:

1. To express the first day of the month, use the ordinal number **primero**.

    Hoy es jueves, el *primero* **de octubre.**

2. Starting with the second, use the cardinal numbers, which you already know.

    Hoy es viernes, el *tres* **de febrero.**   *Today is Friday, February 3.*

    Hoy es domingo, el *catorce* **de julio.**   *Today is Sunday, July 14.*

◆ **The Contraction al**

When **a** (*at or to*) is followed by **el** (*the*), the two must contract to form **al**. Unlike contractions in English, Spanish contractions are not optional and must be always made.

Ella va *al* **cine.**   *She goes to the movies.*

NOTES:

1. **A** does not contract with any of the other articles (**la**, **los**, or **las**).

2. **A** does not contract with **él** (*him*).

    La mesa está junto a *él.*   *The table is next to him.*

EJERCICIO I

Pattern Drills

1. Say the first sentence in Spanish and express it in English. Repeat the Spanish sentence, replacing the words in italics with each of the listed alternatives. Then, express the sentence in English.

    a. Voy a la tintorería para hacer limpiar *una camisa azul.*   _____

        (1) un traje gris   _____

         _____

        (2) un chaleco verde   _____

         _____

        (3) una corbata de seda   _____

         _____

    (4) mi ropa sucia

_____

_____

b. La prenda de vestir favorita de
María es *una falda rosada.*

_____

    (1) una blusa amarilla

_____

_____

    (2) una chaqueta de algodón

_____

_____

    (3) un abrigo morado

_____

_____

    (4) un impermeable gris

_____

_____

c. Juan va al almacén para
comprar *zapatos marrones.*

_____

    (1) camisetas blancas

_____

_____

    (2) pantalones negros

_____

_____

    (3) un suéter rojo

_____

_____

    (4) vaqueros azules

_____

_____

2. Say the first sentence in Spanish and express it in English. Repeat the Spanish sentence with the new subject, changing the form of the verb to agree with it. Then, express the sentence in English.

a. *María* sale de la escuela para
   jugar al básquetbol.   _____

   (1) Uds.   _____

                                           _____

   (2) Pedro y yo   _____

                                           _____

   (3) Tú   _____

                                           _____

   (4) Yo   _____

                                           _____

   (5) Mis amigos   _____

                                           _____

b. *Ellos* no salen con los jóvenes.   _____

   (1) Yo   _____

                                           _____

   (2) Tú   _____

                                           _____

   (3) Ud.   _____

                                           _____

   (4) Nosotros   _____

                                           _____

   (5) Mis hermanas   _____

                                           _____

Ejercicio J

Los Días de la Semana   Complete the sentences with the day of the week on which you might be involved in the following activities. Then, express the complete sentence in English. Use all seven days of the week.

1. Los _____ tenemos exámenes en la escuela.

_____

2. Los _____ no hay clases.

_____

3. Los _____ estudio mucho en la biblioteca.

_____

4. Los _____ juego en el parque.

_____

5. Los _____ regreso (*I return*) a la escuela.

_____

6. Los _____ hay una reunión del Club Hispano.

_____

7. Los _____ visito a mis abuelos.

_____

Ejercicio K

Complete the following sentences with **al**, **a la**, **a los**, or **a las**. Then, express the complete sentence in English.

1. Los viernes voy _____ parque para jugar al tenis.

_____

2. Juan va _____ tintorería para recoger su traje negro.

_____

3. Ellas van _____ tiendas para comprar faldas de algodón.

_____

4. El miércoles vamos _____ apartamento de nuestro amigo para estudiar.

_____

5. Los turistas llegan (*arrive*) _____ barrios interesantes.

_____

6. El domingo mi familia y yo vamos _____ campo para visitar a mis tíos.

_____

7. Carlos va _____ puerta principal para salir de la escuela.

_____

8. ¿Vas _____ clases los sábados?

_____

9. Clara no va _____ repostería en nuestra calle.

_____

10. Pedro y yo tomamos el ascensor para subir _____ quinto piso.

_____

EJERCICIO L

¿Cuál es la fecha de hoy?   Everyday, a student in the Spanish class writes the date on the board.

EJEMPLO: Tuesday, October 5   **Hoy es martes el cinco de octubre.**

1. Thursday, May 12   _____

2. Monday, November 1   _____

3. Friday, April 22   _____

4. Wednesday, February 14   _____

5. Tuesday, June 9   _____

Ejercicio M

De colores   Fill in the blank with an appropriate color in Spanish.

1. El color de una banana es _____.

2. El color de un elefante es _____.

3. El color de la tiza es _____.

4. El color de una manzana es _____.

5. El color de la pizarra es _____.

6. El color de un dólar es _____.

7. Los colores de un periódico son _____ y

_____.

8. Los colores de la bandera de los Estados Unidos son _____,

_____ y _____.

Ejercicio N

Composición   Using the words and phrases that you have learned, express the following in Spanish.

1. On Saturdays, I leave my house and I go to the dry cleaner, where they clean and press my dirty clothes (**ropa sucia**).

_____

2. I have articles of clothing of many (**muchos**) colors: red, purple, white and grey, and the owner of the dry cleaner is going to sew (**coser**) a button on my green vest.*

_____

_____

*When using a color to describe a noun, place the color after the noun in Spanish.

3. Friday is the day when I pay an additional charge for quick service at (**en**) the store because I need my grey suit and my blue tie for (**para**) Saturday.

_____

4. The owner fills out the receipt for my yellow sweater and my black raincoat. Everything (**todo**) is going to be ready on Wednesday.

_____

5. On Tuesday we are going to the department store to (**para**) pick up a dress for (**para**) my mother.

_____

6. You are going there also because they sell silk blouses and wool overcoats.

_____

7. On Thursday when I go to the art class (**clase de arte**) I need a pink pencil and a blue pen.

_____

8. On Monday we are going to the stores because we want to buy cotton T-shirts (**camisetas**) and a brown vest.

_____

9. Today is Sunday. Carlos is going out now. He is going to the park. He's wearing a green shirt and grey (**grises**) pants.

_____

10. Rosa wants to buy a blue blouse and a red hat. (It) is the latest style.

_____

Refrán	
Quien adelante no mira, atrás se queda.	_The one who doesn't look ahead remains behind._

CONVERSACIÓN

|13|

La estación de servicio

¿Qué pasa? The three of you go to a local service station.

Aprendes: The present tense of the irregular verb **saber** (*to know, know how to*) ◆

The present tense of the irregular verb **querer** (*to want, to wish, to love*) ◆

Frequently used negative words and their use

VOCABULARIO

quiero *I want* (from **querer**)
guiar *to drive*
descompuesto(-a) *broken, out of order*
el aceite *oil*
arreglar *to fix*
como *since*
sé *I know* (from **saber**)
nunca *never*
quieres *you want* (familiar singular; from **querer**)
te *you* (direct-object pronoun)
acompañar *to accompany*
un poco *a bit*
pasa *is happening* (from **pasar**)
nada *nothing*
cambia *change* (familiar command form; from **cambiar**)

revise *check* (polite command; from **revisar**)
la llanta *tire*
llene *fill* (polite command; from **llenar**)
el supercarburante *premium gasoline*
la tarde *afternoon*
nadie *nobody, no one*
tampoco *either, not either*
funciona *works* (machine, appliance); (from **funcionar**)
arrancar *to start* (car)
la bujía *spark plug*
el estimado *estimate*
dejar *to leave* (behind)

CONVERSACIÓN

PEDRO: *Quiero* guiar mi auto* a la estación de servicio. El motor no está descompuesto pero necesito un cambio de aceite. Carlos, el mecánico, es excelente. *Sabe* arreglar todos los problemas de los autos.

---

*Other words used for car are: **el coche** and **el carro**.

168

ELENA: Como no *sé* guiar, no voy nunca a la estación de servicio, pero si *quieres* te puedo acompañar.

ESTUDIANTE: Pues los veo allí. El motor de mi auto está un poco descompuesto y yo

              debo _____.

*   *   *   *   *

MECÁNICO: Hola jóvenes. ¿Qué pasa con sus carros? ¿Qué quieren Uds.?

PEDRO: En mi caso no es nada serio. Cambie el aceite y revise las llantas, por favor. Llene el tanque con gasolina supercarburante.

MECÁNICO: Muy bien, si no hay problemas, tu auto va a estar listo a las cinco de la tarde.

ELENA: Nadie en mi familia *sabe* guiar. Tampoco tenemos un garaje. Pero voy a tomar lecciones y siempre voy a guiar con cuidado.

ESTUDIANTE: Es una buena idea aprender a guiar porque con un auto es posible

              _____.

MECÁNICO: ¿Y tú? Es evidente que el motor de tu auto no funciona bien. Probablemente nunca arranca fácilmente.

ESTUDIANTE: Sí señor, tengo problemas con _____.

MECÁNICO: Voy a revisar todo el sistema eléctrico, la batería y las bujías. Si *quieres*, puedo llamar por teléfono con el estimado.

ESTUDIANTE: Mi número de teléfono es _____.

MECÁNICO: Gracias. Debes dejar la llave en el auto. Voy a telefonear antes de las seis.

VOCABULARIO ADICIONAL

la bocina *horn*
el cambio de marchas *transmission*
el (la) conductor(-a) *driver*
el engrase *lube job*
estacionar *to park*
el freno *brake*

la marca *make* (of car)
el parabrisas *windshield*
el portaguantes *glove compartment*
la rueda *wheel*
el volante *steering wheel*

Ejercicio A

Complete the following sentences based on the **Conversación** and then express them in English.

1. Pedro quiere _____ su auto a la estación de servicio.

   _____

2. El necesita un cambio de _____.

   _____

3. Elena va a _____ a Pedro a la estación de servicio.

   _____

4. El motor del (de la) estudiante está un poco _____.

   _____

5. Pedro quiere que Carlos revise las _____.

   _____

6. El auto de Pedro va a estar _____ a las cinco.

   _____

7. Nadie en la familia de _____ sabe guiar.

   _____

8. Es evidente que el motor del (de la) estudiante no _____ bien.

   _____

9. El mecánico va a revisar el _____ eléctrico.

   _____

10. Carlos va a llamar por teléfono con el _____ de arreglar el motor.

   _____

EJERCICIO B

Answer the following questions, based on the **Conversación**.

1. ¿Cómo se llama el mecánico de la estación de servicio?

   _____

2. ¿Qué no sabe Elena?

   _____

3. ¿Qué parte del (*of the*) auto del (de la) estudiante está un poco descompuesto?

   _____

4. ¿Además de aceite, qué necesita Pedro para su auto?

   _____

5. ¿Qué no tiene la familia de Elena en su casa?

   _____

6. ¿Qué va a tomar Elena muy pronto?

   _____

7. ¿Cómo funciona el auto del (de la) estudiante?

   _____

8. ¿Qué va a revisar el mecánico en el auto del (de la) estudiante?

   _____

9. ¿Qué información va a dar el mecánico en el teléfono?

   _____

10. ¿Qué debe dejar el estudiante en el auto?

   _____

Ejercicio C

Preguntas Personales

1. ¿Qué miembros de tu familia saben guiar?

_____

2. ¿Cómo aprende un joven a guiar?

_____

3. Si el motor de tu auto está descompuesto, ¿quién lo arregla?

_____

4. ¿Qué compras en la estación de servicio?

_____

5. Si eres un(-a) buen(-a) conductor(-a), ¿cómo debes guiar?

_____

Ejercicio D

Using the words and expressions of the **Conversación**, make up five sentences in Spanish describing the picture below.

_____

_____

_____

_____

EJERCICIO E

Diálogo   You talk to your uncle about buying a used car.

TÍO: ¿Quíen vende el auto?

TÚ. : _____

TÍO: ¿Qué marca y modelo es?

TÚ. : _____

TÍO: ¿Quién va a revisar el motor?

TÚ. : _____

TÍO: ¿Son buenas o malas las llantas?

TÚ. : _____

TÍO: ¿Cómo funciona el cambio de marchas?

TÚ. : _____

TÍO: Los frenos son muy importantes.

TÚ. : _____

TÍO: Debes guiar el auto antes de comprarlo.

TÚ. : _____

TÍO: ¿Dónde vas a estacionar el auto?

TÚ. : _____

TÍO: ¿Tienes bastante dinero para comprar el auto?

TÚ. : _____

EJERCICIO F

Charla   For the following themes, hold a conversation with a classmate or your teacher. The conversation should consist of at least five relevant responses on the part of each participant.

    1. You work in a service station; your partner is a customer who wants gas and has a problem with his / her car's engine.

    2. You and your partner talk about a car that your family wants to buy.

EJERCICIO G

Actividad   Draw a picture of "**el auto de mis sueños**," the car of your dreams. Label at least six parts of the car in Spanish.

EJERCICIO H

Español Práctico   From a Spanish newspaper, explain a an ad from a car dealer to a friend who does not know Spanish.

LANGUAGE STRUCTURE

◆ **The Verb saber (*to know, know how to*)**

Saber is irregular in the **yo** form of the present tense.

    Yo *sé*.   *I know.*

All of the other forms in the present tense are conjugated like those of a regular verb.

Juan *sabe*.	*Juan knows.*
Nosotros *sabemos*.	*We know.*

Saber expresses "*to know a fact or facts*" and "*to know how to do some thing*."

María sabe todas las palabras de la lección.	*María knows all the words in the lesson.*
Tú sabes nadar muy bien.	*You know* (familiar singular) *how to swim very well.*

NOTES:

1. **Saber**, followed by an infinitive, expresses *to know how to*; however, *how* is understood in Spanish.

> **Ella** sabe **guiar.**   *She knows how to drive.*

2. To express *to know / to be acquainted with*, the verb **conocer** is used in Spanish.

> **Clara** *conoce* **a Ricardo.**   *Clara knows Ricardo.*

◆ **The Irregular Verb querer**

Querer means *to want, to wish,* or *to love.* The forms of **querer** in the present tense are:

SUBJECT	PRESENT-TENSE FORM
yo	quiero *I want*
tú	quieres *you want*
Ud.	quiere *you want*
él/ ella	quiere *he/she wants*
nosotros / nosotras	queremos *we want*
Uds.	quieren *you want*
ellos / ellas	quieren *they want*

Some examples of the uses of **querer** are:

Carlos *quiere* **una manzana.**	*Carlos wants an apple.*
María *quiere* **estudiar ahora.**	*María wants to study now.*
Diego *quiere* **a su hermana.***	*Diego loves his sister.*

◆ **Frequently Used Negative Words in Spanish**

nada	*nothing*	**nadie**	*no one, nobody*
nunca	*never*	**tampoco**	*neither*

In Spanish these negative words can be used in two ways:

(1) placed after the verb with **no** before the verb.

> **Carlos** *no* **escribe nunca.**   *Carlos doesn't write ever.*

(2) placed before the verb.

> **Carlos** *nunca* **escribe.**   *Carlos never writes.*

---

*To express the idea that someone loves a person or pet, use **querer a.** See Chapter 15, p. 208.

In English there are also two ways to state this thought:

(1) *Carlos doesn't ever write.*

(2) *Carlos never writes.*

When **nadie** is the direct object of a verb, it must be preceded by **a**.

Ella no ve *a nadie.*   *She doesn't see anybody.*

Ella a *nadie* **ve.**   *She sees nobody.*

EJERCICIO I

Pattern Drills

1. Say the first sentence in Spanish and express it in English. Repeat the Spanish sentence, replacing the words in italics with each of the listed alternatives. Then, express the sentence in English.

   a. En la estación de servicio van a arreglar *la bocina.* _____

      (1) el parabrisas _____

      _____

      (2) la llanta _____

      _____

      (3) la rueda _____

      _____

   b. José necesita *aceite* para su auto. _____

      (1) frenos _____

      _____

      (2) un engrase _____

      _____

(3) supercarburante

   _____

   _____

(4) bujías

   _____

   _____

2. Say the first sentence in Spanish and express it in English. Repeat the Spanish sentence with the new subject, changing the form of the verb to agree with it. Then, express the sentence in English.

  a. *Ud.* quiere ir a la ciudad.   _____

    (1) Yo

   _____

   _____

    (2) Nosotros

   _____

   _____

    (3) Ellos

   _____

   _____

    (4) Tú

   _____

   _____

    (5) La familia

   _____

   _____

  b. *Nosotros* sabemos jugar al tenis.

    (1) Los muchachos

   _____

   _____

    (2) Tú

   _____

   _____

    (3) Yo

   _____

(4) Antonio _____

_____

Complete each sentence with the correct present-tense form of **saber**. Then, express the sentence in English.

1. Gloria _____ arrancar el auto.

_____

2. ¿ _____ tú dónde está la llave?

_____

3. Yo _____ la lección muy bien.

_____

4. Nosotros no _____ cambiar las bujías.

_____

5. Ellos _____ que el auto está descompuesto.

_____

6. Pedro y yo _____ que la lección es difícil.

_____

7. Yo no _____ si la pluma está en el portaguantes.

_____

8. La conductora _____ guiar con cuidado.

_____

9. Clara y Pablo _____ que necesitamos un estimado.

_____

10. ¿No _____ arreglar el motor el mecánico?

_____

EJERCICIO K

Complete each sentence with the correct present-tense form of **querer**. Then, express the sentence in English.

1. Marta _____ un libro interesante.

_____

2. Los niños _____ a sus abuelos.

_____

3. Yo no _____ la corbata ahora.

_____

4. Marcos _____ parquear en la calle.

_____

5. ¿_____ Rafael comer más?

_____

6. ¿No _____ nuestros amigos acompañar a mi hermano?

_____

7. Nosotros _____ más frijoles.

_____

8. Roberto _____ ir al parque.

_____

9. ¿No _____ tú un engrase para tu auto?

_____

10. Los padres _____ a su hija.

_____

EJERCICIO L

Restate the sentences below, using the alternative form of the negative. Then, express the sentence in English.

1. Juan tampoco habla con el profesor.

_____

_____

2. Tú no tienes nada en la cartera.

_____

_____

3. A nadie veo en el parque.

_____

_____

4. Nada pasa en la calle.

_____

_____

5. Ella no compra nunca supercarburante.

_____

_____

6. Nadie acompaña a los estudiantes.

_____

_____

7. María no usa un auto tampoco.

_____

_____

8. No estaciona nadie su auto así.

_____

_____

9. Nada hay en el portaguantes.

_____

_____

10. La conductora no usa nunca la bocina.

_____

_____

EJERCICIO M

Using the word in parenthesis, change each affirmative sentence into the negative in two ways. Then express the negative form in English.

1. Pedro habla con María. (nunca)

_____   _____

_____   _____

2. Veo en el portaguantes. (nada)

_____   _____

_____   _____

3. Clara estudia en la biblioteca. (tampoco)

_____   _____

_____   _____

4. Habla en clase. (nadie)

_____   _____

_____   _____

5. Deseo un auto de la marca «Cometa». (nunca)

_____   _____

_____   _____

6. Borramos en la pizarra. (nada)

_____   _____

_____   _____

7. Juan espera en el gimnasio. (a nadie)

_____   _____

_____   _____

8. Bárbara tiene muchos amigos. (tampoco)

_____   _____

_____   _____

9. Ud. escribe en el cuaderno. (nada)

_____   _____

_____   _____

10. El mecánico revisa las ruedas. (nunca)

_____   _____

_____   _____

EJERCICIO N

Composición   Use the words and phrases that you have learned to express the following sentences in Spanish.

1. I know that (**que**) the mechanic is going to check the transmission, the spark plugs, the tires, and the steering wheel.

_____

2. My brother never starts the car because he doesn't have the key either.

_____

3. The horn of my car is broken (**descompuesta**). (It) doesn't work. I need an estimate.

_____

4. You (*familiar singular*) never want to park in the garage when we accompany (**a**) the students in the city.

_____

5. Nobody knows how to drive a car of this (**esta**) make.

_____

6. The mechanic wants to fill the tank with hi-test and check the oil.

_____

7. We drive carefully and we leave nothing in the glove compartment.

_____

8. I don't see anybody in the service station and I want a lube job now.

_____

9. They never use the car because the brakes don't work.

_____

10. Your car is a bit out of order. You need a change of oil.

_____

Refrán	
Adonde te quieren mucho, no vayas a menudo.	*Don't go often to where they love you a lot.* *Don't wear out your welcome.*

CONVERSACIÓN
|14|
La biblioteca pública

¿Qué pasa?   The three friends go to the local public library.

Aprendes: Using the verb **gustar** (*to like*) ◆

Using the contraction **del**

VOCABULARIO

delante de   *in front of*
devolver   *to return* (*something*)
sacar   *to take out*
el informe   *report*
algo   *something*
mismo(-a)   *same*
la multa   *fine*
atrasado(-a)   *late, overdue*
ayudar   *to help*

el cuento   *story*
el libertador   *liberator*
la vida   *life*
recomendar   *to recommend*
la época   *era, age*
mira   *look* (familiar command; from **mirar**)
el estante   *shelf*
el recurso   *resource*
propio(-a)   *own*

CONVERSACIÓN

ELENA: Aquí estamos delante de la biblioteca. *Me gusta* venir aquí. Hoy tengo que devolver un libro y sacar otro.

PEDRO: Yo debo usar la biblioteca también porque para mi clase de español hay una tarea interesante. Tengo que preparar un informe sobre Hispanoamérica. Voy a escribir de uno de los personajes históricos más famosos de la región: Simón Bolívar.

ELENA: Veo que *te gusta* la historia.

ESTUDIANTE: Yo quiero ir a la biblioteca pública para _____.

* * * * *

BIBLIOTECARIA: Hola jóvenes.

LOS TRES: Buenos días, señorita Jiménez.

184

BIBLIOTECARIA:	¿En qué puedo servirles?
ELENA:	Quiero devolver una novela y deseo otra del mismo autor porque *me gustan* los libros que él escribe.
BIBLIOTECARIA:	A ver, el libro está atrasado tres días. Tienes que pagar una multa. Si quieres otra novela de Gabriel García Márquez, su nombre está en el catálogo.
ELENA:	Gracias señorita. A mi familia *le gustan* mucho sus novelas. En la colección de mis padres hay varios libros de García Márquez. Pero a mis hermanos *les gusta* leer cuentos de piratas y ciencia-ficción.
PEDRO:	Señorita, necesito información sobre Simón Bolívar para mi clase de español ¿Qué recomienda Ud.?
BIBLIOTECARIA:	Si *te gusta* usar una computadora tenemos varias. Hay información en inglés y en español. También tenemos buenas enciclopedias y algunas biografías excelentes del gran libertador. Para saber más de la vida, las costumbres y los problemas durante la época de Bolívar, voy a recomendar un libro de historia.
PEDRO:	Gracias voy a la computadora ahora.
BIBLIOTECARIA:	Y tú, ¿qué necesitas?
ESTUDIANTE:	Quiero un buen diccionario inglés-español porque _____.
BIBLIOTECARIA:	Sube al segundo piso y mira en el estante a la izquierda.

* * * * *

BIBLIOTECARIA:	Veo que a Uds. *les gustan* nuestros recursos electrónicos.
LOS TRES:	Sí señorita, *nos gustan* mucho y es evidente que a Ud. *le gusta* ayudar a los estudiantes. Deseamos sacar varios libros.
BIBLIOTECARIA:	(al estudiante) Muy bien, pero tú no tienes una tarjeta de biblioteca. ¿No quieres conseguir tu propia tarjeta?
ESTUDIANTE:	Sí, deseo una tarjeta porque _____.

VOCABULARIO ADICIONAL

el almanaque	*almanac*	**el escritor**	*writer*
citar	*to cite, to quote*	**la investigación**	*research*
la comedia	*play* (theater)	**la obra de consulta**	*reference work*
el dramaturgo	*dramatist*	**la poesía**	*poetry*
el ensayo	*essay*	**la prosa**	*prose*

EJERCICIO A

Complete the following sentences based on the **Conversación** and express them in English.

1. Los tres están delante de la _____.

   _____

2. Pedro tiene que _____ un informe para su clase de español.

   _____

3. Simón Bolívar es uno de los personajes históricos más famosos de _____.

   _____

4. En la biblioteca, Elena quiere devolver una _____.

   _____

5. El nombre Gabriel García Márquez está en el _____.

   _____

6. A los hermanos de Elena les gusta leer _____ de piratas.

   _____

7. En la _____ hay información en inglés y en español.

   _____

8. La bibliotecaria va a _____ un buen libro de historia para Pedro.

   _____

9. En el segundo _____ hay un diccionario.

   _____

10. El (la) estudiante va a conseguir su propia _____ de biblioteca.

   _____

EJERCICIO B

Answer the following questions based on the **Conversación**.

1. ¿Adónde van los tres?

   _____

2. ¿Para qué clase tiene Pedro una tarea interesante?

   _____

3. ¿Cómo se llama la bibliotecaria?

   _____

4. ¿Por qué tiene que pagar una multa Elena?

   _____

5. ¿Quién es el novelista favorito de los padres de Elena?

   _____

6. ¿Qué puede usar Pedro para preparar su informe además de los libros?

   _____

7. ¿Qué recomienda la bibliotecaria para aprender más de la época de Bolívar?

   _____

8. ¿Qué tipo de libro necesita el (la) estudiante?

   _____

9. ¿Qué desean sacar los tres cuando salen de la biblioteca?

   _____

10. ¿De quién va a conseguir el (la) estudiante una tarjeta de biblioteca?

    _____

EJERCICIO C

Preguntas Personales

1. ¿Cuándo vas a la biblioteca?

_____

2. ¿Qué tiene la biblioteca para una persona que quiere hacer investigación?

_____

3. ¿Cómo ayuda la bibliotecaria a los estudiantes?

_____

4. ¿Qué recurso de la biblioteca te gusta más?

_____

5. ¿Quieres ser bibliotecario(-a)? ¿Por qué?

_____

EJERCICIO D

Using the words and expressions of the **Conversación**, make up five sentences in Spanish describing the picture below.

_____

_____

_____

_____

_____

EJERCICIO E

Diálogo   You speak with the librarian about how the library can help you with a report on Argentina that you must write for school.

BIBLIOTECARIO/A: Hola. ¿Cómo estás hoy?

TÚ: _____

BIBLIOTECARIO/A: ¿En qué puedo servirte?

TÚ: _____

BIBLIOTECARIO/A: Pues hay mucho aquí para tu proyecto.

TÚ: _____

BIBLIOTECARIO/A: Necesitas una tarjeta de biblioteca.

TÚ: _____

BIBLIOTECARIO/A: Tu nombre y tu edad por favor.

TÚ: _____

BIBLIOTECARIO/A: ¿A qué escuela asistes?

TÚ: _____

BIBLIOTECARIO/A: ¿Sabes usar una computadora?

TÚ: _____

BIBLIOTECARIO/A: ¿Quieres material en español o en inglés?

TÚ: _____

BIBLIOTECARIO/A: ¿Cuántos días tienes para completar tu informe?

TÚ: _____

BIBLIOTECARIO/A: ¿Puedes hacer tu investigación aquí en la biblioteca? Es imposible sacar muchos de los materiales importantes.

TÚ: _____

Ejercicio F

Charla   For the following themes, hold a conversation with a classmate or your teacher. The conversation should consist of at least five relevant responses on the part of each participant.

1. You work as an assistant in the library; your partner wants to take out a certain book.

2. You and your partner discuss whether they should study after school in the library or at home.

Ejercicio G

Actividad   Make a poster in Spanish that will encourage students to use the public library.

EJERCICIO H

Español Práctico   Read the following announcement in Spanish and explain it to a friend who does not speak the language.

Bienvenidos al

Centro Bibliotecario de Quito
Avenida Central, #1
Quito, Ecuador

HORARIO						
LUNES	**MARTES**	**MIÉRCOLES**	**JUEVES**	**VIERNES**	**SÁBADO**	**DOMINGO**
10–8	10–6	10–8	10–6	12–6	10–5	cerrado

<u>**Servicios Notables:**</u>

Préstamo de libros (límite 2 semanas)
Clases de inglés durante el otoño, el invierno y la primavera.
Centro audiovisual moderno

<u>**Actividades para el próximo semestre:**</u>

Seminario: «El Quijote en el siglo XXI»
Seminario: «Gramática española moderna»
Film: Se mostrarán las siguientes películas de Mario Moreno «Cantinflas»:

El circo (1942)   *El señor doctor* (1965)
Romeo y Julieta (1943)   *El profe* (1970)

Para más información, llámenos al (555) 343-5050, de lunes a sábado, de 10 a 5.

LANGUAGE STRUCTURE

◆ **The Verb gustar**

Gustar is used in Spanish to express *to like*. The concept of liking in Spanish is different from that of English. For example *I like the book* is expressed as **Me gusta el libro**; literally, *To me is pleasing the book.*

The structure of this Spanish sentence is *indirect-object pronoun* + **gusta(n)** + *thing(s) liked.*

He likes the stories.   **Le gustan los cuentos.**

The indirect-object pronouns in Spanish are:

INDIRECT-OBJECT PRONOUNS	
me	(*to*) *me*
te	(*to*) *you*
le	(*to*) *you* (polite)
le	(*to*) *him/her*
nos	(*to*) *us*
les	(*to*) *you* (plural)
les	(*to*) *them*

Gustar will be used for the most part in the forms **gusta** when the thing liked is in the singular or an infinitive; and **gustan** when things (plural) are like.

Nos *gusta la escuela.*	*We like the school.*
Les *gusta jugar* **en el parque.**	*They like to play in the park.*
Me *gustan las clases.*	*I like the classes.*
Nos *gustan los programas.*	*We like the programs.*

Since **le** or **les** may have several meanings, the form may be clarified by the addition of the phrase **a** + *subject pronoun*.

A ella le gusta hablar con Rosa.	*She likes to talk with Rosa.*
A ellos les gustan los libros.	*They like the books.*

NOTE: Even though **a ella** or **a ellos** is used, the indirect-object pronouns **le** and **les** must be included in the sentence.

When the subject of an English sentence is a noun, singular or plural, this must be preceded in the Spanish sentence by the preposition **a** and the corresponding indirect-object pronoun must be used before the form of **gustar**.

A Juan le **gustan los autos.**	*Juan likes cars.*
A mis primos les **gusta visitar nuestra casa.**	*My cousins like to visit our house.*

Remember when you want to express *to like* in Spanish you MUST NOT translate word for word from English, but rather express the concept in Spanish. For example:

They like the jackets. **Les gustan las chaquetas.** (Literally: *To them are pleasing the jackets.*)

To make a negative sentence with **gustar**, place **no** before the indirect-object pronoun.

No **me gusta la manzana.**	*I don't like the apple.*
A María *no* **le gusta ir a la ciudad.**	*María doesn't like to go to the city.*

To form a question with **gustar**, simply use questions marks with a statement in written form or inflect the voice in oral communication.

¿A él le gusta la película?	*Does he like the film?*
¿Te gustan los zapatos?	*Do you like the shoes?*

◆ **The Contraction del**

Like the contraction **al** (see **Conversación 12**) when **de** (*of* or *from*) is followed by **el** (*the*), the two words contract to form **del**. This contraction is required, not optional.

Ella es una empleada del gimnasio.	*She's an employee of the gymnasium.*
	She's a gymnasium's employee.

De does not contract with **la, los, las,** or **él** (*him*).

Yo hablo *de él.*	*I speak of him.*

Remember (**Conversación 2**) that **de** is used in Spanish to show possession.

El sombrero *es del* **profesor.**	*The hat is the teacher's.*
La pluma es *de la* **muchacha.**	*The pen is the girl's.*
Los libros *de los* **alumnos están en el estante.**	*The student's books are on the shelf.*

[**Ejercicio I**]

Pattern Drills

1. Say the first sentence in Spanish and express it in English. Repeat the Spanish sentence, replacing the words in italics with each of the listed alternatives. Then, express the sentence in English.

a. Quiero leer los ensayos
de la muchacha. _____

   (1) de los estudiantes _____

                                    _____

   (2) de las hermanas _____

                                    _____

   (3) de mi amigo _____

                                    _____

   (4) del joven _____

                                    _____

b. Me gusta mucho *la comedia.* _____

   (1) algo en español _____

                                    _____

   (2) la época colonial _____

                                    _____

   (3) el dramaturgo mexicano _____

                                    _____

   (4) la prosa de Unamuno _____

                                    _____

   c. A Juan no le gustan *los libros.* _____

      (1) las películas _____

      _____

      (2) las tareas _____

      _____

      (3) los impermeables _____

      _____

      (4) las multas _____

      _____

   d. Nos gusta mucho *estudiar en casa.* _____

      (1) nuestra escuela _____

      _____

      (2) conseguir revistas _____

      _____

      (3) tu casa _____

      _____

      (4) guiar el auto _____

      _____

2. Say the first sentence in Spanish and express it in English. Repeat the Spanish sentence, making sure the initial verb and the form of **gustar** agree with the new subject.

   a. *Yo estoy* aquí porque me gusta la biblioteca. _____

      (1) Él está _____

      _____

(2) Nosotros estamos _____

_____

(3) Ellas están _____

_____

b. *Él va* al restaurante porque le
gusta la comida mexicana. _____

(1) Yo voy _____

_____

(2) Ella va _____

_____

(3) Nosotros vamos _____

_____

(4) Tú vas _____

_____

EJERCICIO J

Complete the following sentences with **del**, **de la**, **de los**, or **de las**. Then, express the complete sentence in English.

1. Yo saco libros _____ biblioteca para escribir un informe.

_____

2. Tu vas a estudiar la época _____ libertador.

_____

3. Las tarjetas _____ muchachas permiten su uso de la computadora.

_____

4. Manuel tarda mucho en pagar la multa _____ bibliotecaria.

_____

5. Pedro compra sus corbatas _____ mismo dependiente.

_____

6. En su ensayo el autor va a citar palabras _____ abuela.

_____

7. La obra de consulta favorita _____ estudiantes es el almanaque.

_____

8. La investigación es una actividad importante _____ alumnas.

_____

9. Siempre apreciamos la poesía _____ escritor.

_____

10. La computadora es un recurso _____ escuela.

_____

EJERCICIO K

Express the following sentences in English.

1. Me gusta la comedia del escritor colombiano.

_____

2. Nos gustan las obras de consulta en el estante.

_____

3. A ella no le gustan los recursos de la biblioteca.

_____

4. A Ricardo no le gusta pagar multas.

_____

5. ¿Le gusta a Ud. leer ensayos?

_____

6. Te gusta estudiar la vida (*lifes*) de los personajes famosos.

_____

7. ¿No les gusta a ellos la poesía moderna?

_____

8. A mis hermanos les gusta citar los cuentos de nuestro abuelo.

_____

9. A mi amigo y a mí nos gusta el mismo autor.

_____

10. A los estudiantes no les gusta cuando el profesor tarda en (*is late in*) devolver los exámenes.

_____

EJERCICIO L

Construct sentences with **gustar** in Spanish, based on the subject given in English. Then, express the complete sentence in English. Remember to use both the noun and the corresponding pronoun.

EJEMPLO: _____ el libro.
                          (I)

Me gusta **el libro.**   *I like the book.*

1. _____ los ensayos.
            (We)

_____   _____

2. ¿_____ el informe?
            (They)

_____   _____

3. _____ mi cuento.
(You [*familiar singular*])

_____   _____

4. _____ la poesía.
(*María*)

_____   _____

5. _____ sacar libros de la biblioteca.
(*The boys*)

_____   _____

6. No _____ usar su tarjeta.
(*you* [*polite singular*])

_____   _____

7. ¿_____ las tareas del profesor?
(*the students*)

_____   _____

8. No _____ el almanaque en la tienda.
(*I*)

_____   _____

9. ¿_____ estudiar en casa?
(*He*)

_____   _____

10. _____ leer sus propios libros.
(*Carlos and Enrique*)

_____   _____

EJERCICIO M

Composición   Using the words and phrases that you have learned, express the following sentences in Spanish.

1. I like to read in front of the shelf where they have stories in Spanish.

_____

2. We do research on the computer about (**sobre**) the life of the era that (**que**) we like.

_____

3. Manuela has her own card (**propia tarjeta**) and she likes books of poetry. She takes out many (**muchos**) from the library.

_____

4. Carlos does not like to return books to the school.

_____

5. The dramatist likes to read the stories and the essays of the (**del**) writer from Spain.

_____

6. Does the teacher like to quote from the magazines that (**que**) he likes?

_____

7. Our classroom has many reference works. You (*familiar singular*) like the almanac.

_____

8. The students don't like to get the books on the shelf.

_____

9. Don't you (*polite singular*) like the clothing in the department store?

_____

10. We don't like to do our assignments at home. There are more (**más**) resources in the school library (*the library of the school*).

_____

Refrán	
No se ganó Zamora en una hora.	*Rome wasn't built in a day.*
	Important projects require time and patience.

CONVERSACIÓN

15

La estación de policía

¿Qué pasa?   The three friends visit a police station.

Aprendes: The present tense of the irregular verb **ver** (*to see*) ◆

The present tense of the irregular verb **conocer** (*to know*) ◆

Using **saber** or **conocer**

Using the personal **a**

VOCABULARIO

el policía   *police officer* (male)
la policía   *police officer* (female); *police force*
perdido(-a)   *lost*
vemos   *we see* (from **ver**)
conozco   *I know* (from **conocer**)
la esquina   *corner*
dirige   *directs* (from **dirigir**)
contiene   *contains* (from **contener***)
el permiso de conducir   *driver's license*
ayudarme   *to help me*
tratar   *to treat*
la gente (*singular*)   *people*
a veces   *at times*
peligroso(-a)   *dangerous*

atrapar   *to catch*
valiente   *brave*
el crimen   *crime*
la citación   *ticket* (summons)
el estacionamiento   *parking*
el (la) oficial   *officer*
proteger   *to protect*

CONVERSACIÓN

PEDRO: Mi cartera está perdida. Elena, ¿*ves* mi cartera?

ELENA: No, no *vemos* tu cartera. Vamos a la estación de policía. No sé dónde está la estación porque no *conozco* bien este barrio.

---

* **Contener** is conjugated lke **tener**.

PEDRO: En la esquina *veo* a una policía que dirige el tráfico. Podemos preguntarle.

ESTUDIANTE: Señorita, ¿dónde está _____?

(En la estación de policía)

PEDRO: Sargento Martínez, mi cartera que contiene mi dinero, mis tarjetas de crédito y mi permiso de conducir, está perdida… ¿Puede Ud. ayudarme?

SARGENTO: No está aquí, pero deja tu nombre y tu dirección.

PEDRO: Gracias, sargento.

ELENA: (A Pedro) La policía *conoce* y trata bien a la gente.

PEDRO: Sí, y a veces su trabajo es difícil porque tienen que atrapar a criminales peligrosos. Elena, ¿*conoces* a algún policía?

ELENA: Sí, *conozco* a uno: mi primo Javier. Es muy valiente y cuando hay un accidente, un crimen o una emergencia siempre ayuda a las víctimas.

ESTUDIANTE: Yo admiro a la policía porque _____.

SARGENTO: *Conocemos* bien este barrio y somos buenos amigos de los vecinos. Pero no les gusta cuando damos citaciones por estacionamiento ilegal.

PEDRO: Es verdad, pero una persona inteligente *ve* que es necesario.

ELENA: Los policías, los detectives y los oficiales del distrito *conocen* bien la ciudad y trabajan para proteger al público. Siempre están listos para ayudar.

ESTUDIANTE: Yo llamo a la policía cuando _____.

Vocabulario adicional

el abogado(-a)	*lawyer*	**la placa**	*badge*
arrestar	*to arrest*	**la queja**	*complaint*
la cárcel	*jail*	**el robo**	*robbery*
las esposas	*handcuffs*	**telefonear**	*to telephone*
el ladrón	*thief*	**el uniforme**	*uniform*

EJERCICIO A

Complete the following sentences based on the **Conversación** and express them in English.

1. La _____ de Pedro está perdida.

_____

2. Elena desea ir a la estación de _____.

_____

3. Hablan con una policía que _____ el tráfico.

_____

4. Pedro no tiene su permiso de _____.

_____

5. Según el sargento, Pedro debe dejar su nombre y su _____.

_____

6. A veces el trabajo de la policía es _____.

_____

7. El policía que Elena conoce es su _____.

_____

8. Cuando hay un accidente, Javier _____ a las víctimas.

_____

9. La gente está furiosa cuando recibe citaciones por _____ ilegal.

_____

10. La policía trabaja para _____ al público.

_____

Ejercicio B

Answer the following questions, based on the **Conversación**.

1. ¿Qué no ven los tres amigos?

_____

2. ¿Con quién habla el (la) estudiante para saber dónde está la estación de policía?

_____

3. ¿Qué no sabe el sargento?

_____

4. ¿A quiénes tiene que atrapar la policía?

_____

5. ¿Cómo es el primo de Elena?

_____

6. ¿Quién admira a la policía?

_____

7. ¿De quiénes son buenos amigos los policías?

_____

8. ¿Por qué dan los policías citaciones?

_____

9. ¿Le gusta a la gente recibir citaciones?

_____

10. ¿Para qué están listos los policías, los detectives y los oficiales?

_____

Ejercicio C

Preguntas Personales

1. ¿Admiras a la policía? ¿Por qué?

_____

2. ¿Cuándo hablas con un policía?

_____

3. ¿Por qué es peligroso el trabajo de la policía?

_____

4. ¿Cómo ayuda la policía a los vecinos del distrito?

_____

5. ¿Quieres ser policía? ¿Por qué?

_____

EJERCICIO D

Using the words and expressions of the **Conversación**, make up five sentences in Spanish, describing the picture below.

_____

_____

_____

_____

_____

Ejercicio E

Diálogo You talk to Detective López about a career on the police force.

DETECTIVE: Bienvenido (a) a la estación de policía.

TÚ: _____

DETECTIVE: ¿En qué puedo servirte?

TÚ: _____

DETECTIVE: ¿Qué idea tienes del trabajo de un (a) policía?

TÚ: _____

DETECTIVE: ¿Sabes algo de los aspectos peligrosos de ser policía?

TÚ: _____

DETECTIVE: A veces la gente está furiosa con nosotros ¿Sabes cuándo?

TÚ: _____

DETECTIVE: ¿Qué pasa cuando hay un accidente?

TÚ: _____

DETECTIVE: ¿Qué debe conocer bien el (la) policía?

TÚ: _____

DETECTIVE: ¿Cuántos años tienes?

TÚ: _____

DETECTIVE: Para ser policía hay que asistir a la universidad, pasar un examen y asistir a la academia.

TÚ: _____

DETECTIVE: ¿Qué te gusta del trabajo de policía?

TÚ: _____

EJERCICIO F

Charla   For the following themes, hold a conversation with a classmate or your teacher. The conversation should consist of at least five relevant responses on the part of each participant.

1. You talk to your partner about your desire to become a police officer.

2. You are a driver who has just received a parking ticket. Your partner is the police officer who wrote the summons. Try to convince him/her to give you a break.

EJERCICIO G

Actividad   Prepare a poster in Spanish encouraging people to join the police force.

EJERCICIO H

Español Práctico   Read the following police department advisory notice in Spanish and explain it to a friend who doesn't know the language.

CONSEJOS DE SEGURIDAD PARA HALLOWEEN

Para ayudarte a pasar un Día de Halloween divertido y seguro, el Departamento de Policía te recomienda las siguientes reglas:

- Selecciona un disfraz de color claro o brillante.
- Selecciona una máscara que no impida tu visión.
- Los accesorios como las varitas, las escobas o las armas deben ser de cartón, que es más seguro que el plástico, la madera o el metal.
- Usa un disfraz resistente al fuego.
- Camina en grupo, o acompañado por un adulto.
- Cruza la calle en la esquina y nunca entre dos autos.
- No aceptes dulces abiertos.

Si sigues estos consejos, vas a pasar un Día de Halloween muy alegre y sin accidentes.

LANGUAGE STRUCTURE

◆ **The Verb ver (*to see*)**

This frequently used verb is irregular only in the **yo**-form of the present tense.

Veo.   *I see, do see, am seeing.*

The other forms are regular: **ves**, **ve**, **vemos**, and **ven**.

◆ **The Verb conocer (*to know, be acquainted with*)**

Conocer is also irregular only in the **yo**-form of the present tense.

Conozco.   *I know, do know.*

The other forms are regular: **conoces**, **conoce**, **conocemos**, and **conocen**.

◆ **Saber and conocer**

Both **saber** and **conocer** are expressed in English as "to know." However, they may not be used interchangeably. **Saber** expresses "to know a fact or facts" or "to know how to do something" (see **Lesson 13**). **Conocer** expresses "to be acquainted with" or "to be familiar with". It is most often used with a person or persons but may be used with places or things.

María *conoce* a Juan.	*María knows Juan.*
Nosotros *conocemos* la ciudad de Buenos Aires.	*We know the city of Buenos Aires.*
Yo *conozco* el periódico ABC.	*I know the newspaper ABC.*

◆ **Personal a**

In Spanish, when a person or persons receive the direct action of a verb, this direct-object noun must be preceded by the preposition **a**, which is not expressed in English.

Vemos *a* la profesora todos los días.   *We see the teacher everyday.*

NOTES:

1. To determine the direct object as a person or persons in the English sentence, state the verb and ask the question *whom?*

    We help the boys.   **Ayudamos a los muchachos.**

    Whom do we help? *The boys.*

2. The personal **a** is generally not used with forms of the verb **tener**.

    Juan *tiene* dos hermanas.   *Juan has two sisters.*

EJERCICIO I

Pattern Drills

1. Say the first sentence in Spanish and express it in English. Repeat the Spanish sentence, replacing the words in italics with each of the listed alternatives. Then, express the sentence in English.

   a. A veces vemos *a la policía.*   _____

      (1) a mucha gente en la esquina   _____

                                                  _____

      (2) al hombre valiente   _____

                                                  _____

      (3) a Carlos en su uniforme   _____

                                                  _____

      (4) a María con su placa.   _____

                                                  _____

   b. Conozco a *un abogado.*   _____

      (1) a un ladrón   _____

                                                  _____

      (2) al oficial   _____

                                                  _____

      (3) a un detective   _____

                                                  _____

      (4) la capital de Costa Rica   _____

                                                  _____

   c. Veo *la citación.*   _____

      (1) tu permiso de conducir   _____

                                     _____

      (2) la cárcel en la esquina   _____

                                     _____

      (3) el robo en la televisión   _____

                                     _____

      (4) a la policía   _____

                                     _____

2. Say the Spanish sentence and express it in English. Repeat the Spanish sentence, replacing the subject in italics with each of the listed alternatives and making the verb agree with the new subject. Then, express the new sentence in English.

   a. *Nosotros* vemos las esposas del
      policía.   _____

      (1) Ellos   _____

                                       _____

      (2) Tú   _____

                                       _____

      (3) Ud.   _____

                                       _____

      (4) Yo   _____

                                       _____

   b. *Él* conoce a la abogada.   _____

      (1) Pedro y yo   _____

                                       _____

(2) Ellas

_____

_____

(3) Yo

_____

_____

(4) Nosotros

_____

_____

Ejercicio J

Use the correct form of **saber** or **conocer**, according to the meaning of the sentence. Then, express the complete sentence in English.

1. Yo _____ a muchos abogados.

_____

2. El policía _____ arrestar a los criminales.

_____

3. Nosotros _____ el barrio hispano.

_____

4. Yo _____ que el trabajo del policía es a veces muy peligroso.

_____

5. Ud. no _____ a la tía de Vicente.

_____

6. Mi hermanito _____ telefonear si está perdido.

_____

7. Ellas _____ que la policía trata bien a la gente.

_____

8. ¿_____ tú que el libro contiene muchas ideas interesantes?

_____

9. Pedro y yo no _____ al oficial en la estación de policía.

_____

10. Yo _____ que las quejas de los vecinos son importantes.

_____

EJERCICIO K

Insert the personal **a** when necessary. Remember that when a is followed by **el** you must use the contraction **al**. Then, express the sentence in English.

1. Nosotros vemos _____ muchos ladrones en la cárcel.

_____

2. Comprendo _____ todas las palabras del abogado.

_____

3. Los policías ayudan _____ el hombre.

_____

4. El detective siempre necesita _____ su placa.

_____

5. Juan ve _____ su hermana delante de la escuela.

_____

6. Visitamos _____ el tío de Ramón.

_____

7. María tiene _____ tres hermanos.

_____

8. Los policías protegen _____ los vecinos en el distrito peligroso.

_____

9. El sargento sabe atrapar _____ las personas que cometen crímenes.

_____

10. El profesor va a recomendar _____ un buen diccionario.

_____

EJERCICIO L

Composición   Using the words and phrases that you have learned, express the following sentences in Spanish.

1. I know the policeman who directs the traffic on the corner when he sees many cars in the street.

_____

2. We know that the officers of the police station treat the students very well when they see the youngsters (**jóvenes**).

_____

3. When I see the policeman with his uniform and his badge, I want to be (an) officer too.

_____

4. The work of the detective is dangerous when he / she has to arrest the persons accused (**acusadas**) of robbery.

_____

5. They know that the police officer is always ready to (**para**) protect the public.

_____

6. When we see that there is an emergency, it is necessary to telephone the police station.

_____

7. Tomás has a lawyer because he receives many tickets for illegal parking but he doesn't have a driver's license.

_____

8. (**El**) Sergeant López knows the neighborhood very well and he listens when there are complaints from the people.

_____

9. Do you (familiar singular) see that (**que**) the officer knows that he must use the handcuffs on the thief when he is in the jail.

_____

10. I know a young lady who (**que**) is very brave. She is a (**a**) policewoman and always helps when there is an accident or a crime.

_____

Refrán	
Decir y hacer son dos cosas, y la segunda es la dificultosa.	*Saying and doing are two different things and the second is the more difficult.*

CONVERSACIÓN
|16|
El cuartel de bomberos

¿Qué pasa?   The three friends visit a firehouse.

Aprendes: Number and gender of nouns

        Using demonstrative adjectives

VOCABULARIO

el (la) bombero(-a) *firefighter*
el cuartel de bomberos *firehouse*
el lugar *place*
el camión de bomberos *fire engine*
el carro de escaleras de incendio
  hook and ladder truck
el incendio *fire* (destructive)
funciona *it works* (from **funcionar**)
toca a fuego *sends a fire alarm*
el puerto *the port*
el cuerpo de bomberos *fire department*
el muelle *dock*
apagar *to extinguish*

mantenemos *we maintain*
  (from **mantener***)
la manguera *hose*
la seguridad *security*
equipo *equipment*
contra *against*
inspeccionamos *we inspect* (from
  inspeccionar)
la boca de agua *fire hydrant*
el edificio *building*
el apagafuegos *fire extinguisher* (pl.
  los apagafuegos)
la escalera de salvamento *fire escape*

CONVERSACIÓN

ELENA: Esta tarde voy a visitar a mi tío. Es bombero. ¿Quieren Uds. acompañarme al cuartel de bomberos?

ESTUDIANTE: Quiero ir a aquel cuartel de bomberos porque _____.

En el cuartel de bomberos

ELENA: Hola, tío Miguel. ¿Cómo estás hoy? Estoy aquí con mis dos amigos Pedro y _____.

---

*Conjugated like **tener**.

PEDRO:	Buenas tardes, señor Ramírez. Es un placer visitar este lugar.
TÍO MIGUEL:	Bienvenidos al Cuartel de Bomberos Número 16. Tenemos veinticuatro bomberos, seis bomberas y esos dos vehículos allí.
ELENA:	Sí, este vehículo es un camión de bomberos.
PEDRO:	¿Y ese otro?
ELENA:	Ese vehículo es un carro de escaleras de incendio.
TÍO MIGUEL:	Ya sabes mucho de nuestro trabajo porque tus visitas aquí son bastantes frecuentes.
PEDRO:	¿Cómo saben Uds. cuándo hay un incendio?
TÍO MIGUEL:	Esa pregunta es muy buena. Hay un sistema de alarma automático que funciona cuando alguien toca a fuego.
ELENA:	¿Qué pasa cuando hay un incendio en el centro o en el puerto?
TÍO MIGUEL:	En aquellas partes de la ciudad hay otros cuerpos de bomberos; pero todos ayudamos si hay un incendio muy grande y peligroso.
PEDRO:	Y además de apagar aquellos incendios, ¿tienen Uds. otros deberes?
TÍO MIGUEL:	Mantenemos nuestro equipo —por ejemplo, esas mangueras para incendios— en buenas condiciones. Además, mantenemos la seguridad contra los incendios en este barrio. Inspeccionamos las bocas de agua en las calles y los apagafuegos y las escaleras de salvamento en los edificios.
PEDRO:	Este trabajo es peligroso y muy importante para la comunidad.
TÍO MIGUEL:	Gracias. ¿Y quieren Uds. ser bomberos?

VOCABULARIO ADICIONAL

el agua*   *water*
el casco de bombero   *firefighter's helmet*
el daño   *damage*
el humo   *smoke*
la llama   *flame*

el jefe   *chief*
el oxígeno   *oxygen*
los primeros auxilios   *first aid*
quemar   *to burn*
extinguir   *to extinguish*
el simulacro de incendio   *fire drill*

EJERCICIO A

Complete the following sentences based on the **Conversación** and express them in English.

1. El tío de Elena es _____.

_____

* **Agua** is a feminine noun. **El** is used before the singular for clariy of pronunciation.

2. El trabaja en _____.

_____

3. En el grupo del tío Miguel hay 24 bomberos y 6 _____.

_____

4. Los dos vehículos que usan son el camión de bomberos y _____.

_____

5. Los bomberos saben cuando hay un _____ porque tienen un sistema de alarma automático.

_____

6. Si los bomberos en el centro tienen problemas, los del Cuartel 16 _____.

_____

7. Los bomberos tienen que mantener su _____.

_____

8. Ellos inspeccionan las _____ en las calles.

_____

9. En los edificios hay _____ para proteger contra incendios.

_____

10. Según Pedro, el trabajo del bombero es muy _____.

_____

EJERCICIO B

Answer the following questions, based on the **Conversación**.

1. ¿A quién va a visitar Elena?

_____

2. ¿Qué número tiene el cuartel de bomberos?

_____

3. ¿Cuántas personas trabajan en el cuartel?

_____

4. ¿Qué otro vehículo hay, además del camión de bomberos?

_____

5. ¿Cuándo funciona el sistema de alarma automático en el cuartel de bomberos?

_____

6. ¿Dónde hay otros cuerpos de bomberos?

_____

7. ¿Cuándo ayudan los bomberos del Cuartel 16 a los otros bomberos?

_____

8. ¿Qué mantienen los bomberos en buenas condiciones?

_____

9. ¿Dónde inspeccionan las bocas de agua?

_____

10. ¿Qué usan en los edificios cuando hay un incendio?

_____

Ejercicio C

Preguntas Personales

1. ¿Cuándo tocas al fuego?

_____

2. ¿Qué ves cuando hay un incendio?

_____

3. ¿Qué usan los bomberos para apagar un incendio?

_____

4. ¿Qué usan Uds. si hay un incendio en su casa / apartamento?

_____

5. ¿Te gusta el trabajo de bombero? ¿Por qué?

_____

> **EJERCICIO D**

Using words and expressions of the **Conversación**, make up five sentences in Spanish describing the picture below.

_____

_____

_____

_____

_____

Ejercicio E

Diálogo   During a program in your school auditorium, Ms. Moreno, a firefighter, asks you about fire safety.

SRA. MORENO: Buenos días joven, ¿cómo te llamas?

TÚ: _____

SRA. MORENO: ¿Si tú ves llamas y humo, qué número de teléfono marcas para tocar a fuego?

TÚ: _____

SRA. MORENO: ¿Qué hay en tu casa o apartamento para apagar un incendio?

TÚ: _____

SRA. MORENO: Y si Uds. tienen que salir a causa de un incendio, ¿qué usan?

TÚ: _____

SRA. MORENO: ¿Qué usan los bomberos en la calle para apagar un incendio?

TÚ: _____

SRA. MORENO: ¿Sabes qué tipos de vehículos tenemos en el cuartel de bomberos?

TÚ: _____

SRA. MORENO: ¿Qué tienen Uds. en la escuela para preparar para un incendio?

TÚ: _____

SRA. MORENO: ¿Por qué son los bomberos tan importantes en nuestro barrio?

TÚ: _____

SRA. MORENO: ¿Cómo describes el trabajo de un bombero?

TÚ: _____

SRA. MORENO: ¿Quieres ser bombero(-a)? ¿Por qué?

TÚ: _____

EJERCICIO F

Charla　For the following theme, hold a conversation with a classmate or your teacher. The conversation should consist of at least five relevant responses on the part of each participant.

　　　1. You and your partner discuss what students can do to promote fire safety.

　　　2. You are a firefighter who describes your life and activities to your partner, a student interested in the job.

EJERCICIO G

Actividad　Draw a poster of a firefighter showing important activities and equipment. Label at least ten items in Spanish.

EJERCICIO H

Español Práctico　Translate for a friend who does not know Spanish, the following notice from a fire department, addressed to the local Spanish-speaking community.

Cuerpo de Bomberos de Santiago

El Cuerpo de Bomberos de Santiago, fundado en 1919, es una agencia de seguridad y protección pública que ofrece varios servicios a la comunidad. Actualmente, el Cuerpo de Bomberos ofrece los siguientes servicios.

- Contesta llamadas de emergencia en situaciones de incendios, desastres y presencia de materiales peligrosos.
- Inspecciona los planos de construcción de edificios para garantizar que los edificios siguen las reglas de prevención de incendios.
- Educa con seminarios, conferencias y prácticas de prevención de incendios, a grupos escolares, compañías y residentes de condominios o edificios altos.
- Enseña e informa al personal de empresas privadas sobre técnicas de extinción de incendios.
- Participa en ejercicios y simulacros de incendio.

Para más información, llámenos al 555-343-2000; o visite el Cuartel General, localizado en la Avenida Gándara, Número 13.

Language Structure

◆ **Nouns**

A noun is a person, place, thing, or concept. In Spanish, all nouns are either masculine or feminine. Nouns, as introduced in the vocabulary section of this book, appear in the singular form and always preceded by the definite article **el** (the for masculine nouns) or **la** (the for feminine nouns).

el **incendio**   *fire*   *la* **manguera**   *hose*

Most nouns ending in **o** are masculine and most nouns ending in **a** are feminine. For nouns ending in other letters, look at the accompanying definite article to determine the gender.

el **muelle**   *(bed) spring*   *la* **canción**   *song*

Some nouns are by nature of a particular gender.

la madre   *mother*   **el padre**   *father*

In the plural form, masculine nouns use the definite article **los** and feminine nouns **las**. To make the noun itself plural, add **s** if it ends in a vowel and **es** if it ends in a consonant.

el **libro:** *los* **libros**   *la* **pluma:** *las* **plumas**
the book: the books   *the pen: the pens*

el **frijol:**   **los frijol***es*   *la* **ciudad:** *las* **ciudad***es*
the bean: the beans   *the city: the cities*

◆ **Demonstrative Adjectives**

The demonstrative adjectives (*this, these, that, those*) are always followed by a noun. In Spanish, demonstrative adjectives must agree in number (singular/plural) and gender (masculine/feminine) with the nouns that follow them.

este **abrigo** *this coat*	*estos* **abrigos** *these coats*	
esta **bandera** *this flag*	*estas* **banderas** *these flags*	
ese **panecillo** *that roll*	*esos* **panecillos** *those rolls*	
esa **mesa** *that table*	*esas* **mesas** *those tables*	
aquel **edificio** *that building (over there)*	*aquellos* **edificios** *those buildings (over there)*	
aquella **escuela** *that school (over there)*	*aquellas* **escuelas** *those school over there*	

Note: There are two ways of expressing *that* and *those*. When the noun is nearby use **ese, esa, esos,** or **esas;** when it is distant use **aquel, aquella, aquellos,** or **aquellas.**

EJERCICIO I

Pattern Drills

1. Say the first sentence in Spanish and express it in English. Repeat the Spanish sentence, replacing the words in italics with each of the listed alternatives. Then, express the sentence in English.

a. En el cuartel de bomberos hay
mangueras.

_____

   (1) un camión de bomberos

_____

_____

   (2) muchos cascos de bomberos

_____

_____

   (3) cinco bomberas

_____

_____

   (4) un apagafuegos

_____

b. El bombero sabe *dar primeros
auxilios.*

_____

   (1) tocar a fuego

_____

_____

   (2) apagar un incendio

_____

_____

   (3) usar la boca de agua

_____

_____

   (4) guiar el camión de bomberos

_____

_____

c. Es el deber del bombero *mantener*
   la seguridad del barrio.

   _____

   (1) extinguir el incendio con agua   _____

   _____

   (2) proteger los edificios
       contra el daño

   _____

   _____

   (3) inspeccionar las escaleras
       de salvamento

   _____

   _____

2. Say the Spanish sentence and express it in English. Repeat the Spanish sentence, replacing the words in italics with each of the listed alternatives and making the demonstrative adjective agree with the new word. Then, express the new sentence in English.

   a. Los bomberos van a usar *esta*
      manguera.

      _____

      (1) oxígeno   _____

      _____

      (2) camiones de bomberos   _____

      _____

      (3) carro de escaleras de incendio   _____

      _____

      (4) escaleras de salvamento   _____

      _____

   b. Ellos van a inspeccionar *aquellos*
      muelles.

      _____

      (1) escuelas   _____

      _____

      (2) edificios   _____

      _____

(3) barrios

_____

_____

(4) bocas de agua

_____

_____

c. Juan desea comprar *ese traje.*

_____

(1) zapatos

_____

_____

(2) manguera

_____

_____

(3) corbatas

_____

_____

(4) cuaderno

_____

_____

EJERCICIO J

Change the following expressions from singular to plural and vice versa. Then, express your answer in English.

1. este lugar   _____   _____

2. aquellas llamas   _____   _____

3. esos jefes   _____   _____

4. estas mangueras   _____   _____

5. este deber   _____   _____

6. esos cascos de bombero   _____   _____

7. aquel muelle   _____   _____

8. esta bombera   _____   _____

9. esas bocas de agua   _____   _____

10. aquellos puertos   _____   _____

Ejercicio K

Give the correct form of the demonstrative adjective in parentheses and express the complete sentence in English.

1. _____ cuerpo de bomberos apaga muchos incendios.
    (*this*)

    _____

2. _____ carro de escaleras de incendio es muy importante cuando usan
    (*that*)

    las mangueras.

    _____

3. _____ llamas y aquel humo están en el barrio del puerto.
    (*those* [distant])

    _____

4. _____ bomberos rocían el incendio con agua.
    (*those*)

    _____

5. _____ escalera de salvamento es muy importante para la seguridad del
    (*this*)

    edificio.

    _____

6. _____ jefes saben administrar primeros auxilios si el incendio quema
    (*those*)

    a las víctimas.

    _____

7. _____ boca de agua protege la escuela.
    (*that* [distant])

    _____

8. El capitán está en _____ camión de bomberos.
    (*this*)

    _____

9. _____ simulacros de incendio son muy importantes para la seguridad de la
    (these)

escuela.

_____

10. Sabemos que _____ manguera funciona bien.
    (this)

_____

EJERCICIO L

Composición   Using the words and expressions that you have learned, express the following sentences in Spanish.

1. We see the smoke and the flames from that (distant) fire.

_____

2. This firehouse has a fire engine and a hook and ladder truck.

_____

3. When Juan sends a fire alarm he knows that the fire escape is going to help the families in the building.

_____

4. The firefighters use these hoses in order to extinguish the fire.

_____

5. The duty of the chief is to inspect all those (distant) fire hydrants near the school.

_____

6. During these fire drills we don't use the fire extinguisher.

_____

7. They are going to use oxygen and first aid if the fire burns those (distant) houses.

_____

8. The firefighters use the helmets (singular) as (**como**) protection against the flames when they are in a building.

_____

9. If this fire engine functions well they are going to extinguish the fire on that (distant) dock very soon.

_____

10. In these places there are no fire escapes but they have fire extinguishers in the houses.

_____

Refrán	
Echar leña al fuego.	_To add fuel to the fire._

CONVERSACIÓN
|17|
La médica

¿Qué pasa?	You accompany Pedro to the doctor's office.
Aprendes:	The present tense of the irregular verb **decir** (*to say or to tell*)
	Frequently used idiomatic expressions with **tener** (*to have*)

VOCABULARIO

me siento *I feel* (from **sentirse**)
tengo frío *I am cold* (from **tener frío**)
tengo sueño *I am sleepy* (from **tener sueño**)
la fiebre *fever*
el (la) médico(-a) *doctor*
la salud *health*
tener prisa *to be in a hurry*
el consultorio *doctor's office*
el (la) enfermero(-a) *nurse*
verdadero(-a) *real*
pálido(-a) *pale*
la cabeza *head*
tienes calor *you* (familiar, singular) *are hot* (from **tener calor**)
¿te duele algo? *does something hurt you?*
a ver *let's see*

en casa *at home*
guardar cama *to stay in bed*
tener calor *to be warm*
descansar *to rest*
casi *almost*
tiene sed *he is thirsty* (from **tener sed**)
tiene hambre *he is hungry* (from **tener hambre**)
receto *I prescribe* (from **recetar**)
recuerden *remember* (**Uds.** command; from **recordar**)
restablecerte *to get better* (from **restablecerse**)
la receta *prescription*
el reconocimiento *check up*

CONVERSACIÓN

PEDRO: ¡Ay, no me siento bien hoy! Tengo frío y mucho sueño y creo que tengo fiebre también. Debo ir a la médica*.

ESTUDIANTE: Tienes razón. Hay que tener cuidado con la salud.

---

*The terms **doctor** and **doctora** are used alone and with the doctor's last name. **Médico** and **médica** are used alone, but not with a last name.

PEDRO: Si no tienes prisa para regresar a la biblioteca puedes acompañarme.

ESTUDIANTE: Sí. _____.

* * * * *

PEDRO: Vamos a esperar aquí en el consultorio. La enfermera dice que la doctora Gómez va a verme pronto.

ESTUDIANTE: ¿Cómo es la doctora Gómez?

PEDRO: Todos nosotros decimos que es una médica excelente. No es especialista, pero sabe mucho y tiene un verdadero interés en sus pacientes.

DRA. GÓMEZ: Pasa por aquí. Pedro, estás pálido. A ver... tienes el pulso rápido. ¿Te duele algo?

PEDRO: Tengo dolor de cabeza y un poquito de fiebre.

DRA. GÓMEZ: Dices la verdad, porque sí tienes calor. El termómetro indica que tu temperatura es de ciento un (101) grados. Debes ir a tu casa para guardar cama y descansar.

PEDRO: Ay doctora, siempre digo que tengo muy buena salud. ¿Qué me pasa?

DRA. GÓMEZ: Tienes un resfriado. Tus síntomas son obvios. Debes descansar bien. Si tienes sed, debes tomar muchos líquidos, como jugo de fruta, y comer poco, si tiene hambre. Si tomas la medicina que receto, vas a restablecerte en dos o tres días.

PEDRO: ¿A dónde voy para comprar la medicina?

DRA. GÓMEZ: Tienes que ir con esta receta a la Farmacia Sánchez. (al / la estudiante) ¿Y cómo estás, joven?

ESTUDIANTE: _____.

DRA. GÓMEZ: ¿Necesitas un reconocimiento?

ESTUDIANTE: _____.

DRA. GÓMEZ: Bueno. Adiós, jóvenes. Siempre recuerden que la buena salud es muy importante.

VOCABULARIO ADICIONAL

la botella *bottle*

la cucharadita *teaspoonful*

la dosis *dose*

la enfermedad *sickness, illness*

examinar *to examine*

grave *serious* (illness)

el ojo *eye*

la píldora *pill*

sacar la lengua *stick out one's tongue*

la tos *the cough*

la venda *bandage*

EJERCICIO A

Complete the following sentences based on the **Conversación** and express them in English.

1. Pedro no se siente _____.

_____

2. Debe ir a ver a la _____.

_____

3. _____ acompaña a Pedro.

_____

4. La doctora Gómez es _____.

_____

5. Según la doctora, Pedro está _____.

_____

6. Pedro tiene dolor de _____.

_____

7. La doctora dice que Pedro debe guardar _____.

_____

8. La doctora _____ una medicina para Pedro.

_____

9. Va a conseguir la medicina en la _____ Sánchez.

_____

10. Según la doctora la buena _____ es muy importante.

_____

EJERCICIO B

Answer the following questions based on the **Conversación**.

1. ¿Qué síntomas tiene Pedro?

_____

2. ¿Con qué hay que tener cuidado, según el (la) estudiante?

_____

3. ¿Dónde esperan los dos amigos antes de ver a la médica?

_____

4. ¿En quiénes tiene interés la doctora Gómez?

_____

5. ¿Cómo es el pulso de Pedro?

_____

6. ¿Qué tipo de enfermedad tiene Pedro, según la doctora?

_____

7. ¿Qué debe tomar Pedro cuando tiene sed?

_____

8. ¿Cómo debe comer Pedro si tiene hambre?

_____

9. ¿Qué receta la doctora para Pedro?

_____

10. ¿Qué quiere saber la doctora del (de la) estudiante?

_____

EJERCICIO C

Preguntas Personales

1. ¿Cómo estás hoy?

   _____

2. ¿Qué síntomas tienes cuando vas al médico (a la médica)?

   _____

3. ¿Cómo es tu médico(-a)?

   _____

4. ¿Qué receta tu médico(-a) cuando estás enfermo(-a)?

   _____

5. ¿Es más importante la salud o el dinero? ¿Por qué?

   _____

EJERCICIO D

Using the words and expressions of the **Conversación** make up five sentences in Spanish describing the picture below.

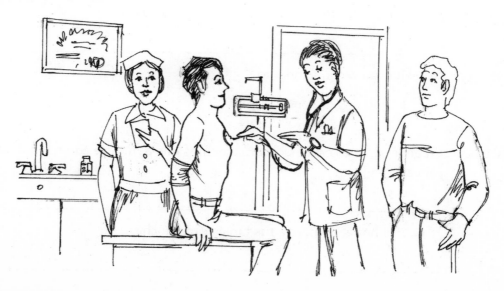

_____

_____

_____

_____

_____

Ejercicio E

Diálogo   You are going to see Dr. Valdés for the first time because you're suffering from headaches.

DRA. VALDÉS: Buenos días, joven.

TÚ: _____

DRA. VALDÉS: A ver, está es tu primera visita. Necesito esta información: tu edad, tu dirección y el nombre de un adulto de tu familia.

TÚ: _____

DRA. VALDÉS: ¿Cómo estás hoy?

TÚ: _____

DRA. VALDÉS: ¿Qué problemas de salud tienes?

TÚ: _____

DRA. VALDÉS: Necesitas un reconocimiento.

* * * * *

DRA. VALDÉS: En general, todo está bien pero tenemos que ayudarte con tus dolores de cabeza.

TÚ: _____

DRA. VALDÉS: ¿Cuántas horas dedicas a tus tareas cada noche?

TÚ: _____

DRA. VALDÉS: ¿Y lees con una buena lámpara?

TÚ: No, _____

DRA. VALDÉS: Estudiar con poca luz (*little light*) causa dolores de cabeza.

TÚ: _____

DRA. VALDÉS: Tienes que usar una buena lámpara y voy a recetar una medicina para los ojos. Debes ir a la farmacia con esta receta.

TÚ: _____

EJERCICIO F

Charla   For the following themes, hold a conversation with a classmate or your teacher. The conversation should consist of at least five relevant responses on the part of each participant.

1. Both of you discuss how you feel about your doctors.

2. You try to convince your partner to go to the doctor because he/she is not feeling well.

EJERCICIO G

Actividad   With the help of your teacher, prepare a poster in Spanish, urging students to see the doctor for a check-up once a year.

EJERCICIO H

Español Práctico   Explain the following newspaper ad to a friend who doesn't speak Spanish.

¿**PROBLEMAS DEL ESTÓMAGO?**
Dolor • Gas • Acidez • Úlceras

DR. RAYMOND PÉREZ

Cuenta con los métodos más modernos y efectivos en el tratamiento de enfermedades del estómago y del sistema gástrico en general.

AVENIDA PONCE DE LEÓN, #23
RÍO PIEDRAS, PUERTO RICO
TEL. 787-555-3455

CALLE DR. VIDAL, #50
HUMACAO, PUERTO RICO
TEL. 787-852-3455

Aceptamos Medicare y la mayoría de los planes de seguro. Aceptamos tarjetas de crédito.

LANGUAGE STRUCTURE

◆ **The Regular Verb decir (*to say, to tell*)**

The forms of **decir** in the present tense are:

PERSON	PRESENT-TENSE FORM
yo	**digo** I say, tell
tú	**dices** you say, tell
Ud.	**dice** you say, tell
él / ella	**dice** he / she says, tells
nosotros / nosotras	**decimos** we say, tell
Uds.	**dicen** you say, tell
ellos / ellas	**dicen** they say, tell

NOTE: Remember that each of the forms can be expressed in English in three ways, for each meaning of the verb.

nosotros decimos   *we say, do say, are saying*

we tell, do tell, are telling

◆ **Idiomatic Expressions with the Verb tener**

In **Chapter 6** you learned the present tense of the verb **tener** and the following two idiomatic expressions with **tener**: **tener que** + infinitive (*to have to*) and **tener... años** (*to be... years old*).

Here are other frequently used idiomatic expressions with **tener**. Note that they are expressed as *to be* in English. Also, note that in these expressions **mucho (mucha)** is usually expressed as *very*.

Tener (mucho) cuidado.   *To be (very) careful.*

María *tiene cuidado* en su bicicleta.   *María is careful on her bicycle.*

Tener (mucho) calor.   *To be (very) warm.*

En julio *tengo mucho* calor.*   *I'm very warm in July.*

Tener (mucho) frío.*   *To be (very) cold.*

Ellos *tienen mucho* frío en el norte.   *They are very cold in the north.*

Tener (mucha) hambre.   *To be (very) hungry.*

¿*Tienes hambre* después de la clase?   *Are you hungry after class?*

Tener (mucha) prisa.   *To be in a (big) hurry.*

Carlos *tiene prisa* y no habla con sus amigos.   *Carlos is in a big hurry and doesn't speak with his friends.*

Tener razón.   *To be right.*

El profesor siempre *tiene razón*.   *The teacher is always right.*

Tener (mucha) sed.   *To be (very) thirsty.*

En la playa *tengo mucha* sed.   *I'm very thirsty at the beach.*

Tener (mucho) sueño.   *To be (very) sleepy.*

Después de hacer mi tarea *tengo mucho* sueño.   *After doing my assignment, I am very sleepy.*

———————————

*Tener calor/frío is used to describe the condition of people and animals.

EJERCICIO I

Pattern Drills

1. Say the first sentence in Spanish and express it in English. Repeat the Spanish sentence, replacing the words in italics with each of the listed alternatives. Then, express the sentence in English.

a. María va al médico porque ella
tiene un resfriado. _____

   (1) ella necesita descansar mucho _____

_____

   (2) tiene dolor de cabeza _____

_____

   (3) la salud es muy importante _____

_____

b. Nuestra médica *es la doctora*
Sánchez. _____

   (1) es especialista _____

_____

   (2) tiene verdadero interés en
      sus pacientes _____

_____

   (3) está en su consultorio _____

_____

   (4) tiene cuidado cuando
      receta píldoras _____

_____

2. Say the Spanish sentence and express it in English. Repeat the Spanish sentence, replacing the subject in italics with each of the listed alternatives and making the verb agree with the new subject. Then, express the new sentence in English.

   a. *Tú* casi siempre dices cosas
   interesantes.

   _____

   (1) Ellos

   _____

   _____

   (2) Nosotras

   _____

   _____

   (3) Ud.

   _____

   _____

   (4) Yo

   _____

   _____

3. Repeat the sentence replacing the underlined element with each of the listed expressions. Then, express the sentence in English.

   a. Mi amigo Felipe tiene *mucha sed.*

   (1) una fiebre

   _____

   _____

   (2) sueño en clase

   _____

   _____

   (3) prisa hoy

   _____

   _____

   (4) mucho cuidado cuando guía
   el auto

   _____

   _____

EJERCICIO J

Complete each sentence with the correct present-tense form of **decir**. Then, express the sentence in English.

1. Tú _____ que tu familia está en casa.

   _____

2. Los médicos _____ que la tos no es una enfermedad grave.

   _____

3. Nosotros _____ que dos cucharaditas es la dosis correcta.

   _____

4. María _____ que Clara va a restablecerse pronto.

   _____

5. ¿Qué _____ la enfermera sobre (*about*) la receta?

   _____

6. ¿No _____ Uds. que los estudiantes tienen calor en el gimnasio?

   _____

7. A ver si durante el reconocimiento el médico _____ que hay que sacar la lengua.

   _____

8. Yo _____ que los alumnos tienen mucha prisa.

   _____

9. Los muchachos no _____ que compran las botellas de medicina en la Farmacia Colón.

   _____

10. Ud. _____ que su hermana está muy pálida hoy.

    _____

EJERCICIO K

All of the verbs in the Spanish sentences that follow would be expressed with *to be* in English. Give the correct form of the appropriate verb (**tener**, **ser**, or **estar**) for each sentence. Then, express the entire sentence in English.

1. Mis amigos _____ hambre ahora.

   _____

2. El libro _____ en la biblioteca.

   _____

3. ¿Quién _____ razón? ¿Pedro o María?

   _____

4. Nosotros _____ mucho sueño después de jugar en el parque.

   _____

5. Yo _____ el amigo de Carlos.

   _____

6. Tú _____ mucha prisa hoy.

   _____

7. ¿No _____ Clara mucho cuidado en el laboratorio?

   _____

8. Cuando nosotros _____ calor nos gusta ir a la playa.

   _____

9. La enfermera _____ mexicana.

   _____

10. La médica y yo _____ en el consultorio.

    _____

Ejercicio L

Composición   Using the words and expressions that you have learned, express the following in Spanish.

1. When I am cold and I say that I don't feel well, I go to the doctor's office.

_____

2. If he says that he has a headache and a fever, the doctor prescribes pills that he buys in a bottle in the pharmacy.

_____

3. When you (familiar, singular) are sleepy and are thirsty and you have a cold, you have to stay in bed at home.

_____

4. The doctors are right; (**la**) health is always very important.

_____

5. During the checkup, I don't have to stick out my (**la**) tongue if I am not pale.

_____

6. We say that Clara has problems (**problemas**) with one eye and that she must see a specialist.

_____

7. Don't the doctors say that I have to use a bandage and take a dose of two teaspoonfuls of that prescription?

_____

8. We say nothing when we have a cough, but we must rest and eat when we are hungry.

_____

9. You (polite, singular) say that the doctors are almost always in a hurry because there is much (**mucha**) illness in the city.

---

10. They are warm in their house but they are careful and wear their overcoats when they go to (**la**) school.

Refrán	
Los mejores médicos son: El Doctor Alegría, el Doctor Dieta y el Doctor Tranquilidad.	*The best doctors are Doctor Happiness, Doctor Diet and Doctor Calmness.*

CONVERSACIÓN
|18|
El dentista

¿**Qué pasa?**   You accompany your friend Elena to the dentist's office.

Aprendes: The present tense of the irregular verb **poner** (*to put*)

The ordinal numbers in Spanish, from first through tenth

VOCABULARIO

la mañana *morning*
me pone un empaste *is giving me a filling*
segundo(-a) *second*
primero(-a) *first*
la vez *time* (plural: **veces**)
la cita *appointment*
según *according to*
la caries (plural: **las caries**) (*tooth*) *cavity*
la muela *molar*
cuarto(-a) *fourth*
siéntate *sit down* (familiar command; from **sentarse**)
el sillón *dentist´s chair*
la boca *mouth*
causarte dolor *cause you pain*
pongo una inyección *I'm giving you an injection*
evitar *to avoid*

la fresa *drill* (dental)
terminado(-a) *finished*
cuidar *to care for*
el diente *tooth*
sacarles una muela *extract a molar*
postizos(-as) *false*
cepillarnos *to brush*
décimo(-a) *tenth*
octavo(-a) *eighth*
después de *after*
cada (invariable) *each*
la comida *meal*
la pasta dentífrica *toothpaste*
el cepillo de dientes *toothbrush*
gastados(-as) *worn out*
séptimo(-a) *seventh*
el chicle *chewing gum*
la papelera *waste basket*

CONVERSACIÓN

ELENA: Voy al dentista esta mañana. Hoy el doctor Pelayo me pone un empaste. Es mi segunda visita este mes. ¿Quieres acompañarme?

ESTUDIANTE: Es una buena idea. Necesito un reconocimiento. Por eso yo _____

_____.

ELENA: Generalmente la primera vez hay que hacer una cita. Pero esta vez, ¿quién sabe?

* * * * *

DR. PELAYO: Buenos días, jóvenes. Elena, según los rayos X, tienes una caries en una muela. Es el cuarto empaste que vas a tener en la boca. Siéntate en el sillón y abre bien la boca. No voy a causarte dolor.

ELENA: Sí yo sé, pero estoy un poquito nerviosa.

DR. PELAYO: Primero te pongo una inyección para evitar causarte dolor con la fresa. Así… muy bien.

* * * * *

ELENA: Todo está terminado. Ud. es un dentista excelente.

DR. PELAYO: Jóvenes, si Uds. ponen atención a mis instrucciones y cuidan bien sus dientes, nunca voy a tener que sacarles una muela y no van a tener que usar dientes postizos.

ELENA: ¡Ay, que pensamiento! ¿Pero cuántas veces al día debemos cepillarnos los dientes?

DR. PELAYO: Tú eres mi décimo paciente hoy y la octava persona con esa pregunta. Hay que cepillarse después de cada comida. Y para estar seguros, siempre ponemos bastante pasta dentífrica en el cepillo.

ESTUDIANTE: Yo uso el cepillo de dientes _____.

ELENA: Algunas personas no usan bastante pasta o usan cepillos gastados. Yo cambio (*I change*) de cepillo frecuentemente. Mi cepillo en casa es el séptimo que uso este año. ¿Doctor, tiene Ud. tiempo para examinar a mi amigo (a)?

DR. PELAYO: Sí. Si pones tu chicle en la papelera vamos a comenzar. Siéntate en el sillón y abre bien la boca. ¿Tienes problemas con los dientes?

ESTUDIANTE: _____.

VOCABULARIO ADICIONAL

el colmillo *eye tooth*
la corona *crown*
la dentadura *denture*
el diente de leche *baby tooth*
el dolor de muelas *toothache*

la (muela) cordal *wisdom tooth*
la ortodoncia *orthodontia*
el palillo *toothpick*
el puente *bridge*
la seda *dental floss*

EJERCICIO A

Complete the following sentences based on the **Conversación** and express them in English.

1. Elena va al _____.

   _____

2. El (la) estudiante necesita un reconocimiento pero no tiene una _____.

   _____

3. Elena tiene una caries en una _____.

   _____

4. En el sillón Elena está un poquito _____.

   _____

5. El dentista dice que los jóvenes deben cuidar bien sus _____.

   _____

6. Debemos cepillarnos los dientes después de cada _____.

   _____

7. Algunas personas no usan bastante _____ en el cepillo de dientes.

   _____

8. El cepillo de Elena es el _____ que ella usa este año.

   _____

9. El dentista tiene _____ para examinar al (a la) estudiante.

   _____

10. El (la) estudiante pone su _____ en la papelera.

   _____

EJERCICIO B

Answer the following questions based on the **Conversación**.

1. ¿Cómo se llama el dentista de Elena?

   _____

2. ¿Qué necesita Elena según el dentista?

   _____

3. ¿Quién acompaña a Elena cuando va al dentista?

   _____

4. ¿Qué usa el dentista para evitar causarle dolor al paciente?

   _____

5. ¿A qué deber poner atención los (las) jóvenes?

   _____

6. ¿Cuántas veces al día deben cepillarse los dientes?

   _____

7. ¿Qué ponen en el cepillo de dientes?

   _____

8. ¿A quién va a examinar el dentista?

   _____

9. ¿Qué debe poner el (la) joven en la papelera?

   _____

10. ¿Cómo debe abrir la boca?

   _____

EJERCICIO C

Preguntas Personales

1. ¿Cuántas veces por año vas al (a la) dentista?

_____

2. ¿Qué marca (*brand*) de pasta dentífrica usas?

_____

3. ¿Cuántas veces al día usas el cepillo de dientes?

_____

4. ¿Cómo sabes que tienes una caries?

_____

5. ¿Quién en tu familia usa dientes postizos?

_____

EJERCICIO D

Using the words and expressions of the **Conversación** make up five sentences in Spanish describing the picture below.

_____

_____

_____

_____

_____

_____

| EJERCICIO E |

Diálogo   You visit Dr. Chávez for a dental checkup.

DRA. CHÁVEZ: Hola joven, siéntate en el sillón.

TÚ: _____

DRA. CHÁVEZ: Abre bien la boca. ¿Tienes problemas con los dientes?

TÚ: _____

DRA. CHÁVEZ: No veo nada malo pero vamos a tomar rayos X.

TÚ: _____

* * * * *

DRA. CHÁVEZ: Según los rayos X tienes una caries en una muela.

TÚ: _____

DRA. CHÁVEZ: Vas a necesitar un empaste.

TÚ: _____

DRA. CHÁVEZ: Tienes que regresar otro día.

TÚ: _____

DRA. CHÁVEZ: ¿Cuántas veces al día usas tu cepillo de dientes?

TÚ: _____

DRA. CHÁVEZ: ¿Qué marca de pasta dentífrica tienen Uds. en casa?

TÚ: _____

DRA. CHÁVEZ: Debes usar hilo dental también.

TÚ: _____

DRA. CHÁVEZ: ¿Cuándo quieres regresar (*return*) para el empaste?

TÚ: _____

EJERCICIO F

Charla   For the following themes, hold a conversation with a classmate or your teacher. The conversation should consist of at least five relevant responses on the part of each participant.

1. Both of you are talking about your dentist.
2. Both of you discuss how you keep your teeth in good condition.

EJERCICIO G

Actividad   Prepare a poster for Spanish speaking children urging them to take good care of their teeth.

EJERCICIO H

Español Práctico   Explain to a friend who does not know the language, the following newspaper ad in Spanish.

Dra. Edna Román

*El Centro Dental más moderno
de Caracas*

*Precios razonables
Odontología cosmética,
coronas, puentes, implantes
Anestesia intravenosa
disponible*

Aceptamos toda clase de seguros

*Avenida Libertador, 343
Caracas, Venezuela
Tel. (0212) 555.88.94*

LANGUAGE STRUCTURE

◆ **The Verb poner (*to put*)**

In the present tense, **poner** is irregular in the first-person singular only; the other forms are regular.

SUBJECT	PRESENT-TENSE FORM
yo	**pongo** I put
tú	**pones** you put
Ud.	**pone** you put
él / ella	**pone** he/she puts
nosotros / nosotras	**ponemos** we put
Uds.	**ponen** you put
ellos / ellas	**ponen** they put

Two frequently used idioms with **poner** are:

poner atención   *to pay attention*

> **Ana siempre *pone atención* en sus clases.**   *Ana always pays attention in her classes.*

poner la mesa   *to set the table*

> **Esta noche Carlos *pone la mesa*.**   *This evening Carlos is setting the table.*

◆ **Ordinal Numbers**

primero	*first*	**sexto**	*sixth*
segundo	*second*	**séptimo**	*seventh*
tercero	*third*	**octavo**	*eighth*
cuarto	*fourth*	**noveno**	*ninth*
quinto	*fifth*	**décimo**	*tenth*

In Spanish, ordinal numbers (*first, second*, etc.) are usually used through tenth; thereafter, cardinal numbers are used.

Ordinal numbers may be used before a noun or to stand for a noun.

> **La primera novela es más interesante que la tercera.**   *The first novel is more interesting than the third.*

When placed before or standing for a masculine singular noun, the ordinal number ends in **-o**. When placed before or standing for a feminine singular noun, the ordinal number ends in **-a**. The masculine plural ending of ordinals is **-os** and the feminine plural ending is **-as**.

el cuarto concierto   *the fourth concert*

los primeros momentos   *the first moments*

la segunda posición   *the second position*

dos terceras partes   *two thirds*

NOTES:

1. The forms **primero** and **tercero** drop the **-o** when placed before a masculine singular noun.

> **Me gusta** *el primer* **libro.**   *I like the first book.*
>
> **Juan es el** *tercer* **hijo del señor Perez.**   *Juan is Mr. Perez's third son.*

2. Dates are expressed as ordinal numbers in English, for example, the *4th of July.* In Spanish, the first of the month is el **primero**; other dates are expressed with cardinal numbers

> **El** *primero* **de enero.**   *January 1st.*
> **El** *ocho* **de noviembre.**   *November 8th*

EJERCICIO I

Pattern Drills

1. Say the first sentence in Spanish and express it in English. Repeat the Spanish sentence, replacing the words in italics with each of the listed alternatives. Then, express the sentence in English.

   a. El dentista examina *el colmillo.*   _____

      (1) la corona   _____

                                _____

      (2) el diente de leche   _____

                                _____

      (3) la cordal   _____

                                _____

(4) la caries _____

_____

b. Mi abuela tiene problemas con
el puente. _____

(1) la dentadura _____

_____

(2) un dolor de cabeza _____

_____

(3) un empaste _____

_____

(4) sus dientes postizos _____

_____

2. Say the Spanish sentence and express it in English. Repeat the Spanish sentence,
replacing the subject in italics with each of the listed alternatives and making the verb
agree with the new subject. Then, express the new sentence in English.

a. Ellos ponen la mesa en casa. _____

(1) Yo _____

_____

(2) Nosotros _____

_____

(3) Ud. _____

_____

(4) Tú _____

_____

Ejercicio J

Complete each sentence with the correct present-tense form of **poner**. Then, express the sentence in English.

1. Nosotros _____ el cepillo de dientes en el cuarto de baño.

   _____

2. Ellos no _____ los palillos en la papelera.

   _____

3. Tú _____ la mesa en tu casa.

   _____

4. ¿_____ Juan el libro en el estante?

   _____

5. ¿No _____ atención Marta en la clase de historia?

   _____

6. Yo _____ el chicle en la (*my*) boca.

   _____

7. El dentista _____ la fresa en la mesa.

   _____

8. Uds. siempre _____ bastante pasta de dientes en los cepillos.

   _____

9. Anita y yo _____ nuestro dinero en el banco.

   _____

10. ¿No _____ el dentista empastes en las muelas de sus pacientes?

    _____

EJERCICIO K

Complete the following sentences with the correct ordinal number.

1. *A* es la _____ letra del alfabeto.

2. *Junio* es el _____ mes del año.

3. *Jueves* es el _____ día de la semana.*

4. *Octubre* es el _____ mes del año.

5. *Marzo* es el _____ mes del año.

6. *G* es la _____ letra del alfabeto.

7. *Lunes* es el _____ día de la semana.

8. *Septiembre* es el _____ mes del año.

9. *E* es la _____ letra del alfabeto.

10. *H* es la _____ letra del alfabeto.

EJERCICIO L

Composición   Using the words and expressions that you have learned, express the following sentences in Spanish.

1. Juan and María pay attention when the dentist says that they must use their toothbrushes three times a day.

   _____

2. According to my friend, his second molar and his eye tooth need fillings.

   _____

3. I put the chewing gum in the wastebasket in order to (**para**) avoid problems with my first teacher of the day.

   _____

*Calendars in Spanish-speaking countries begin the week with Monday.

4. In his seventh class he pays attention because he likes the lesson.

_____

5. Your (familiar singular) wisdom tooth is not going to cause you pain because you have a good (**buena**) crown.

_____

6. Don't we put enough toothpaste on our toothbrushes?

_____

7. I have an appointment with the dentist. It's the fourth time that he's going to put a filling in this tooth.

_____

8. You (polite singular) put your worn brush in the wastebasket.

_____

9. María and I are setting the table now. It is the second meal of the day for (**para**) the family.

_____

10. Sit down in the third dental chair. We use that chair for (**para**) orthodontia. You (familiar singular) are the tenth patient of the day.

_____

Refrán	
Quien sabe que no sabe, algo sabe.	*If you know that you don't know everything, you know something.*

CONVERSACIÓN
|19|
El restaurante

¿Qué pasa?   The three friends go to a Spanish restaurant.

Aprendes: The present tense of the irregular verb **traer** (*to bring*)

Pronoun objects of prepositions

VOCABULARIO

tomar el almuerzo *to have lunch*
contigo *with you* (familiar singular)
conmigo *with me*
sin *without*
cerca *nearby*
el mozo *waiter*
traigo *I bring* (from **traer**)
ordenar *to order, to ask for*
la comida *the meal*
la cocina *cooking*
el ambiente *atmosphere, surroundings*
el mantel *tablecloth*
la servilleta *napkins*
la cuchara *spoon*
el cuchillo *knife*
el tenedor *fork*
la taza *cup*
el caldo gallego *Spanish vegetable soup*
la paella *traditional Spanish dish consisting of yellow rice with seafood, chicken, and sausages*

beber *to drink*
la horchata *traditional Spanish drink, made with milk and roasted chufa nuts*
rico, -a *delicious*
picante *spicy, hot*
el postre *dessert*
la bebida *beverage*
el flan *Spanish custard*
el café solo *black coffee*
el vaso *(drinking) glass*
la cuenta *the check, bill*
sabroso, -a *tasty*
dejar *to leave (put down)*
la propina *tip, gratuity*

CONVERSACIÓN

PEDRO: Hoy quiero tomar el almuerzo con Elena en un restaurante español ¿Quieres venir conmigo?

ESTUDIANTE: Sí, yo _____.

ELENA:	Pues vamos. No quiero comer sin Uds. y el restaurante no está lejos.
PEDRO:	Vamos ahora porque tengo una mesa reservada.

* * * * *

MOZO:	Buenas tardes. ¿Traigo el menú para Uds.?
ELENA:	Sí, por favor. Pedro va a ordenar la comida. Sin él, necesitamos ayuda porque él conoce muy bien la cocina española.
PEDRO:	Me gusta el ambiente de este restaurante. Todo es de estilo español: los muebles, los cuadros y hasta la música que tocan.
ELENA:	Sí, y parece que el mantel, las servilletas, las cucharas, los cuchillos y los tenedores son de España también.
ESTUDIANTE:	Y también los platos y las tazas.
PEDRO:	Mozo, deseamos caldo gallego, paella y ensalada para nosotros.
MOZO:	¿Algo de beber para Uds.?* Nuestra horchata es excelente y muy típica.
PEDRO:	Ud. habla bien de ella; vamos a pedir un jarro de horchata, por favor.

* * * * *

ELENA:	El servicio es muy bueno. Los mozos traen todos los platos rápidamente.
PEDRO:	¡Qué rica está la paella! No es muy picante. ¿Te gusta la comida?
ESTUDIANTE:	En mi opinión, la comida es _____.
ELENA:	Bueno, vamos a ver si el mozo trae postre y más bebidas. ¿Qué tomas generalmente, Pedro?
PEDRO:	Generalmente tomo flan y café solo. ¿Y Uds.?
ELENA:	Oh, no... Un vaso de leche para mí, por favor.
ESTUDIANTE:	_____

* * * * *

MOZO:	Aquí tienen la cuenta, muchas gracias.
PEDRO:	¡Qué comida tan sabrosa! Y el servicio es tan bueno que vamos a dejar una propina muy generosa.

---

*To drink is generally expressed as **beber** in Spain and **tomar** in Spanish America.

VOCABULARIO ADICIONAL

el arroz con pollo   *yellow rice with chicken*
tomar la cena   *to have supper, evening meal*
el agua mineral   *mineral water*
tomar el desayuno   *to have breakfast*

el entremés   *appetizer*
el plato principal   *main dish*
el chocolate   *hot chocolate*
(beverage)

EJERCICIO A

Complete the following sentences based on the **Conversación** and express them in English.

1. Pedro quiere _____ en un restaurante español.

_____

2. Según Elena, el restaurante no está muy _____.

_____

3. El _____ trae el menú para ellos.

_____

4. Todo en la mesa es de _____ español.

_____

5. _____ es la persona que pide la comida.

_____

6. Para beber, el mozo recomienda _____.

_____

7. Los mozos traen todos los platos _____.

_____

8. De postre, los tres comen _____.

_____

9. Después de la comida, ellos reciben la _____ del mozo.

_____

10. Ellos dejan una _____ muy generosa.

_____

Ejercicio B

Answer the following questions, based on the **Conversación**.

1. ¿Quién tiene la idea de comer en un restaurante español?

_____

2. ¿Qué tiene reservada?

_____

3. ¿Qué conoce muy bien Pedro?

_____

4. ¿Cómo es el ambiente del restaurante?

_____

5. ¿Qué pide Pedro?

_____

6. ¿Cómo es el servicio en el restaurante?

_____

7. ¿Qué prefiere beber Elena?

_____

8. ¿Quién(-es) bebe(-n) café solo?

_____

9. ¿Qué dice Pedro de la paella?

_____

10. ¿Quién recibe una propina generosa?

_____

EJERCICIO C

Preguntas Personales

1. ¿Te gusta la comida española?

_____

2. ¿Con quién(es) vas a un restaurante español?

_____

3. ¿Qué comes en un restaurante español?

_____

4. ¿Qué tomas allí?

_____

5. ¿Qué haces si el servicio es bueno?

_____

EJERCICIO D

Using the words and expressions of the **Conversación**, make up five sentences in Spanish describing the picture below.

_____

_____

_____

_____

_____

EJERCICIO E

Diálogo   Complete the following dialog between you and a waiter at a Spanish restaurant, you're speaking with a waiter.

MOZO: Bienvenido(a) a nuestro restaurante.

TÚ: _____

MOZO: ¿Hablas español?

TÚ: _____

MOZO: Aquí tenemos una mesa muy cómoda.

TÚ: _____

MOZO: ¿Quieres ver el menú?

TÚ: _____

MOZO: ¿Te gusta la comida picante?

TÚ: _____

MOZO: Voy a recomendar arroz con pollo.

TÚ: _____

MOZO: Tenemos caldo gallego y sopa de ajo (*garlic*).

TÚ: _____

MOZO: ¿Y qué quieres para beber con la comida?

TÚ: _____

MOZO: Nuestro flan es muy sabroso y hay helado también.

TÚ: _____

MOZO: Tú hablas español muy bien.

TÚ: _____

EJERCICIO F

Charla   For the following themes, hold a conversation with a classmate or your teacher. The conversation should consist of at least five relevant responses on the part of each participant.

1. Both of you talk about what happens when you go to a Spanish restaurant.

2. Both of you talk about a Spanish meal that you are going to prepare (**preparar**) for the Latino Club in school.

Ejercicio G

Actividad   Prepare a Spanish dish to serve to your class. Research the Internet for a recipe.

Ejercicio H

Español Práctico   Explain a menu from a Spanish restaurant to a friend who does not know the language.

Restaurante Los Gorditos

ESPECIALES – ALMUERZO
(De 11:00 AM a 1:00 PM)

TAPAS
Ensalada de camarones	$15.95
Coctel de camarones	$15.95
Chorizos asados	$ 9.95
Calamares Los Gorditos	$12.95

SOPAS
Caldo gallego	$9.95
Gazpacho	$9.95
Sopa de Cebolla	$7.00

CARNES
Bistec con cebolla	$15.00
Pollo asado (1/2 pollo)	$10.00
Chuletas de cerdo (2)	$10.50

(Todas las órdenes se sirven con arroz blanco y frijoles rojos.)

POSTRES
Flan	$4.00
Helado (vainilla, chocolate, frutas)	$4.00

LANGUAGE STRUCTURE

◆ **The Irregular Verb traer (*to bring*)**

In the present tense, **traer** is irregular in the first-person singular only. All of the other forms in the present tense are regular.

SUBJECT	PRESENT-TENSE FORM
yo	**traigo** *I bring*
tú	**traes** *you bring*
Ud.	**trae** *you bring*
él / ella	**trae** *he / she brings*
nosotros / nosotras	**traemos** *we bring*
Uds.	**traen** *you bring*
ellos / ellas	**traen** *they bring*

◆ **Pronouns As Objects of Prepositions**

A preposition is a word that shows the relationship between a noun or pronoun that follows it (called the "object of the preposition") and another part of the sentence. Some frequently used prepositions and prepositional phrases in Spanish are:

a *at, to*		**delante de** *in front of*	
antes de *before*		**después de** *after*	
cerca de *near*		**detrás de** *behind*	
con *with*		**lejos de** *far from*	
de *of, from*		**para** *for* (intended purpose)	
en *in, on*		**por** *for* (*on behalf of*), *by, through*	
debajo de *under*		**sin** *without*	

In the sentence "**Vamos con Juan**," **Juan** is the noun object of the preposition **con** (*with*). In the sentence "**Vamos con él**," **él** is the pronoun object of the preposition.

The pronoun objects of prepositions in Spanish are:

mí *me*		**nosotros / nosotras** *us*	
ti *you* (familiar)		**Uds.** *you* (familiar)	
Ud. *you* (polite)		**Uds.** *you* (polite)	
él *him*		**ellos** *them*	
ella *her*		**ellas** *them*	

Notes:

1. Note that the pronoun objects of prepositions, with the exception of **mí** and **ti**, are the same as the subject pronouns.

2. Pronoun objects of prepositions may refer to things.

> **La escuela está cerca de mi casa.** *My school is near my house.*
>
> **La escuela está cerca *de ella.**** *My school is near it.*

3. Pronoun objects of prepositions referring to things agree in number and gender with the noun that they replace.

> **El lápiz está debajo de los papeles.** *The pencil is under the papers.*
>
> **El lápiz está debajo de ellos.** *The pencil is under them.*

4. Two special forms that must be used with **con** are: **conmigo** (*with me*) and **contigo** (*with you* [familiar, singular]).

Ejercicio I

Pattern Drills

1. Say the first sentence in Spanish and express it in English. Repeat the Spanish sentence, replacing the words in italics with each of the listed alternatives. Then, express the sentence in English.

a. En el restaurante pedimos *una tortilla.* _____

    (1) un plato español _____

    _____

    (2) paella _____

    _____

    (3) caldo gallego _____

    _____

---

*It equals **él** (masculine) and **ella** (feminine); *them* equals **ellos** (masculine) and **ellas** (feminine).

(4) arroz con pollo _____

_____

b. Durante la cena van a tomar _____
agua mineral.

_____

(1) jugo de fruta _____

_____

(2) chocolate _____

_____

(3) horchata _____

_____

(4) café solo _____

_____

2. Say the Spanish sentence and express it in English. Repeat the Spanish sentence, replacing the subject in italics with each of the listed alternatives and making the verb agree with the new subject. Then, express the new sentence in English.

a. *Ella* trae las tazas. _____

(1) Yo _____

_____

(2) Nosotras _____

_____

(3) Mis amigos _____

_____

(4) Tú _____

_____

Ejercicio J

Complete each sentence with the correct present-tense form of **traer**. Then, express the sentence in English.

1. El mozo _____ una paella, el plato principal.

   _____

2. Nosotros _____ servilletas, cucharas, cuchillos y tenedores para poner la mesa.

   _____

3. Los domingos, papá _____ el periódico de la tienda.

   _____

4. Yo _____ bastante dinero para comprar una cena deliciosa.

   _____

5. Tú no _____ nada para mi fiesta.

   _____

6. ¿Quién _____ la cuenta después de la comida?

   _____

7. ¿No _____ tú dos vasos de leche para el desayuno?

   _____

8. Pedro y yo _____ arroz con pollo picante a nuestra fiesta.

   _____

9. Ud. _____ el mantel para la mesa grande.

   _____

10. El ambiente del restaurante _____ muchas memorias de mi visita a España.

    _____

EJERCICIO K

Replace the words in italics with pronouns. Then, express the complete sentence in English.

1. El caldo gallego es para *mi hermano.*

_____

_____

2. Vamos a comer los entremeses con *José y Rosa.*

_____

_____

3. La servilleta está debajo de *la mesa.*

_____

_____

4. El mozo pone el plato principal delante de *las muchachas.*

_____

_____

5. El va a la escuela sin *sus amigos.*

_____

_____

6. En la mesa, las tazas están cerca de *las servilletas.*

_____

_____

7. Hay una pluma sobre *el estante.*

_____

_____

8. Observamos el ambiente cuando andamos por *el restaurante.*

_____

_____

9. El mantel amarillo es *de Clara.*

_____

_____

10. La propina está detrás de *los vasos.*

_____

_____

11. Los libros están en *la tienda.*

_____

_____

12. Carlos vive lejos de *su hermana.*

_____

_____

13. Después de las clases vamos a *la biblioteca.*

_____

_____

14. Mi auto está delante de *mis amigos.*

_____

_____

15. Las palabras difíciles están en *el diccionario.*

_____

_____

EJERCICIO L

Express the item in parenthesis in Spanish and the entire sentence in English.

1. María habla _____ del ambiente del restaurante.
   (*with me*)

_____

2. Ella no ordena la comida _____.
   (*without us*)

_____

3. El mozo _____ habla español.
   (*behind me*)

_____

4. Voy a beber horchata _____.
   (*with you* [familiar singular])

_____

5. La paella es _____.
   (*for us* [feminine])

_____

6. Vamos a tomar el desayuno en un hotel _____.
   (*far from you* [familiar sing.])

_____

7. El dueño pone la servilleta _____.
   (*near me*)

_____

8. Julia prepara arroz con pollo _____.
   (*in from of you* [polite sing.])

_____

9. Carlos bebe chocolate _____.
   (*before you* [plural])

_____

10. Mis padres hacen mucho _____ (on my behalf).
   (*for me*)

_____

EJERCICIO M

Composición   Using the words and expressions that you have learned, express the following sentences in Spanish.

1. I bring my friends to a Spanish restaurant where we have lunch. We eat **caldo gallego**, **arroz con pollo**, and **flan**.

   _____

2. Juan doesn't go with me because he must buy spoons, forks, and knives for his sister's house and napkins and a tablecloth for her too.

   _____

3. On Sundays we have breakfast and lunch in our house but we have supper in a Spanish restaurant, where we like the cooking and the atmosphere.

   _____

4. The main dish of our meal is paella but we are going to order appetizers before it. We are going to drink various (**varias**) beverages; mineral water, **horchata**, fruit juice, or hot chocolate.

   _____

5. They are bringing glasses for the supper and she is bringing cups for it also.

   _____

6. My friend wants to eat dessert in the restaurant with you (familiar, singular). He says that the custard is delicious.

   _____

7. When the waiter brings the bill (**para**) we use our credit cards and we leave a tip on the table for him.

   _____

8. The black coffee is in front of us and we eat the ice cream which is on the table also.

   _____

9. Without you (polite, singular) we don't know if a dish is spicy or the beverages that we should order.

_____

10. My friends are having dinner in the Spanish restaurant and our table is near them.

_____

Refrán	
Gran cocinera es el hambre.	_Hunger is a great cook._

CONVERSACIÓN

|20|

El periódico

¿Qué pasa?	The three friends discuss the importance of newspapers.
Aprendes:	The present tense of the irregular verb **venir** (*to come*)
	Using indirect-object pronouns

VOCABULARIO

acompañarme   *to accompany me*
vengo   *I'm coming* (from **venir**)
diario   *daily* (*newspaper*)
el titular   *headline*
acerca de   *about, concerning*
el deporte   *sport*
la página   *page*
las noticias   *news*
deportivo(-a)   *sporting*
sin embargo   *however, nevertheless*
mundial   *worldwide*
el ejemplar   *copy* (*publication*)
goza de   *enjoys* (from **gozar de**)
la caricatura   *cartoon*

la moda   *style, fashion*
el crucigrama   *crossword puzzle*
la reseña   *review* (by a critic)
el anuncio   *advertisement*
de segunda mano   *second hand, used*
en cambio   *on the other hand*
la tira cómica   *the comic strip*
la estrella   *star*
el placer   *pleasure*
el consultorio sentimental   *column of social advice*
de vez en cuando   *from time to time*
el entretenimiento   *entertainment*

CONVERSACIÓN

ELENA:	Voy a comprar un periódico. ¿Quieres acompañarme?
PEDRO:	Sí, vengo enseguida porque deseo dar un paseo. (Al / a la estudiante) ¿Vienes también?
ESTUDIANTE:	_____.
ELENA:	El quiosco de periódicos del señor Ríos está en la esquina. Mi padre lee el periódico todos los días y generalmente le compro uno.

* * * * *

SR. RÍOS: Buenos días, ¿qué quieren Uds. hoy?

ELENA: Un periódico en español. A ver... «El Diario de Montevideo» tiene un titular importante: *Líderes del Hemisferio vienen a Uruguay.* Aquí tiene Ud. el dinero. (A sus amigos) El señor Ríos siempre nos vende periódicos interesantes. Mi tío viene aquí para comprar periódicos internacionales.

PEDRO: Aquí tenemos un periódico en español, publicado aquí en la cuidad. Elena, veo que «El Heraldo» te interesa.

ELENA: Sí. Es bueno y aprendo muchas cosas de interés acerca de la vida hispana cuando venimos aquí.

PEDRO: ¿Tiene El Heraldo muchos artículos sobre deportes?

ELENA: Sí, en las páginas deportivas hay mucho sobre el béisbol. Sin embargo, me interesan más las noticias mundiales.

ESTUDIANTE: En mi casa leemos _____.

PEDRO: Cuando vamos a tu casa siempre veo allí un ejemplar de un periódico.

ELENA: Mi madre tiene mucho interés en la política y siempre lee el editorial. Ella goza de las caricaturas políticas y también lee la sección de modas. A mi padre le interesa el crucigrama, además de las reseñas de libros. Mi tío lee los anuncios clasificados porque quiere comprar un auto de segunda mano. En cambio, mi hermanita prefiere las tiras cómicas.

PEDRO: Sin duda, ella goza de la edición del domingo porque las tiras cómicas salen en colores y además hay un suplemento con muchas fotos y artículos sobre las estrellas del cine, la salud y la cocina.

ELENA: Sí. El periódico les da mucho placer (*pleasure*) a los miembros de mi familia.

PEDRO: Y sin duda tú lees el consultorio sentimental todos los días.

ELENA: De vez en cuando pero me interesa más la sección de entretenimiento porque me gustan mucho los conciertos, el teatro y el cine. (Al / a la estudiante) ¿Y qué sección del periódico prefieres?

ESTUDIANTE: Tengo mucho interés en _____.

VOCABULARIO ADICIONAL

anunciar   *to advertise*
los bienes raíces   *real estate*
el (la) cronista deportivo(a)   *sports reporter*
la dirección   *newspaper management*
el (la) director(a)   *editorial director, editor in chief*

el horóscopo   *horoscope*
el (la) periodista   *journalist*
la primera plana   *front page*
el (la) reportero(-a)   *reporter*

Ejercicio A

Complete the following sentences based on the **Conversación** and express them in English.

1. Elena desea comprar un _____ para su papá.

   _____

2. El señor Ríos es el dueño del _____.

   _____

3. Elena compra un periódico de _____.

   _____

4. «El Heraldo» es publicado en la _____.

   _____

5. En las noticias deportivas hay muchos artículos sobre el _____.

   _____

6. La madre de Elena siempre lee el _____ en el periódico.

   _____

7. El tío de Elena quiere comprar un _____.

   _____

8. En la edición del domingo, las _____ _____ salen en colores.

   _____

9. Elena lee el _____ _____ de vez en cuando.

   _____

10. Ella prefiere la sección de _____.

   _____

EJERCICIO B

Answer the following questions based on the **Conversación**.

1. ¿Adónde van los tres?

_____

2. ¿Qué periódico tiene un titular interesante?

_____

3. ¿Qué aprende Elena del periódico «El Heraldo»?

_____

4. ¿Qué noticias le interesan más a Elena?

_____

5. ¿Dónde ve Pedro siempre un ejemplar de un periódico?

_____

6. ¿Quién tiene mucho interés en la política?

_____

7. ¿Qué secciones del periódico le interesan al padre de Elena?

_____

8. ¿A quién en la familia le gustan las tiras cómicas?

_____

9. ¿Dónde hay artículos sobre las estrellas del cine?

_____

10. ¿Qué tipo de entretenimiento prefiere Elena?

_____

EJERCICIO C

Preguntas Personales

1. ¿Qué periódico lees tú generalmente?

   _____

2. ¿Cuál es tu sección favorita del periódico? ¿Por qué?

   _____

3. ¿Qué anuncios lees en el periódico?

   _____

4. ¿Quién es tu periodista favorito(a)?

   _____

5. ¿Es importante leer el periódico todos los días? ¿Por qué?

   _____

EJERCICIO D

Using the words and expressions of the **Conversación**, make up five sentences in Spanish describing the picture below.

_____

_____

_____

_____

_____

EJERCICIO E

Diálogo   A journalist is writing an article about your school and asks you questions about your school newspaper.

PERIODISTA: ¿Cómo se llama el periódico de tu escuela?

TÚ: _____

PERIODISTA: ¿Quién es el director o la directora del periódico?

TÚ: _____

PERIODISTA: ¿Quién es el consejero o la consejera (advisor) del periódico?

TÚ: _____

PERIODISTA: ¿Cuántas páginas tiene cada ejemplar?

TÚ: _____

PERIODISTA: ¿Cuál es tu sección del periódico favorita?

TÚ: _____

PERIODISTA: ¿Qué tipo de anuncios hay en el periódico?

TÚ: _____

PERIODISTA: ¿Qué discuten en la página editorial?

TÚ: _____

PERIODISTA: ¿De qué son las fotos en el periódico?

TÚ: _____

PERIODISTA: ¿Quieres ser reportero(-a) en el periódico de tu escuela? ¿Por qué?

TÚ: _____

PERIODISTA: ¿Sobre qué tema (*subject*) debe publicar artículos el periódico de tu escuela?

TÚ: _____

Ejercicio F

Charla   For the following themes, hold a conversation with a classmate or your teacher. The conversation should consist of at least five relevant responses on the part of each participant.

1. Both of you talk about why you like a certain newspaper.
2. You talk to your partner about why you want to be the editor-in-chief of the school newspaper.

Ejercicio G

Actividad   With the help of your teacher, prepare an article in Spanish for your class newspaper that describes interesting activities of members of the group.

Ejercicio H

Español Práctico   Obtain a copy of a Spanish-language newspaper and explain three classified ads to a friend who does not speak Spanish.

LANGUAGE STRUCTURE

◆ **The Irregular Verb venir (*to come*)**

SUBJECT	PRESENT-TENSE FORMS
yo	**vengo** *I come*
tú	*vienes* *you come* (familiar)
Ud.	**viene** *you come* (formal)
el / ella	**viene** *he / she comes*
nosotros / nosotras	**venimos** *we come*
Uds.	**Uds. vienen** *you come*
ellos / ellas	**vienen** *they come**

NOTE: In the present tense, the forms of **venir** are similar to those of **tener**, except that **v** is used instead of **t** and the **nosotros**-form of **venir** ends in **-imos**.

◆ **Indirect-Object Pronouns**

Every sentence must have a subject and a verb.

SUBJECT	VERB	MEANING
Yo	**doy**	*I give.*

Often, sentences have a noun that receives the direct action of the verb. This is called the direct object.

SUBJECT	VERB	DIRECT OBJECT	MEANING
Yo	**doy**	*el libro*	*I give the book.*

---

*Note that these forms can be expressed in three ways in English. For example, *they come / they are coming / they do come.*

The direct object may be a thing or a person and can be identified by **answering the question** *what?* or *whom?* in relation to the verb. Direct-object pronouns may be used to substitute for direct-object nouns.

SUBJECT	VERB	DIRECT OBJECT	MEANING
Nosotros	leemos	*la revista.*	*We read the magazine.*
Ella	ve	*a Juan.*	*She sees Juan.*

SUBJECT	DIRECT-OBJECT PRONOUN	VERB	MEANING
Nosotros	*la*	leemos.	*We read it.*
Ella	*lo*	ve.	*See sees him.*

In addition, a sentence may also have an indirect object, which answers the question *to whom?* and, sometimes, *for whom?*, in relation to the verb.

SUBJECT	VERB	DIRECT OBJECT	INDIRECT OBJECT	MEANING
Yo	doy	el libro	*a María.*	*I give the book to María.*
				I give María the book.

NOTE: In English, the indirect object can be expressed in two ways.

Indirect-object pronouns may be used to substitute for indirect-object nouns. These pronouns were introduced together with **gustar** (*to like*) in Lesson 14:

INDIRECT-OBJECT PRONOUNS	
me	*to me*
te	*to you* (familiar)
le	*to you* (polite)
le	*to him / her*
nos	*to us*
les	*to you* (plural)
les	*to them*

When used as indirect objects of simple conjugated verbs, these pronouns are placed directly before the verb.

Juan *me* da el dinero.   *Juan gives me the money.*

Juan no *me* da el dinero.   *Juan doesn't give me the money.*

When the forms **le** and **les** are used, they are often clarified by a prepositional phrase with **a**. The object pronoun MUST be used, while the prepositional phrase is optional.

Carlos *le* da la pluma *a ella*.   *Carlos gives her the pen.*

Pilar *les* manda unos diccionarios *a ellos*.   *Pilar sends them some dictionaries.*

When the indirect object of a verb is a noun, its corresponding pronoun is often used in Spanish.

Su abuelo (le) da mucho dinero a Carlos.   *His grandfather gives a lot of money to Carlos.*

EJERCICIO I

Pattern Drills

1. Say the first sentence in Spanish and express it in English. Repeat the Spanish sentence, replacing the words in italics with each of the listed alternatives. Then, express the sentence in English.

   a. En el periódico siempre leemos los *titulares*.

   _____

   (1) las noticias

   _____

   _____

   (2) las reseñas

   _____

   _____

   (3) los anuncios

   _____

   _____

   (4) el horóscopo

   _____

   _____

    b. El ejemplar de «El Heraldo» tiene
       caricaturas.

        (1) tiras cómicas

        (2) las páginas de deportes

        (3) el editorial del director

        (4) la sección de bienes raíces

2. Say the Spanish sentence and express it in English. Repeat the Spanish sentence, replacing the subject in italics with each of the listed alternatives and making the verb agree with the new subject. Then, express the new sentence in English.

    a. *Juan* viene al cine.

        (1) Yo

        (2) Tú

        (3) Ellos

        (4) Pedro y yo

        (5) Ud.

EJERCICIO J

Complete each sentence with the correct present-tense form of **venir**. Then, express the sentence in English.

1. Clara _____ para ver la primera plana del periódico.

   _____

2. Los periodistas _____ a la dirección hoy.

   _____

3. Yo _____ para comprar dos ejemplares del periódico.

   _____

4. Nosotros _____ para inspeccionar un auto de segunda mano.

   _____

5. ¿_____ José a la escuela con sus amigos?

   _____

6. Juan y Manuela _____ a mi casa para ver las noticias en la televisión.

   _____

7. ¿No _____ tú al almacén para ver las últimas modas?

   _____

8. Yo no _____ al parque cuando debo estudiar.

   _____

9. Ud. _____ a la biblioteca.

   _____

10. Alfonso y yo _____ porque nos gustan las fiestas.

   _____

Ejercicio K

Rewrite the Spanish sentence, including the indirect-object pronoun in parenthesis. Then, express the complete sentence in English.

1. Nuestro abuelo lee las tiras cómicas.   (*to us*)

   _____

2. El profesor explica acerca de las noticias mundiales.   (*to me*)

   _____

3. Este artículo da mucho placer.   (*to you*—familiar)

   _____

4. La estrella de la película manda (*sends*) su autógrafo.   (*to her*)

   _____

5. El dueño del quiosco vende muchos periódicos.   (*to them*)

   _____

6. María no escribe cartas.   (*to him*)

   _____

7. De vez en cuando la directora hace un favor.   (*for her*)

   _____

8. El cronista deportivo dice muchas cosas fascinantes.   (*to you*—plural)

   _____

9. Mi primo no presta (*lends*) dinero.   (*to me*)

   _____

10. ¿No trae Enrique el crucigrama?   (*you*—polite, singular)

   _____

EJERCICIO L

Composición   Using the words and expressions that you have learned, express the following in Spanish.

1. I come to the kiosk after my class and (**el**) Mr. Moreno sells me a copy of a newspaper with many cartoons.

   _____

   _____

2. María enjoys the social advice column; on the other hand her brother always reads
the sports pages to you (familiar singular).

   _____

   _____

3. Now we are coming to something (**algo**) very important. Juan tells us that (**que**) the
front page has headlines about Spanish America.

   _____

   _____

4. Where do they advertise real estate? Ana is coming to our house because she wants
an apartment in our neighborhood.

   _____

   _____

5. The editor-in-chief sees the journalist in the newspaper office and explains to her
about the newspaper.

   _____

   _____

6. Why don't you (informal) come with me to the movies when I write reviews for
(**para**) our school's newspaper?

   _____

   _____

7. The reporter reads to them the news that (**que**) a star from Hollywood is coming to our city.

_____

_____

8. It gives you (familiar) pleasure when you do the crossword puzzle and see your horoscope.

_____

_____

9. From time to time the advertisements tell you (polite, singular) where they are selling second hand cars.

_____

_____

10. The sports writer explains much to the boys but their favorite entertainment is the movies.

_____

_____

Refrán	
Sin noticias, buenas noticias.	_No news is good news._

CONVERSACIÓN

|21|

La televisión

¿Qué pasa?	The three friends enjoy watching television.
Aprendes:	To learn the present tense of the irregular verb **oír** (*to hear*)
	To learn to tell time, up to the half hour

VOCABULARIO

la tarde   *evening*
por la noche   *at night*
oyes   *you hear* (familiar, singular; from **oír**)
a veces   *at times*
oigo   *I hear* (from **oír**)
el televisor   *television set*
el aparato   *appliance*
el horario   *schedule*
¿qué hora es?   *what time is it?*
la medianoche   *midnight*
la tele   *television*
divertido(-a)   *entertaining*

el locutor   *announcer*
las noticias   *news*
pronostican   *they predict* (from **pronosticar**)
el tiempo   *weather*
por supuesto   *of course*
enojado(-a)   *angry*
apagar   *to turn off* (appliances)
casi   *almost*
poner   *to turn on* (appliances)
sin duda   *undoubtedly*
pasar un buen rato   *to have a good time*

CONVERSACIÓN

PEDRO: Esta tarde no tengo nada que hacer.

ELENA: Voy a preparar mi tarea por la noche. ¿Pedro, oyes buenos programas de música popular en la radio a la una de la tarde?

PEDRO: A veces oigo música; o, si tengo tiempo, miro la televisión.

ESTUDIANTE: Yo prefiero _____.

ELENA: Vamos a mi casa para mirar programas de televisión.

PEDRO: ¿Cómo es el televisor de tu casa?

ELENA: Tenemos un aparato nuevo y cable con muchos canales.

ESTUDIANTE: _____.

* * * * *

PEDRO: Bueno, aquí estamos. ¿Qué programas vamos a ver? Según el horario de programas en el periódico, a las dos y media hay una película, noticias, variedades musicales, una clase de cocina y un partido de básquetbol. ¿Qué hora es?

ELENA: Son las dos y veinte. Pues, chicos, ésta es su casa y Uds. van a hacer la selección de programas.

PEDRO: (Al / a la estudiante) ¿Y qué te interesa?

ESTUDIANTE: Yo quiero ver _____.

ELENA: Me gusta la televisión. Hay una gran variedad de programas. A veces miro la clase de cocina a las cuatro y media (4:30). ¡Los platos que preparan son tan sabrosos! Los sábados dan frecuentemente una buena película y miro la tele hasta medianoche.

PEDRO: Hay tantos canales y, para mí, los mas divertidos son los de deportes. Durante la semana, miro los partidos hasta las once de la noche. También me gustan los canales hispanos porque en mi clase de español mis amigos y yo oímos programas en español. Nuestro profesor dice que nos dan práctica excelente.

ELENA: ¿Son buenos los programas?

PEDRO: Los locutores hablan muy bien en los programas de noticias en español. Presentan mi programa favorito a las cinco de la tarde. También es interesante cuando pronostican el tiempo a las cinco y veinte (5:20).

ELENA: Mi profesor cree que la televisión es una diversión demasiado popular. Cuando oye a los estudiantes que siempre hablan de la televisión, dice que debemos leer más.

PEDRO: Esta semana voy a mirar seis eventos deportivos en la tele y, por supuesto, mi padre va a estar enojado.

ELENA: Pues, los buenos padres tienen interés en lo que (what) oyen y ven sus hijos y a veces deben apagar la televisión.

PEDRO: Es casi la hora, voy a poner la televisión y sin duda vamos a pasar un buen rato.

ESTUDIANTE: En mi opinión, la televisión es _____.

VOCABULARIO ADICIONAL

el anuncio comercial   *commercial announcement*
la antena parabólica   *dish antenna*
a eso de   *at about* (with time expressions)
en punto   *on the dot, sharp* (with time expressions)

la novela   *soap opera*
la pantalla   *screen*
patronizar   *to sponsor*
el telecontrol   *remote control*

EJERCICIO A

Complete the following sentences based on the **Conversación** and express them in English.

1. Elena va a preparar su _____ por la noche.

_____

2. A veces Pedro oye _____ popular en la radio.

_____

3. El televisor de Elena es _____.

_____

4. Según el horario, a las dos y media hay una clase de _____.

_____

5. Los sábados, Elena _____ frecuentemente la televisión hasta medianoche.

_____

6. A Pedro le gustan los canales con _____.

_____

7. A las cinco de la _____ presentan las noticias en español.

_____

8. Según el profesor de Elena los estudiantes deben _____ más.

_____

9. El padre de Pedro está _____ cuando su hijo mira la televisión demasiado.

   _____

10. Si miran la televisión, los tres van a pasar un buen _____.

    _____

EJERCICIO B

Answer the following questions based on the **Conversación**.

1. ¿Quién no tiene nada que hacer?

   _____

2. ¿Qué desea hacer Elena en su casa?

   _____

3. ¿Por qué recibe muchos canales el televisor de Elena?

   _____

4. ¿Además de la clase de cocina, que programas hay a las dos y media?

   _____

5. ¿Hasta qué hora mira Pedro la televisión durante la semana?

   _____

6. ¿Según el profesor de Pedro, qué tipo de programa da práctica excelente?

   _____

7. ¿Qué pronostican en la televisión?

   _____

8. ¿Quién dice que los estudiantes deben leer más?

   _____

9. ¿En qué tienen interés los buenos padres?

_____

10. ¿Qué deben hacer los padres cuando los jóvenes miran la televisión demasiado?

_____

EJERCICIO C

Preguntas Personales

1. ¿Cuál es tu programa de televisión favorito?

_____

2. ¿Cuántas horas por día miras la televisión?

_____

3. ¿En qué lengua(s) oyes programas de televisión?

_____

4. ¿Qué aprendes de la televisión?

_____

5. ¿Te gusta más leer un libro o mirar la televisión ¿Por qué?

_____

Ejercicio D

Using words and expressions of the **Conversación** make up five sentences in Spanish describing the picture below.

_____

_____

_____

_____

_____

Ejercicio E

Diálogo   Your counselor at school discusses your TV viewing habits with you.

CONSEJERA: ¿Te gusta mirar la televisión?

TÚ: _____

CONSEJERA: ¿Cuáles son tus programas favoritos?

TÚ: _____

CONSEJERA: ¿Tienes tu propio televisor?

TÚ: _____

CONSEJERA: ¿Durante la semana, cuantas horas por día pasas delante del televisor?

TÚ: _____

CONSEJERA: ¿Qué programas educacionales miras?

TÚ: _____

CONSEJERA: ¿Hasta qué hora de la noche miras la televisión?

TÚ: _____

CONSEJERA: ¿Necesitas el permiso de tus padres para ver tus programas favoritos?

TÚ: _____

CONSEJERA: ¿Cuántas horas por día dedicas a tus tareas escolares?

TÚ: _____

CONSEJERA: Debes mirar menos la televisión y dedicar más tiempo a tus estudios.

TÚ: _____

CONSEJERA: Si aceptas mis sugerencias (*suggestions*) creo que vas a recibir notas mejores (*better*) en todas tus materias.

TÚ: _____

EJERCICIO F

Charla　For the following themes, hold a conversation with a classmate or your teacher. The conversation should consist of at least five relevant responses on the part of each participant.

1. You and your partner discuss your favorite TV programs and why you like it.

2. You and your partner talk about various educational TV programs and how they help in school.

EJERCICIO G

Actividad Consult your local newspaper in Spanish and prepare a weekly list of "**Programas en español recomendados**" for your class.

EJERCICIO H

Español Práctico Look at the following prime-time TV schedule for Channel 99 and explain it to a friend who does not know Spanish.

WKGO CANAL 99
— HORARIO ESTELAR —

	LUNES	MARTES	MÉRCOLES	JUEVES	VIERNES	SÁBADO	DOMINGO
8:00 PM	Cine de Acción	Noche de Romance	La Doctora Quinn (Drama)	Cámara Cómica	Boxeo Nacional	Cara a Cara (Política)	Domingos Gigantes (Variedades)
9:00 PM			Salsa TV	El Dr. Who (Suspenso)	Los Simpson	Chespirto (Comedia)	
10:00 PM	Amor Prohibido (Novela)						

LANGUAGE STRUCTURE

◆ **The Irregular Verb oír (*to hear*)**

In the present tense the forms are as follows:

SUBJECT	PRESENT-TENSE FORM
yo	**oigo** *I hear*
tú	**oyes** *you hear* (familiar, singular)
Ud.	**oye** *you hear* (polite, singular)
él / ella	**oye** *he / she hears*
nosotros / nosotras	**oímos*** *we hear*
Uds.	**oyen** *they hear*
ellos / ellas	**oyen** *they hear***

*Note the accent on the i.

**Note that these forms can be expressed in three ways in English: *they hear, they are hearing, they do hear.*

◆ **Telling Time in Spanish Up to the Half Hour**

¿Qué hora es?	*What time is it?*	**Son las diez y veintitrés.**	*It's ten twenty-three.*
Es la una.	*It's one o'clock.*		
Son las dos.	*It's two o'clock.*	**Son las once y media.**	*It's half past eleven. (It's eleven-thirty.)*
Son las cinco.	*It's five o'clock.*	**Es mediodía.**	*It's noon.*
Son las seis y diez.	*It's ten minutes past six.*	**Es medianoche.**	*It's midnight.*
Son las ocho y cuarto (quince).	*It's quarter past eight (eight fifteen).*		

Es is used with **la una**, **mediodía** and **medianoche**. Since all other time expressions are two or more, the plural form **son** is used.

Son las cinco.	*It's five o'clock.*
Son las ocho y media.	*It's eight-thirty.*

To express the concept of **at** with time use **a**.

a la tres y cinco   *at five past three*
a mediodía   *at noon*
a medianoche   *at midnight*

After a numerical time expression, *in* or *at* is expressed by **de: de la mañana, de la tarde**, etc.; *at* is also expressed by **de:** *at night*   **de la noche**.

A las ocho de la mañana.   *At eight in the morning (a.m.).*
A las cinco de la tarde.   *At five in the afternoon (p.m.).*
Son las diez de la noche.   *It's ten at night (p.m.).*

When no specific time is mentioned, **por** is used with expressions of time of day: **por la mañana, por la tarde**, and **por la noche**.

NOTE: Two important expressions used with telling time are:

a eso de   *at about, around*

> **Ellos comen a eso de las siete.**   *They eat (at about / around) seven o'clock.*

en punto   *on the dot, sharp*

> **Nosotros entramos a las dos en punto.**   *We enter at two o'clock (on the dot / sharp).*

Ejercicio I

Pattern Drills

1. Say the first sentence in Spanish and express it in English. Repeat the Spanish sentence, replacing the words in italics with each of the listed alternatives. Then, express the sentence in English.

   a. Nos gusta mucho *el televisor.* _____

       (1) el locutor _____

           _____

       (2) el anuncio comercial _____

           _____

       (3) la antena parabólica _____

           _____

       (4) el telecontrol _____

           _____

   b. Ella quiere ver *programas divertidos.* _____

       (1) el DVD en español _____

           _____

       (2) la pantalla _____

           _____

       (3) la novela _____

           _____

       (4) el horario _____

           _____

2. Say the Spanish sentence and express it in English. Repeat the Spanish sentence, replacing the subject in italics with each of the listed alternatives and making the verb agree with the new subject. Then, express the new sentence in English.

a. *Tú* oyes bien al locutor. _____

    (1) Juan _____

_____

    (2) los profesores _____

_____

    (3) yo _____

_____

    (4) Roberta _____

_____

    (5) nosotros _____

_____

EJERCICIO J

Complete each sentence with the correct present-tense form of **oír**. Then, express the sentence in English.

1. ¿_____ Juana la música de la radio?

_____

2. ¿Quién _____ bien lo que dice el locutor?

_____

3. Nosotros no _____ mucho en la calle.

_____

4. ¿_____ tú cuando pronostican el tiempo?

_____

5. Yo no _____ el aparato en la cocina.

   _____

6. Ellos no _____ nada cuando mamá apaga el televisor a medianoche.

   _____

7. A veces María _____ música divertida.

   _____

8. Pedro ve algo en la pantalla, pero no _____ el diálogo.

   _____

9. ¿No _____ las muchachas las palabras de sus padres?

   _____

10. Por la noche vamos a _____ una sinfonía muy bella.

   _____

Ejercicio K

Express the following sentences in English.

1. Es la una de la tarde.   _____

2. Son las tres y veinte en punto.   _____

3. Es medianoche.   _____

4. A eso de las ocho.   _____

5. Son las nueve y cuarto.   _____

6. A las diez y media de la noche.   _____

7. Son las siete y veinticinco.   _____

8. Son las once y diecisiete de la noche. _____

9. A los dos y media.   _____

10. Son las cuatro y cinco de la mañana. _____

EJERCICIO L

Add or subtract the time as indicated and express the new time in Spanish.

1. Son las tres + 1:20 _____

2. Son las cuatro – 2:35 _____

3. Son las cinco en punto – 4:00 _____

4. A las once de la noche – 7:00 _____

5. Son a eso de las siete – 2:45 _____

6. A las tres +2:20 _____

7. A eso de las dos de la tarde – 2:33 _____

8. A las nueve en punto +1:30 _____

9. Son las ocho – 2:52 _____

10. Es mediodía + 12:00 _____

EJERCICIO M

Composición   Using the words and expressions that you have learned, express the following in Spanish.

1. At night when they watch (**la**) television, I hear when the announcer predicts the weather at 9:30 on the dot.

_____

2. Of course we hear nothing when they turn off the set and we are very angry (**enojados**).

_____

3. At times, according to the schedule, there are many amusing programs (**muchos programas divertidos**), but I like to turn on the TV at 10:15 at night, to (**para**) see a soap opera.

_____

4. With my set we use video tape or DVDs, if we don't want to see the programs that (**que**) the companies (**compañías**) sponsor because I don't want to look at a commercial announcement.

_____

5. At 8:30 on the dot they come to my house. We watch on the screen the visit (**visita**) of the president of Uruguay to Washington.

_____

6. Carlos hears programs in Spanish and with the practice that (**que**) he receives, understands his teacher very well.

_____

7. At noon, you (familiar) turn on the set with the remote control and you hear Spanish until midnight, when you finally (**finalmente**) turn off the television.

_____

8. At 7:20 in the morning, there is a program that gives almost all the news that (**que**) we study in our history class.

_____

9. Undoubtedly, they hear the time (**la hora**) because the announcer says to them in Spanish: "It's eleven o'clock in the evening on the dot."

_____

10. Juan's father is going to buy a dish antenna for the television set and he wants to watch programs from (**desde**) 9:00 pm until 11:00 pm.

_____

Refrán	
Cuente las horas como monedas de oro.	Count the hours like gold coins. Time is very valuable. Time is money.

CONVERSACIÓN

|22|

El cine

¿Qué pasa?	The three friends go to the movies.
Aprendes:	The present tense of the irregular verb **poder** (*to be able, can*)
	Telling time past the half hour

VOCABULARIO

puedo *I can* (from **poder**)
acompañarme *to accompany me*
dan *they show* (movie), (from **dar**)
el multicines *multiplex*
¡cómo no! *of course*
tiene lugar *takes place* (from **tener lugar**)
el siglo *century*
la función *performance*
¡ay de mí! *oh my!*
hacen cola *they wait on line* (from **hacer cola**)
la entrada *ticket* (for movie, show, event, etc.)
la taquilla *box office*
la estrella *star*

bello(-a) *beautiful*
el papel *role, part*
guapo(-a) *handsome, attractive*
entretanto *meanwhile*
el refresco *soft drink*
las palomitas de maíz *popcorn*
los dulces *candy*
el vestíbulo *lobby*
el avance *preview*
comenzar *to begin*
sentarnos *to sit down*
la localidad *seat* (movie house, etc.)
juntos(-as) *together*

CONVERSACIÓN

ELENA: Esta noche puedo ir al cine. ¿Pueden Uds. acompañarme?

PEDRO: ¿Qué películas dan en el «Multicines Granada»?

ELENA: Presentan doce, pero me interesa más un film de España, «Amor olvida-do» (*"Forgotten Love"*), con subtítulos en inglés. Dicen que es excelente y muy romántico. Pedro, quieres ver la película?

PEDRO: ¡Sí, cómo no! Me interesa porque tiene lugar en el siglo XVIII, en la bella cuidad de Sevilla. Según el periódico, la última función es a las nueve menos cuarto. Debemos salir de casa a las ocho menos diez. (al / a la estudiante) ¿Puedes ir?

ESTUDIANTE: Sí yo deseo _____.

* * * * *

ELENA: ¡Ay de mí! Hacen cola para comprar entradas en la taquilla. Bueno, Pedro puede comprar las entradas.

PEDRO: Hay tanta gente porque Lolita Sánchez, la estrella de «Amor olvidado», es muy bella y muy popular.

ELENA: Ricardo Ávila, el actor español tiene el otro papel importante y él es muy guapo.

PEDRO: Yo voy a comprar las entradas y, entretanto, Uds. pueden decidir si quieren comprar refrescos, palomitas de maíz o dulces.

ELENA: Está bien, podemos comprar todo en el vestíbulo.

ESTUDIANTE: Yo pienso comer _____.

PEDRO: ¿Qué hora es?

ELENA: Son las nueve menos veinte.

* * * * *

PEDRO: Oigo música muy romántica. Vamos a entrar para ver los avances de las películas que van a dar en el futuro. «Amor olvidado» va a comenzar (**begin**) a eso de las nueve y diez.

ELENA: ¿Dónde podemos sentarnos? Prefiero no estar muy cerca de la pantalla. Veo tres buenas localidades juntas.

ESTUDIANTE: Paso un buen rato en el cine porque _____.

ELENA: Y no vamos a regresar a casa hasta medianoche menos veinte, pero no importa porque mañana no hay clases y podemos dormir hasta muy tarde.

Vocabulario adicional

los dibujos animados *cartoon*
el estreno *premiere, first performance*
el éxito *hit, success*
el fracaso *flop, failure*
el guión *script*

no importa *it doesn't matter*
la oscuridad *darkness*
el pasillo *aisle*
el público *audience*

Can you guess the meanings of the following movie-related terms?

el actor _____

la actriz (plural: **las actrices**) _____

la comedia _____

el director _____

el escenario exterior _____

la película de aventuras _____

la película de ciencia ficción _____

la película de vaqueros _____

la película de misterio _____

la tragedia _____

EJERCICIO A

Complete the following sentences based on the **Conversación** and express them in English.

1. Elena desea ir al _____.

_____

2. Presentan doce _____.

_____

3. «Amor olvidado» tiene subtítulos en _____.

_____

4. La última función comienza a las nueve menos _____.

_____

5. Hacen cola para comprar _____.

_____

6. El actor Ricardo Ávila es muy _____.

_____

7. Deciden si van a _____ refrescos, palomitas de maíz o dulces.

_____

8. Antes de la película hay unos _____.

_____

9. Elena prefiere estar lejos de la _____.

_____

10. Los tres no van a regresar a casa hasta _____.

_____

Ejercicio B

Answer the following questions, based on the **Conversación**.

1. ¿De dónde es la película «Amor olvidado»?

_____

2. ¿Por qué tiene Pedro interés en la película?

_____

3. ¿A qué hora deben salir de casa?

_____

4. ¿Dónde venden entradas?

_____

5. ¿Cómo es Lolita Sánchez?

_____

6. ¿Qué venden en el vestíbulo?

_____

7. ¿A qué hora va a comenzar «Amor olvidado»?

_____

8. ¿Quién ve las tres buenas localidades?

_____

9. ¿Cuándo van a regresar a casa?

_____

10. ¿Por qué pueden dormir hasta muy tarde?

_____

EJERCICIO C

Preguntas Personales

1. ¿Cuántas veces por semana vas al cine?

_____

2. ¿Con quién ves las películas?

_____

3. ¿Qué tipo de película te gusta más?

_____

4. ¿Quién es tu actor (actriz) favorito(a)?

_____

5. ¿Prefieres el cine a la televisión? ¿Por qué?

_____

EJERCICIO D

Using words and expressions of the **Conversación**, make up five sentences in Spanish describing the picture below.

_____

_____

_____

_____

_____

EJERCICIO E

Diálogo   You are being interviewed by a teacher for placement in an advanced Spanish elective class, "*El arte del cine.*"

PROFESOR: ¿Por qué quieres estar en esta clase especial?

TÚ: _____.

PROFESOR: ¿Vas al cine frecuentemente?

TÚ: _____.

PROFESOR: ¿Qué clase de película te gusta más?

TÚ: _____.

PROFESOR: ¿Qué actor o actriz te gusta más?

TÚ: _____.

PROFESOR: ¿Qué tienes en casa para ver películas?

TÚ: _____.

PROFESOR: ¿Cuándo tienes tiempo libre para ver películas para el curso?

TÚ: _____.

PROFESOR: ¿Qué deseas aprender del curso?

TÚ: _____.

PROFESOR: ¿En tu opinión, qué aspecto de una película es el más importante?

TÚ: _____.

PROFESOR: ¿Por qué deseas tener una carrera relacionada con (*related to*) el cine?

TÚ: _____.

EJERCICIO F

Charla   For the following themes, hold a conversation with a classmate or your teacher. The conversation should consist of at least five relevant responses on the part of each participant.

1. You and your partner talk about a film that "must be seen."

2. You and your partner discuss the interesting features of your favorite movie stars.

EJERCICIO G

Actividad   See a film in which the sound track is in Spanish. With your teacher's help prepare a review (**reseña**) of it for your class.

Ejercicio H

Español Práctico   From a local Spanish newspaper explain the movie page (advertisements and reviews) to a friend who does not know Spanish.

Language Structure

◆ **The Irregular Verb poder (*to be able*)**

Poder and in its conjugated forms are often expressed in English as *can*.

Ella puede hablar español.   *She(can is / able to) speak Spanish.*

In the present tense, the forms of **poder** are as follows:

SUBJECT	PRESENT-TENSE FORM
yo	**puedo** *I can , I am able*
tú	**puedes** *you can, you are able*
Ud.	**puede** *you can /you are able*
él / ella	**puede** *he / she can, he /she is able*
nosotros / nosotras	**podemos** *we can, we are able*
Uds.	**pueden** *you can, you are able*
ellos / ellas	**pueden** *they can, they are able*

NOTE: In Spanish, the conjugated forms of **poder** are generally followed by infinitives.

Ellos pueden comprender el libro.   *They can understand the book.*

Tú puedes comprar un automóvil.   *You can buy an automobile.*

◆ **Telling Time Past the Half Hour in Spanish**

We have two ways to express *8:40* in English:

eight forty   or   *twenty minutes to nine*

In Spanish-speaking countries, the second form was traditionally used.

las ocho menos (*minus*) **veinte**   *twenty minutes to eight*
las diez menos (*minus*) **cuarto**   *a quarter to ten*

Nowadays, perhaps because of the widespread use of digital clocks and watches, the alternate form (**las ocho y cuarenta**) is used as well.

Learn the following numbers:

30 treinta   **40 cuarenta**   **50 cincuenta**

Units after these numbers are preceded by y.

37 treinta y siete   **42 cuarenta y dos**   **55 cincuenta y cinco**

NOTE: In some Spanish-speaking countries, time is expressed on a twenty-four hour basis. Therefore *10* P.M. would be **las veintidós** and *2:00* P.M. would be **las catorce.**

EJERCICIO I

Pattern Drills

1. Say the first sentence in Spanish and express it in English. Repeat the Spanish sentence, replacing the words in italics with each of the listed alternatives. Then, express the sentence in English.

a. Nosotros podemos ver *la función.*   _____

   (1) la taquilla   _____

   _____

   (2) el multicines   _____

   _____

   (3) el avance   _____

   _____

   (4) las localidades   _____

   _____

b. Me gusta mucho *la película de misterio.*   _____

   (1) la bella actriz   _____

   _____

(2) la comedia

_____

_____

(3) el estreno de la película

_____

_____

(4) ver los dibujos animados

_____

_____

2. Say the Spanish sentence and express it in English. Repeat the Spanish sentence, replacing the subject in italics with each of the listed alternatives and making the verb agree with the new subject. Then, express the new sentence in English.

a. *Nosotros* podemos hacer cola
en el vestíbulo.

_____

(1) Los muchachos

_____

_____

(2) Ud.

_____

_____

(3) Tú

_____

_____

(4) Yo

_____

_____

Ejercicio J

Complete each sentence with the correct present-tense form of **poder**. Then, express each sentence in English.

1. Cómo no, tú _____ acompañarme al cine.

_____

2. Nosotros _____ sentarnos cerca de la pantalla.

_____

3. ¿Quién _____ comprar palomitas de maíz?

_____

4. Las muchachas no _____ ver el pasillo en la oscuridad.

_____

5. Yo _____ tomar los refrescos.

_____

6. Pedro y yo _____ formar parte del público.

_____

7. Tú no _____ reservar dos localidades juntas.

_____

8. ¿No _____ Ud. comprender la película de ciencia ficción?

_____

9. Los actores _____ hablar dos lenguas.

_____

10. En una emergencia el público _____ ir a la salida rápidamente.

_____

EJERCICIO K

Express the following sentences in English.

1. Son las ocho menos diez. _____

2. A las ocho y cincuenta. _____

3. Voy a eso de las siete menos cuarto. _____

4. a eso de las nueve y media _____

5. Son las dos menos veinticinco. _____

6. Son las tres en punto. _____

7. a las cuatro y cuarto _____

8. a las nueve menos siete de la noche _____

9. Son las seis y media de la mañana. _____

10. a las doce menos dieciocho _____

Ejercicio L

La hora correcta Below, you will find several digital-clock faces with a time indicated. Each is followed by a phrase that begins with **adelanta** (*is fast by*) or **atrasa** (*is slow by*). Write the correct time in Spanish in the blank.

EJEMPLO: adelanta 20 minutos   *LAS TRES Y DIEZ*

1.   adelanta 20 minutos   _____

2.   **5:07**   atrasa 3 horas   _____

3.   atrasa 8 minutos   _____

4.   **6:17**   adelanta 3 minutos   _____

5. atrasa 15 minutos _____

6. 8:04 atrasa 46 minutos _____

7. 1:43 adelanta 28 minutos _____

8. 12:22 atrasa 14 minutos _____

9. 4:35 adelanta 1 hora y 6 minutos _____

10. 7:30 atrasa 3 horas y 23 minutos_____

EJERCICIO M

Composición   Using the words and expressions that you have learned, express the following in Spanish.

1. The film takes place in Costa Rica and I can say that (**que**) it is an adventure movie with outdoor scenery that is excellent.

_____

2. They can be in the lobby of the movie house at 7:40 p.m. Meanwhile, we are going to buy popcorn and cold drinks for everybody (**todo el mundo**).

_____

3. Oh my, they are going to show the movie soon in the darkness and we can't see two seats together (**juntas**).

_____

4. At 8:35 in the multiplex they are showing a film that (**que**) is a hit. It's a science-fiction movie, "My House on the Moon (**luna**)."

_____

5. The movie begins (**comienza**) at 9:40 and is a "flop." At 9:55 the audience goes to the exits. They say that the script is terrible.

_____

6. You (familiar) can go to the film with us, but we want to sit down near the screen because we can see the cartoon better (**mejor**).

_____

7. It is 6:50 sharp and we must buy our tickets at (**en**) the box office for (**para**) the premiere of a film about cowboys during the 19th century.

_____

8. You (polite) can see that my friends are waiting in front of the movie house. Yes, of course! They want to see the comedy at 4:35.

_____

9. The star of the picture is handsome. He can speak English and Spanish and has the role of the doctor. He wins the love (**gana el amor**) of the actress, who is very beautiful.

_____

10. The director of the movie never has a failure. He uses good scripts (**guiones buenos**) and the actors play (**hacen**) their roles very well.

_____

Refrán	
No digas quien eres; que tú lo dirás.	*What a person says is not as important as what he/she does.*

CONVERSACIÓN

|23|

Un partido de béisbol

¿Qué pasa? The three friends go to a baseball game.

Aprendes: Using direct-object pronouns

VOCABULARIO

el (la) fanático(a) *enthusiast, fan*
el gentío *crowd*
el contrario *opponent*
el tiburón *shark*
el campo *field*
el lanzador *pitcher*
el zurdo *lefthander*
el jugador *player*
la alineación *lineup*
batear *to bat*
el receptor *catcher*
el campocorto *shortstop*
levantarnos *to get up*
la mitad *half*
la entrada *inning*
la anotación *score*

el empate *tie*
veloz *fast*
lanza *throws* (from **lanzar**)
el jonrón *homerun*
el batazo *hit*
fuera de *outside of*
la bola *ball* (opposite of *strike*)
el estraic *strike*
recoger *to field*
la rola *ground ball*
anotar *to score*
la carrera *run*
¡caramba! *gosh!*
el árbitro *umpire*
faul *foul* (*ball*)
el perro caliente *hot dog*

CONVERSACIÓN

PEDRO: Tengo tres entradas para el partido de béisbol hoy. ¿Quieren Uds. acompañarme?

ELENA: Sí, te acompaño con mucho gusto. Soy una fanática del béisbol. Mi padre me lleva frecuentemente al estadio.

ESTUDIANTE: Pues, yo deseo _____.

PEDRO: Mi tío nos lleva al partido en su coche. Vamos a partir a las once y media.

* * * * *

ELENA: Pues aquí estamos. ¡Ay, que gentío! ¿Quiénes son nuestros contrarios esta tarde?

PEDRO: ¿No los ven? Son los Tiburones Ya practican en el campo.

ELENA: Ah, sí. Su lanzador va a ser el zurdo Morales. ¿Pedro, tienes un programa?

PEDRO: Si lo tengo en español y miro las fotos de los jugadores. Puedes ver la alineación de nuestro equipo. El programa la tiene.

ELENA: Gracias. A ver cómo van a batear los Leopardos hoy...

LEOPARDOS
Alineación de bateo

1. Segunda base—*Thomas*

2. Jardinero central—*Vásquez*

3. Primera base—*Ortiz*

4. Jardinero izquierdo—*Jensen*

5. Receptor—*Stanley*

6. Campocorto—*Ruiz*

7. Jardinero derecho—*Palladino*

8. Tercera base—*Jones*

9. Lanzador—*Quiroga*

PEDRO: Hay muchos hispanos en nuestro equipo.

ELENA: Pues el béisbol es muy popular en Hispanoamérica.

* * * * *

PEDRO: Vamos a levantarnos. Es la segunda mitad de la séptima entrada y ya son las cuatro menos veinte.

ELENA: ¡Qué partido más emocionante! La anotación es tres a tres: un empate.

PEDRO: Los Leopardos tienen unos jugadores magníficos. Nuestro lanzador es tan veloz que no veo la pelota cuando la lanza. Y el jonrón de Ortiz... ¡caramba! Un batazo fuera del estadio, después de tres bolas y dos estraics.

ELENA: Y Ruiz es un campocorto excelente. Me gusta cómo recoge las rolas.

ESTUDIANTE: Mi jugador favorito es _____.

PEDRO: Para ganar tenemos que anotar otra carrera. La necesitamos muy pronto.

ELENA: ¡Caramba! El árbitro dice que ese batazo es faul.

PEDRO: Tenemos que esperar más batazos de nuestro equipo. Entretanto vamos a comprar perros calientes y limonadas.

ELENA: Buena idea. Siempre paso un buen rato aquí.

ESTUDIANTE: Para mí el béisbol es _____.

VOCABULARIO ADICIONAL

el (la) aficionado(-a) *fan*
el bate *bat*
el bateador(-a) *batter*
el cobertizo *dugout*
el cuadro interior *infield*
el dirigente *manager*
el emergente *pinch hitter*
el equipo de casa *home team*
el guante *glove*
el jardín *outfield*

el jardinero *(out)fielder*
el lineazo *line drive*
la lomita *mound*
la palomita *fly-ball*
la pelota de béisbol *baseball*
el plato *home plate*

EJERCICIO A

Complete the following sentences based on the **Conversación** and then express them in English.

1. Pedro tiene _____ para el partido de béisbol.

   _____

2. El tío de Pedro _____ a los tres al estadio.

   _____

3. Los Tiburones practican en el _____.

   _____

4. En el programa hay fotos de los _____.

   _____

5. El receptor de los Leopardos es _____.

   _____

6. El _____ es muy popular en Hispanoamérica.

   _____

7. En la segunda mitad de la séptima _____, la anotación es tres a tres.

   _____

8. Ortiz batea un _____ fuera del estadio.

   _____

9. Los tres compran _____ para comer.

   _____

10. Elena siempre pasa un buen _____ en los partidos de béisbol.

   _____

EJERCICIO B

Answer the following questions, based on the **Conversación**.

1. ¿Quién es una fanática del béisbol?

   _____

2. ¿A qué hora parten los tres para el estadio?

   _____

3. ¿Quiénes son los contrarios de los Leopardos?

   _____

4. ¿Cómo se llama el lanzador zurdo de los Tiburones?

   _____

5. ¿Quién es el cuarto bateador en la alineación de los Leopardos?

   _____

6. ¿Quién es el jardinero derecho de los Leopardos?

_____

7. ¿Cómo es el partido?

_____

8. ¿Quién decide si el batazo está fuera del cuadro?

_____

9. ¿En qué es excelente el campocorto Ruiz?

_____

10. ¿Si la anotación es un empate, qué tienen que hacer los Leopardos para ganar?

_____

EJERCICIO C

Preguntas Personales

1. ¿Te gusta el béisbol? ¿Por qué?

_____

2. ¿De qué equipo eres aficionado(-a)?

_____

3. ¿Con quién(-es) vas a los partidos de béisbol?

_____

4. ¿Quién es tu jugador favorito en las Ligas Mayores? ¿Por qué?

_____

5. En tu opinión, ¿cuál es la posición más importante en un equipo de béisbol?

_____

EJERCICIO D

Using the words and expressions of the **Conversación** make up five sentences in Spanish describing the picture below.

_____

_____

_____

_____

_____

EJERCICIO E

Diálogo   You are corresponding with Ricardo, a student in Venezuela, over the Internet. You are discussing baseball.

RICARDO: El béisbol es muy popular en Venezuela. ¿Te gusta a ti también?

TÚ: _____.

RICARDO: ¿Prefieres jugar al béisbol o ser espectador(-a)?

TÚ: _____.

RICARDO: ¿Cuál es tu equipo favorito de las Ligas Mayores?

TÚ: _____.

RICARDO: ¿Qué jugador te gusta más? ¿Por qué?

TÚ: _____.

RICARDO: ¿Con quiénes vas al estadio?

TÚ: _____.

RICARDO: ¿Qué comen Uds. en el estadio?

TÚ: _____.

RICARDO: ¿Cómo se llama el equipo de béisbol de tu escuela?

TÚ: _____.

RICARDO: ¿Qué gritas (*shout*) cuando tu equipo gana?

TÚ: _____.

RICARDO: ¿En tu opinión, cuál es la posición más difícil en un equipo de béisbol?

TÚ: _____.

RICARDO: Aquí en Venezuela muchos jóvenes quieren jugar en las Ligas Mayores.

TÚ: _____.

EJERCICIO F

Charla   For the following themes, hold a conversation with a classmate or your teacher. The conversation should consist of at least five relevant responses on the part of each participant.

1. You and your partner talk about his/her favorite professional baseball team.

2. You invite your partner to play baseball with some friends in the park.

EJERCICIO G

Actividad Make a Hall of Fame (**Salón de la Fama**) display of Hispanic Major-League baseball players. For each entry, include a picture, current team, position played, and outstanding achievements. Display this project in your classroom or in an appropriate location in your school.

EJERCICIO H

Español Práctico Explain the following sports announcement to a friend who does not speak Spanish.

¡ATENCIÓN, AFICIONADOS DEL BÉISBOL NACIONAL!

El equipo Los Gigantes del Valenciano, de la Liga Central de Béisbol (LICEBE), invita cordialmente a todos los fanáticos del béisbol a asistir a la inauguración de su nuevo estadio, el Coliseo Pepe Casiano. Eliseo Rosado, dueño del equipo, espera la asistencia de más de 10,000 personas y confirmó la participación de sus jugadores estrellas, el jardinero central Tomás Coello, el pitcher zurdo Ernesto "Superman" Sánchez y el receptor (y jugador más valioso del año pasado) Ramón Lara. La celebración comienza a las 7:00 de la noche este viernes, en el coliseo.
Para más información, comuníquese al (555) 393-PEPE

LANGUAGE STRUCTURE

◆ **Direct-Object Pronouns**

In **Conversación 20**, the concept of the direct object of a verb was introduced. To review, the direct object of the verb answers the questions *what?* or *whom?* in relation to the verb.

SUBJECT	VERB	DIRECT OBJECT
Yo	**tomo**	**la pluma.**
I	*take*	*the pen.*
Ellos	**ven**	**a Juan.**
They	*see*	*Juan.*

Direct-object nouns may be replaced by direct-object pronouns.

SUBJECT	DIRECT-OBJECT PRONOUN	VERB
Yo	la	tomo.
Ellos	lo	ven.

SUBJECT	VERB	DIRECT-OBJECT PRONOUN
I	*take*	*it.*
They	*see*	*him.*

NOTE: Notice that when direct-object pronouns are used, the word order is different in English and Spanish. In Spanish, direct-object pronouns are placed directly before the conjugated verb in the simple present tense.

> **Tú no me ves.**   *You don't see me.*
>
> **¿Lo invita María a la fiesta?**   *Is Maria inviting him to the party?*

♦ **Forms and Meanings of Direct-Object Pronouns**

me	*me*
te	*you* (familiar)
lo	*it* (masculine); *you** (polite, masculine); *him*
la	*it* (feminine); *you** (polite, feminine); *her*
nos	*us*
los	*you** (polite, masculine)
las	*you** (polite, feminine)
los	*them* (masculine)
las	*them* (feminine)

NOTE: When *them* or *you* (plural) refers to a group of mixed gender, **los** is used.

---

*When the direct-object pronoun refers to *you* polite, the forms **a Ud.** and **a Uds.** are generally used for clarification. They may not replace the forms above.

> **La visito *a Ud.* en el campo.**   *I visit you in the country.*
> **Los invitamos *a Uds.* a una fiesta.**   *We invite you to a party.*

Ejercicio I

Pattern Drills

1. Say the first sentence in Spanish and express it in English. Repeat the Spanish sentence, replacing the words in italics with each of the listed alternatives. Then, express the sentence in English.

   a. Para mí la persona más importante
   del partido es *el receptor.*   _____

      (1) el lanzador   _____

      _____

      (2) el árbitro   _____

      _____

      (3) el dirigente   _____

      _____

      (4) el emergente   _____

      _____

   b. Rodríguez, mi jugador favorito,
   va a batear una *palomita.*   _____

      (1) un lineazo   _____

      _____

      (2) un jonrón   _____

      _____

      (3) una pelota rodada   _____

      _____

      (4) en la quinta entrada   _____

      _____

c. El gentío no grita mucho cuando *los contrarios anotan tres carreras.*

   (1) el zurdo lanza bien

   (2) el otro equipo batea

   (3) nuestro campocorto maneja mal

   (4) hay tres contrarios en las bases

d. En la alineación para hoy hay un *campocorto hispano.*

   (1) un jardinero central excelente

   (2) un tercera base nuevo

   (3) un primera base de Puerto Rico

   (4) un receptor talentoso

EJERCICIO J

Place the direct-object pronoun properly in the sentence. Then, express the sentence in English.

1. Juan ayuda con la tarea.　(**me**)

2. Ellos ven en la alineación: está en el jardín derecho.   (**lo**: *him*)

_____

_____

3. Los jugadores saludan.   (**nos**)

_____

_____

4. ¡Caramba!, oigo ahora.   (**te**)

_____

_____

5. No comprendemos.   (**la**: *it*)

_____

_____

6. ¿Conoce el receptor?   (**los**: *you**)

_____

_____

7. ¿No tienes en casa?   (**las**: *them*)

_____

_____

8. Nuestros contrarios invitan a usar sus bates.   (**nos**)

_____

_____

_____

*Use a clarifying form.

9. Siempre creemos.   (**te**)

_____

_____

10. Ellos no ven con mi guante.   (**me**)

_____

_____

EJERCICIO K

Express in Spanish the English direct-object pronouns in parenthesis. Place each one correctly in the sentence; then, express the sentence in English.

1. Ellos conocen muy bien.   (*you*: familiar, singular)

_____

_____

2. María invita a una fiesta.   (*me*)

_____

_____

3. Juan batea en el estadio.   (*it*: feminine)

_____

_____

4. El árbitro oye.   (*them*: masculine)

_____

_____

5. Ellos no creen.   (*you*: familiar singular)

_____

_____

6. ¿Trae Juan al partido? (*them*: feminine)

_____

_____

7. ¿No ve Clara en el jardín? (*you*: polite, feminine, plural*)

_____

_____

8. El equipo de casa saluda. (*us*)

_____

_____

9. Nuestro dirigente ve en el cuadro interior. (*him*)

_____

_____

10. Visitamos en el cobertizo. (*you*: polite, masculine, singular)

_____

_____

EJERCICIO L

Express each sentence in English. Then, repeat the sentence in Spanish, substituting a direct-object pronoun for the highlighted direct object. Be sure to place it correctly in the Spanish sentence.

1. El zurdo tiene *su bate.*

_____

_____

---

*Use a clarifying form.

2. El campocorto recoge *las rolas*.

_____

_____

3. El jardinero central busca *su guante*.

_____

_____

4. Quiero *la mitad de tu perro caliente* ahora.

_____

_____

5. El receptor lanza *la pelota*.

_____

_____

6. El árbitro no saluda *al dirigente*.

_____

_____

7. ¿No conocen Uds. a *mi prima*?

_____

_____

8. Carlos hace *la tarea* con mucho cuidado.

_____

_____

9. En el estadio siempre oigo *a los aficionados*.

_____

_____

10. El equipo de casa anota *tres carreras.*

_____

_____

Ejercicio M

Composición   Using the words and expressions that you have learned, express the following sentences in Spanish.

1. The ball is in the infield. The shortstop fields it and throws it to (**la**) first base.

_____

_____

2. The left-handed pitcher is on the mound. He looks at the batter, who (**que**) is to the right of the home plate.

_____

_____

3. The umpire visits the dugout of the home team and the dugout of opponents. He greets them on the field before the game.

_____

_____

4. An enthusiast can understand me. I like the Leopards because they always score more runs.

_____

_____

5. Our friend helps us when we watch the game because he explains why the ball is foul.

_____

_____

6. We, the fans, have to get up when the score is a tie and the umpire speaks to our manager in the dugout.

_____

_____

7. Gosh. I don't believe you (familiar) when you say that the *Shark's* catcher can hit a home run each day.

_____

_____

8. Isn't Carlos taking her to her house after the second half of the ninth inning?

_____

_____

9. We see you (polite, singular) where they sell hotdogs and cool drinks. There are many fly balls in that part of the stadium.

_____

_____

10. Outside of the field the pitchers practice (**practican**) with the pinch hitters and we see them when we enter at one-thirty.

_____

_____

Refrán	
Desea lo mejor y espera lo peor.	*Wish for the best and expect the worst.*

CONVERSACIÓN

|24|

Comunicaciones

¿Qué pasa?   Elena and the student are at Elena's house. They speak on the phone to Pedro, who is in the library.

Aprendes: Using numbers from 30 to 100

Position of descriptive adjectives

VOCABULARIO

suena   *(it) rings* (from **sonar**)
descuelga   *picks up* (from **descolgar**)
el receptor   *receiver*
¿qué hay de nuevo?   *what's new?*
la llamada   *call*
nuevo(-a)   *new*
largo(-a)   *long*
inalámbrico(-a)   *cordless*
al cobro   *collect* (call)
ten paciencia   *be patient*
   (from **tener paciencia**)

ocupado(-a)   *busy*
la guía telefónica   *telephone directory*
bondadoso(-a)   *kind, generous*
mandar   *to send*
el mensaje   *message*
a veces   *at times*
el mensaje electrónico   *e-mail*
útil   *useful*
mostrarme   *to show me*

Can you express the English meanings of the following communications-related expressions?

el teléfono celular   _____

el teléfono público   _____

el Internet   _____

el computador   _____

la computadora   _____

larga distancia   _____

334

Conversación

El (la) estudiante está en casa de Elena. Suena el teléfono y Elena descuelga el receptor.

ELENA: Hola, ¿quién habla?

PEDRO: Tu amigo Pedro. ¿Cómo estás?

ELENA: Muy bien gracias. ¿Qué hay de nuevo? (Al [a la] estudiante) Es Pedro.

PEDRO: Te llamo con mi teléfono celular nuevo desde (*from*) la biblioteca de la Calle 73 (setenta y tres). Necesito ayuda con un informe largo que tengo que escribir sobre un tema difícil: la civilización azteca.

ELENA: Nuestro(-a) amigo(-a) _____ está aquí. Creo que él (ella) puede ayudar con tu proyecto. Voy a darle el teléfono inalámbrico; así puede oír la conversación y hablar contigo.

PEDRO: Tengo que escribir unas diez páginas y hay más de cien libros grandes sobre el tema.

ESTUDIANTE: ¿Es posible usar el Internet en la biblioteca?

PEDRO: Sí, no es una mala idea, pero hay que esperar más de una hora para usar-lo.

ELENA: Bueno, entonces puedes venir a mi casa y usar el Internet en mi computa-dora. Es una XYZ, Modelo 95 (noventa y cinco).

ESTUDIANTE: El Internet es _____.

PEDRO: Elena, ¿no tienes un primo muy inteligente que es profesor de historia en una universidad en San Francisco?

ELENA: Sí, el profesor Alberto Valdivia. Él puede recomendar algunos libros apropiados. Si no puedes usar tu teléfono celular, puedes hacer una lla-mada de larga distancia al cobro a la universidad desde un teléfono públi-co. Pero ten paciencia, muchas veces la línea está ocupada.

PEDRO: Creo que puedo encontrar el número en la guía telefónica de San Francisco que tienen en la biblioteca. Gracias.

* * * * *

(En casa de Elena)

ELENA: Bienvenido.

PEDRO: Elena, tienes un primo bondadoso. Según su recomendación, tengo cinco libros para mi investigación. También recomienda usar el Internet. (al [a la] estudiante) ¿Puedes ayudarme?

ESTUDIANTE: Sí, como no. Tengo una computadora Flecha, Modelo 88 (ochenta y ocho). La uso mucho para mis tareas escolares.

ELENA: Yo uso mi computadora para mandar mensajes electrónicos. Correspondo con amigos aquí y también en otras naciones. Recibo más de cincuenta mensajes al mes. A veces recibo correspondencia interesante en español. Mi profesor simpático me ayuda y mando treinta o cuarenta mensajes en español.

ESTUDIANTE: Las computadoras son muy útiles para _____.

PEDRO: Sí. Y ahora puedes mostrarme cómo conseguir información sobre los aztecas de México.

ESTUDIANTE: Sí, con mucho gusto.

Vocabulario adicional

aceptar el pago   *to accept the charges*
colgar   *to hang up*
la computadora / el computador portátil   *laptop*

marcar   *to dial*
la señal para marcar   *dial tone*
el (la) telefonista   *operator*

Ejercicio A

Complete the following sentences based on the **Conversación** and express them in English.

1. Cuando suena el teléfono, Elena descuelga el _____.

_____

2. Pedro hace la llamada con su teléfono _____.

_____

3. El informe que Pedro debe preparar es sobre _____.

_____

4. Para tomar parte en la conversación el (la) estudiante usa el teléfono _____.

_____

5. Pedro no usa el Internet en la biblioteca porque hay que _____ mucho tiempo.

   _____

6. El primo de Elena es _____ de historia.

   _____

7. Pedro usa el teléfono público para hablar con _____.

   _____

8. A causa de la recomendación del profesor Pedro tiene cinco _____.

   _____

9. El (la) estudiante va a ayudar a Pedro con el _____.

   _____

10. Elena tiene la ayuda de su profesor cuando _____ mensajes electrónicos en español.

    _____

EJERCICIO B

Answer the following questions based on the **Conversación**.

1. ¿Dónde está Pedro cuando telefonea la casa de Elena?

   _____

2. ¿Cómo es el tema que Pedro debe investigar?

   _____

3. ¿Quién toma parte en la conversación de Pedro y Elena?

   _____

4. ¿Qué puede usar Pedro en casa de Elena?

   _____

5. ¿Dónde vive el primo de Elena?

_____

6. ¿Dónde puede encontrar Pedro el número de teléfono del profesor Alberto Valdivia?

_____

7. ¿Según Pedro, cómo es el profesor Valdivia?

_____

8. ¿Qué recomienda el profesor además de los libros?

_____

9. ¿En qué lenguas recibe Elena mensajes?

_____

10. ¿Quién va a ayudar a Pedro con el Internet?

_____

Ejercicio C

Preguntas Personales

1. ¿Cuándo usas el teléfono?

_____

2. ¿Qué tipos de teléfonos tienes?

_____

3. ¿Cuándo usas una computadora?

_____

4. ¿Por qué es útil el Internet?

_____

5. ¿Con quién(es) quieres corresponder por e-mail?

_____

EJERCICIO D

Using the words and expressions of the **Conversación** make up five sentences in Spanish describing the picture below.

_____

_____

_____

_____

_____

EJERCICIO E

Diálogo Your aunt Gloria calls you at home around the time of your birthday and offers to buy you something that you don't have.

(El teléfono suena.)

TÚ: _____.

GLORIA: Es tu tía Gloria.

TÚ: _____.

GLORIA: Muy bien gracias. Quiero hacerte una pregunta. ¿Tienes una computadora?

TÚ: _____.

GLORIA: ¿Qué aprendes en la escuela sobre las computadoras?

TÚ: _____.

GLORIA: ¿Qué aspectos de los computadores te interesan?

TÚ: _____.

GLORIA: ¿Si vas a usar el correo electrónico, con quiénes vas a corresponder?

TÚ: _____.

GLORIA: ¿Qué piensas de la idea de mandar mensajes electrónicos a jóvenes en países de habla española?

TÚ: _____.

GLORIA: ¿Quién puede ayudar a encontrar las direcciones de jóvenes en Hispanoamérica?

TÚ: _____.

GLORIA: ¿Qué modelo de computadora te gusta?

TÚ: _____.

GLORIA: Voy a darte ese modelo como regalo de cumpleaños.

TÚ: _____.

EJERCICIO F

Charla   For the following themes, hold a conversation with a classmate or your teacher. The conversation should consist of at least five relevant responses on the part of each participant.

1. You talk to your partner about how you use the computer.

2. You try to convince your partner to buy a cellular phone.

EJERCICIO G

Actividad   Speak to your teacher about starting an Internet club to correspond with Spanish-speaking students in other parts of the world. On a bulletin board, display examples of correspondence received.

EJERCICIO H

Español Práctico   From your local telephone company, obtain a booklet in Spanish that describes the services offered. Explain the booklet to a friend who does not know Spanish.

LANGUAGE STRUCTURE

◆ **Numbers 30 – 100**

Learn the following numbers:

30 treinta	70 setenta
40 cuarenta	80 ochenta
50 cincuenta	90 noventa
60 sesenta	100 cien(to)

NOTES:

1. Use **y** to join units to the above numbers.

cuarenta y tres   *forty-three*

setenta y cinco   *sixty-five*

2. One, or a number ending in one, has three possible endings:

un, before a masculine noun

setenta y un libros   *seventy-one books*

uno, when counting or referring to a masculine noun

Veinte y once son treinta y *uno*.   *Twenty plus eleven is thirty-one.*

una, before a feminine noun or when referring to a feminine noun.

cincuenta y *una* muchachas   *fifty-one girls*

3. cien is used directly before a noun.

cien dólares   *a hundred dollars*

ciento is used when a number following it is greater than a hundred.

El director compra *ciento quince* mesas para la cafetería.   *The director buys one hundred fifteen tables for the cafeteria.*

◆ Position of Descriptive Adjectives

Word order in Spanish and English differs at times. One important difference is with descriptive adjectives.

la palabra importante   *the important word*

un auto negro   *a black car*

la casa pequeña   *the small house*

Notice that descriptive adjectives in English precede the nouns that they modify; while in Spanish, most descriptive adjectives follow the nouns that they modify.

Two important exceptions are **bueno** and **malo**, which may be used before the noun as well as after.

la mala noticia   *the bad news*

la buena panadería   *the good bakery*

When used before a masculine singular noun, **bueno** becomes **buen** and **malo** becomes **mal**.

el buen pastel   *the good cake*

el mal hijo   *the bad son*

EJERCICIO I

Pattern Drills

1. Say the first sentence in Spanish and express it in English. Repeat the Spanish sentence, replacing the words in italics with each of the listed alternatives. Then, express the sentence in English.

   a. Voy a comprar una *computadora.*   _____

      (1) un teléfono celular   _____

        _____

      (2) un teléfono inalámbrico   _____

        _____

      (3) un receptor rojo   _____

        _____

(4) una computadora portátil

_____

_____

b. El estudiante desea *aceptar el pago.*

_____

(1) colgar el receptor

_____

_____

(2) esperar la señal para marcar

_____

_____

(3) usar el teléfono público

_____

_____

(4) hablar con la telefonista

_____

c. Para comunicarse con su amigo, Silvia *marca un número.*

_____

(1) manda una carta

_____

_____

(2) usa el correo electrónico

_____

_____

(3) escribe un mensaje

_____

_____

(4) consulta con la guía telefónica

_____

d. En nuestra casa tenemos *cortinas rojas.*

_____

(1) un comedor grande

_____

_____

    (2) un buen televisor   _____

                                        _____

    (3) sillas cómodas   _____

                                        _____

    (4) muebles modernos   _____

                                        _____

Ejercicio J

Using the models below, state the equations in Spanish.

EJEMPLOS: $43 + 51 = 94$ **cuarenta y tres y cincuenta y uno son noventa y cuatro**

                $84 - 22 = 62$ **ochenta y cuatro menos veintidós son sesenta y dos**

1. $37 + 42 = $ _____   _____

2. $29 + 67 = $ _____   _____

3. $58 + 12 = $ _____   _____

4. $46 + 38 = $ _____   _____

5. $62 + 24 = $ _____   _____

6. $96 - 32 = $ _____   _____

7. $71 - 44 = $ _____   _____

8. $68 - 31 = $ _____   _____

9. $57 - 23 = $ _____   _____

10. $85 - 52 = $ _____   _____

EJERCICIO K

Place the descriptive adjective given correctly in the sentence and express the sentence in English.

1. (bondadoso) Mi tío es un hombre.

_____

_____

2. (largos) A veces mandan mensajes.

_____

_____

3. (mal) Tengo una computadora.

_____

_____

4. (apropiadas) Hay que hacer tres llamadas.

_____

_____

5. (difícil) Es un libro.

_____

_____

6. (ocupada) No puedo usar una línea.

_____

_____

7. (interesantes) Clara recibe mensajes electrónicos.

_____

_____

8. (amarillo) Ricardo lleva un suéter.

_____

_____

9. (caro) Felipe compra un reloj.

_____

_____

10. (inalámbrico) Juan quiere usar un teléfono.

_____

_____

Ejercicio L

Composición   Using the words and expressions that you have learned, express the following sentences in Spanish. Write out numbers in letter form.

1. With his useful computer, Juan sends a hundred messages each week.

_____

2. They are going to buy a good cell phone in the store on 58th street (the street fifty eight).

_____

3. Clara picks up the receiver when the phone rings. It is a long-distance collect call from her cousin in Mexico.

_____

4. On (the) page ninety-two of the telephone directory there is an advertisement for a store that sells computers. Pablo sees a laptop and wants it.

_____

5. When I hear the dial tone, I know that I can dial the number of my nice friend Felipe.

_____

6. I never hang up the receiver when my sister telephones. I always accept the charges.

_____

7. There are 41 messages on the Internet. Therefore (**por eso**) I am going to be a very busy boy tomorrow with my e-mail.

_____

8. What's new? I have a cordless phone that I use when I prepare a difficult lesson.

_____

9. There is an appropriate story (**cuento**) on (the) page seventy-two. (It) is new and not very difficult. Have patience. At times, I have to wait thirty-five minutes to (**para**) use a public telephone.

_____

Refrán	
Cada uno habla como quien es.	_What you say reflects who you are._

Conversación
|25|
Una cita

¿Qué pasa?	The three friends discuss plans for dates.
Aprendes:	Agreement of descriptive adjectives with the nouns that they modify

Vocabulario

la cita *date, appointment*
el novio *boyfriend, sweetheart*
la novia *girlfriend, sweetheart*
guapo(-a) *handsome*
la chica *young girl*
bonito(-a) *pretty*
el cupo *room* (capacity)
cercano(-a) *nearby*
tocar *to play* (music, instrument)
placentero(-a) *pleasant*
estupendo(-a) *terrific*

escoger *to choose*
maravilloso(-a) *marvelous*
hacer juego con *to match*
el obsequio *gift*
fragante *fragrant, sweet smelling*
el clavel *carnation*
de vez en cuando *from time to time*
la cajita *little box*
el caramelo *candy*
dulce *sweet*
inolvidable *unforgettable*

Conversación

ELENA: Esta noche tengo una cita con mi novio guapo, Ricardo.

PEDRO: Y yo va a salir con Clara, la chica bonita que trabaja en la biblioteca.

ESTUDIANTE: Yo tengo una cita con _____.

ELENA: ¡Qué coincidencia fantástica! Pues vamos juntos. Podemos usar la minivan de Ricardo. Hay cupo para seis.

PEDRO: ¿Adónde vamos? A ver... el cine es divertido y dan una película muy cómica. También conozco una discoteca cercana en la Calle Sesenta y Tres donde tocan música latina muy placentera.

ELENA: Varios amigos dan fiestas estupendas esta noche y también podemos escoger entre varios conciertos maravillosos de música popular.

ESTUDIANTE: Yo prefiero ir _____.

348

ELENA:	¿Qué vas a llevar esta noche, Pedro?
PEDRO:	Voy a llevar un traje azul con una corbata azul, calcetines azules y voy a escoger una de mis camisas azules.
ELENA:	Te gusta mucho ese color, ¿no?
PEDRO:	Sí. Y hace juego con los ojos bellos de Clara.
ELENA:	Cuando tenemos una cita, Ricardo generalmente me trae un obsequio – a veces flores fragantes. Me gustan los claveles rosados. De vez en cuando tiene un libro interesante para mí.
PEDRO:	Sí. Ricardo es tan generoso... yo tengo que traerle a Clara algo agradable. Ah, sí, voy a darle a ella una cajita de caramelos muy dulces.
ELENA:	¡Qué buena idea!
PEDRO:	¿A qué hora salimos?
ELENA:	Venimos por Uds. a las siete. Con este grupo de seis amigos vamos a pasar una noche inolvidable.
ESTUDIANTE:	Me gustan las citas porque _____.
PEDRO:	Adiós, hasta luego.

Vocabulario adicional

el abrazo   *hug, embrace*
el beso   *kiss*
cogidos de manos   *holding hands*
el combo   *small musical group*
la diversión   *amusement*
ir a escote   *to go "Dutch" treat,*
  sharing expenses

la pareja   *couple*
el parque de atracciones   *amusement park*
la playa   *beach*
la reserva   *reservation (restaurant)*

Ejercicio A

Complete the following sentences based on the **Conversación** and express them in English.

1. Elena tiene una cita con _____.

_____

2. Clara trabaja en la _____.

_____

3. Hay _____ para seis en la minivan de Ricardo.

   _____

4. La _____ que dan en el cine es muy cómica.

   _____

5. En la discoteca tocan _____ latina.

   _____

6. En la cita, Pedro va a llevar un traje _____.

   _____

7. Cuando tienen una cita, Ricardo generalmente le da a Elena un _____.

   _____

8. Pedro va a darle a Clara una cajita de _____.

   _____

9. Los seis van a _____ a las siete.

   _____

10. Según Elena, van a pasar una noche _____.

    _____

Ejercicio B

Answer the following questions, based on the **Conversación**.

1. ¿Con quién tiene Pedro una cita?

   _____

2. ¿Qué vehículo van a usar para la cita?

   _____

3. ¿Dónde tocan musica latina?

   _____

4. ¿Quiénes dan fiestas estupendas?

   _____

5. ¿Cómo son los concierto de música popular?

_____

6. ¿Cuál es el color favorito de Pedro?

_____

7. ¿Con qué hace juego la ropa de Pedro?

_____

8. ¿Qué tipo de flores prefiere Elena?

_____

9. ¿A qué hora vienen Elena y Ricardo por los otros?

_____

10. ¿Quién dice que las citas son agradables?

_____

EJERCICIO C

Preguntas Personales

1. ¿Con quién(es) tienes citas?

_____

2. ¿Cómo debe ser la persona con quien tienes una cita?

_____

3. ¿Cuál es tu lugar favorito para una cita?

_____

4. ¿Quién paga cuando sales en una cita?

_____

5. ¿Por lo general, a qué hora regresas de una cita?

_____

Ejercicio D

Using the words and expressions of the **Conversación**, make up five sentences in Spanish describing the picture below.

_____

_____

_____

_____

_____

EJERCICIO E

Diálogo   You are speaking to your cousin Ramón about your social life.

RAMÓN: ¿Te gusta tener citas?

TÚ: _____

RAMÓN: ¿Con quién o quiénes sales?

TÚ: _____

RAMÓN: ¿Cuántas veces por semana tienes citas?

TÚ: _____

RAMÓN: ¿Cuál es tu lugar favorito para una cita?

TÚ: _____

RAMÓN: Si vas a un restaurante, ¿qué tipo de comida prefieres?

TÚ: _____

RAMÓN: ¿Adónde van Uds. para oír música?

TÚ: _____

RAMÓN: ¿Qué tipo de película prefieres ver cuando vas al cine?

TÚ: _____

RAMÓN: ¿Te gusta salir con una persona o con otras parejas jóvenes?

TÚ: _____

RAMÓN: ¿Qué medio de transportación usan Uds.?

TÚ: _____

RAMÓN: ¿En una cita, quién paga los gastos (expenses)?

TÚ: _____

EJERCICIO F

Charla   For the following themes, hold a conversation with a classmate or your teacher. The conversation should consist of at least five relevant responses on the part of each participant.

1. You tell your partner what your dates are like.

2. You try to arrange a date between your partner and your cousin.

EJERCICIO G

Actividad   Imagine a section of your class magazine in Spanish where you describe yourself, your interests and activities with the purpose of interesting someone in asking you on a date. Write this description of yourself.

EJERCICIO H

Español Práctico   Read the following letter to a **"Consultorio sentimental"** (personal advice) column of a newspaper and its corresponding answer. Explain them to a friend who does not know Spanish.

Querida Doctora Amore

Tengo catorce años y me gusta mucho una de las muchachas de mi escuela.
Ella tiene catorce años y está en mi tercera clase del día.
Es una joven muy amable, inteligente, simpática y alegre. Baila muy bien y participa activamente en muchos deportes y actividades académicas.

Yo soy serio, estudioso, trabajador y sincero. Mi problema es que soy muy tímido. Yo quiero salir con ella, pero no puedo iniciar una conversación.
¿Qué puedo hacer? Ayúdeme, por favor.

Sinceramente,
Juan P. (Guadalajara, México)

Querido Juan:

¡Eres un gran chico! Debes tener más confianza. Las chicas prefieren un muchacho como tú, serio y trabajador. ¿Por qué no le escribes una nota? Si tienes miedo, ¿por qué no organizas una fiesta en tu casa y la invitas?
Buena suerte.
Doctora Amore

LANGUAGE STRUCTURE

◆ **Agreement Between Descriptive Adjectives and Nouns**

In previous lessons, you have learned that limiting adjectives, such as the definite and indefinite articles, agree in number and gender with the nouns that they modify.

el libro	*un* auto
la pluma	*una* pluma
los papeles	*unos* amigos
las mesas	*unas* plumas

This was also the case with demonstrative adjectives, for example, *this* and *that*.

este libro	*ese* libro
esta pluma	*esa* pluma
estos papeles	*esos* libros
estas mesas	*esas* mesas

Descriptive adjectives also agree in number and gender with the nouns that they modify. Most fall into three categories, on the basis of their final letter. Remember that they usually follow a noun:

1. Adjectives ending in **o**, such as **amarillo**.

	SINGULAR	PLURAL
MASCULINE	un aut*o* amarill*o*	dos aut*os* amarill*os*
FEMININE	una corbat*a* amarill*a*	dos corbat*as* amarill*as*

2. Adjectives ending in **e**, such as **agradable**.

	SINGULAR	PLURAL
MASCULINE	un homb*re* agradab*le*	dos homb*res* agradab*les*
FEMININE	una comid*a* agradab*le*	dos comid*as* agradab*les*

3. Most adjectives ending in a consonant, such as **fácil**.

	SINGULAR	PLURAL
MASCULINE	un libr*o* fáci*l*	dos libr*os* fáci*les*
FEMININE	una lecci*ón* fáci*l*	dos leccion*es* fáci*les*

To summarize: when the masculine singular form of the adjective ends in **o**, the other three forms end in **a**, **os**, and **as**.

When the masculine singular form of the adjective ends in **e**, this is used with all singular nouns and **es** is used with all plural nouns.

When the masculine singular form of an adjective ends in a consonant, the same form is generally used for the feminine singular and **es** is added for all plural forms.

EJERCICIO I

Pattern Drills

1. Say the first sentence in Spanish and express it in English. Then, repeat the Spanish sentence, replacing the words in italics with each of the listed alternatives. Then, express the sentence in English.

   a. María quiere tener una *cita inolvidable.*

   _____

   (1) un obsequio bonito

   _____

   _____

   (2) los claveles fragantes

   _____

   _____

   (3) una cajita de caramelos dulces

   _____

   _____

   (4) muchas diversiones

   _____

   _____

   b. En nuestra cita vamos *al café.*

   _____

   (1) al parque de atracciones

   _____

   _____

   (2) a la playa

   _____

   _____

(3) al escote

_____

_____

(4) a estar cogidos de la mano

_____

_____

(5) con otra pareja

_____

_____

c. Cuando Rosita le dice adiós a
Pedro, le da _un beso._

_____

(1) un abrazo

_____

_____

(2) un libro

_____

_____

(3) unas palabras placenteras

_____

_____

(4) su número de teléfono

_____

_____

(5) un obsequio

_____

_____

d. Antes de salir con Gloria, Esteban
hace reservas en un restaurante.
(1) se pone una corbata que hace
juego con su camisa

_____

_____

(2) escoge flores rosadas para ella

_____

_____

(3) decide ir a un cine cercano _____

_____

(4) compra caramelos para ella _____

_____

2. Say the original sentence in Spanish and then express it in English. Restate the sentence making sure that the adjective agrees with the new noun. Then express the new sentence in English.

a. Tengo *una cita* importante. _____

(1) unos libros _____

_____

(2) un amigo _____

_____

(3) una lección _____

_____

(4) dos preguntas _____

_____

b. En el libro hay *palabras* fáciles. _____

(1) un capítulo _____

_____

(2) una tarea _____

_____

(3) conceptos _____

_____

(4) conversaciones _____

_____

c. Ella va al almacén para comprar
   un vestido amarillo.

    (1) dos blusas

_____

_____

    (2) un cuaderno

_____

_____

    (3) una pluma

_____

_____

    (4) zapatos

_____

_____

EJERCICIO J

Rewrite the sentence, inserting in its proper place the correct form of the adjective given to modify the highlighted noun. Then, express the sentence in English.

1. Carla va a comprar una *blusa.*   (rojo)

_____

_____

2. En el cine dan dos *películas.*   (estupendo)

_____

_____

3. De vez en cuando hay un *concierto.*   (inolvidable)

_____

_____

4. Me gusta comer *pasteles.*   (dulce)

_____

_____

5. Hoy tenemos un *examen*.   (difícil)

_____

_____

6. Margarita recibe *claveles* de su novio.   (fragante)

_____

_____

7. Ellos van a las *playas*.   (bonito)

_____

_____

8. El combo toca *música*.   (placentero)

_____

_____

9. Luz y Raquel son sus *tías*.   (simpático)

_____

_____

10. Enrique recibe *abrazos* de su abuela.   (cordial)

_____

_____

EJERCICIO K

Replace the highlighted noun with the one given and change the adjective to agree with
the new noun. Then, express the sentence in English.

1. Carlos tiene *un auto* maravilloso.   (una casa)

_____

_____

2. Vamos a escoger *dos camisas* azules.   (un traje)

_____

_____

3. Clara recibe *un reloj* bonito de sus padres.   (vaqueros)

_____

_____

4. Hoy visitamos *un parque* cercano.   (una playa)

_____

_____

5. Francisco tiene una cita con *una alumna* bonita.   (señoritas)

_____

_____

6. Ellos tienen reservas en *un hotel* placentero.   (un restaurante)

_____

_____

7. Guillermo y Flora van al escote a *un concierto* popular.   (comedias)

_____

_____

8. Tu compras *rosas* bonitas como un obsequio.   (claveles)

_____

_____

9. Siempre me gusta *un libro* interesante.   (una novela)

_____

_____

10. Ellos admiran a *los alumnos* simpáticos.   (las parejas)

_____

_____

EJERCICIO L

Express in Spanish the correct form of the adjective given. Be sure that it agrees with the highlighted noun. Place it correctly in the sentence and express the complete sentence in English.

1. Pedro tiene una *chaqueta*.   (*green*)

_____

_____

2. Tenemos muchos *libros* en la biblioteca.   (*marvelous*)

_____

_____

3. Juan siempre escoge *caramelos*.   (*sweet*)

_____

_____

4. Oímos *la música*.   (*pleasant*)

_____

_____

5. Carlos es su *primo*.   (*handsome*)

_____

_____

6. La chica tiene un *tío*.   (*poor*)

_____

_____

7. En la lección hay muchas *frases.* (*easy*)

_____

_____

8. Conozco a la *novia* de Gerardo. (*pretty*)

_____

_____

9. Visitan las *playas.* (*popular*)

_____

_____

10. «Los tres caballeros» es *una película.* (*unforgettable*)

_____

_____

EJERCICIO M

Composición   Using the words and expressions that you have learned, express the following in Spanish.

1. On their date, the sweethearts are going to an amusement park that (**que**) is near a terrific beach.

_____

2. If there is room, we are going to use Juan's car because the pleasant cafe on 84th Street, where we have reservations is in another (**otro**) neighborhood.

_____

3. The handsome couple is very nice. They are holding hands and they walk together in the nearby park.

_____

4. The little box is a small gift. (It) contains sweet candies and you (informal) must choose one.

_____

5. Those fragrant carnations are pink and they match Clara's beautiful dress.

_____

6. I don't have much money and on the date we are going Dutch but I know that the night is going to be unforgettable.

_____

7. We receive cordial kisses from our grandparents when we visit them in their marvelous houses.

_____

8. The popular students like the entertaining music of the small musical group. They play Latin music.

_____

9. Felipe wants to go out with two attractive girls in his class. One has (**los**) blue eyes and the other (**los**) green eyes.

_____

10. From time to time I can help with your difficult lessons, but afterwards I want to go to the movies.

_____

Refrán	
El primer amor es el mejor.	*The first love is the best.*

CONVERSACIÓN

|26|

La peluquería

¿Qué pasa?	The three friends go to the hair stylist's.
Aprendes:	Using the familiar singular imperative

VOCABULARIO

la peluquería   *hair salon, barbershop*
el corte de pelo   *haircut*
el pelo   *hair*
ve   *go* (familiar command; from **ir**)
no salgas   *don't leave* (familiar command; from **salir**)
sin   *without*
el paraguas   *umbrella*
llover   *to rain*
el (la) peluqero(a)   *hair stylist*
el peinado   *hairstyle*
rubio(-a)   *blond*
rizado(-a)   *curly*
oscuro(-a)   *dark*
lacio(-a)   *straight*
la morena   *brunette*
la portada   *cover* (book, magazine)
favor de + infinitive   *please...*
no temas   *don't fear* (familiar command; from **temer**)
di   *tell* (familiar command; from **decir**)
pon   *put* (familiar command; from **poner**)
el colgador   *hook* (clothing)
el sillón   *barber's chair*
debe dejarme el pelo largo
   you should leave my hair long

recortar   *to trim*
el lado   *the side*
las tijeras   *scissors*
la navaja   *razor*
cuesta   *it costs* (from **costar**)
ganas   *you earn* (familiar from **ganar**)
sé   *be* (familiar command; from **ser**)
prudente   *wise*
gastar   *to spend* (money)
la compra   *purchase*
el ahorro   *saving*
el consejo   *advice*
la raya   *part* (hair)
a la derecha   *to the right*
a la izquierda   *to the left*
¡hecho y derecho!   *done (finished)*
el espejo   *mirror*
reconocerme   *to recognize me*

Conversación

ELENA: Voy a la peluquería de don Carlos hoy. Me gusta porque puedo hacer una cita y no tengo que esperar.

PEDRO: Aunque tú vas a la peluquería cada dos semanas, te acompaño cuando necesito un corte de pelo, una vez al mes.

ELENA: [Al (a la) estudiante] Ve con nosotros, pero no salgas sin tu paraguas porque va a llover.

ESTUDIANTE: Yo los acompaño porque _____.

* * * * *

PELUQUERO: Ven Elena, es tu turno. ¿Cómo quieres el peinado?

ELENA: Primero quiero un champú. Luego Ud. puede darme el peinado atractivo que tiene mi estrella favorita, Gloria Sánchez.

PELUQUERO: No insistas en eso porque ella tiene el pelo rubio y rizado y tú lo tienes lacio y oscuro.

ELENA: En ese caso, Ud. puede copiar el peinado de la morena que está en la portada de esta revista. Favor de seguir mis instrucciones exactas.

PELUQUERO: No temas. Vas a ser la muchacha más bella de tu clase.

* * * * *

PELUQUERO: [Al (a la) estudiante] Di la verdad, ¿te gusta el peinado de Elena?

ESTUDIANTE: _____

* * * * *

PELUQUERO: Ahora Pedro, pon tu chaqueta en el colgador y toma asiento en el sillón. ¿Cómo deseas el corte?

PEDRO: Ud. debe dejarme el pelo largo y recortar un poquito los lados.

PELUQUERO: ¿Quieres un corte con tijeras o el especial con navaja?

PEDRO: ¿Cuál es la diferencia?

PELUQUERO: El especial cuesta el doble e incluye un champú.

PEDRO: No puedo decidir. [Al (a la) estudiante] ¿Qué dices?

ESTUDIANTE: _____

PELUQUERO: Mira joven, no ganas mucho dinero. Sé prudente. No gastes tu dinero en el especial. Divide tu dinero entre compras y ahorros para conseguir algo importante el año próximo.

PEDRO: Gracias por su buen consejo. Mi papá siempre me dice: Divide tu dinero entre compras y ahorros para conseguir algo importante el año próximo.

* * * * *

PELUQUERO: ¿Dónde quieres la raya, a la derecha o a la izquierda?

PEDRO: No deseo una raya, por favor. me gustan los peinados más naturales.

PELUQUERO: ¡Hecho y derecho! ¿Quieres usar el espejo?

PEDRO: ¡Estupendo! Mi familia y mis amigos no van a reconocerme. Van a pensar que soy una estrella de cine. Pues, don Carlos, aquí tiene el dinero y una propina generosa.

PELUQUERO: Gracias Pedro. [A (a la) estudiante] ¿Y qué quieres, joven?

ESTUDIANTE: _____

Vocabulario adicional

la barba *beard*
el bigote *mustache*
el cepillo para el pelo *hairbrush*
enjuagar *to rinse*
lavar *to wash*

la maquinilla cortapelos *hair clipper*
la patilla *sideburn*
el peine *comb*
pelirrojo(-a) *red-haired*
teñir *to dye*

Ejercicio A

Complete the following sentences based on the **Conversación** and express them in English.

1. Elena no tiene que esperar en la peluquería porque tiene una _____.

_____

2. Pedro necesita un corte de pelo una vez al _____.

_____

3. El (la) estudiante _____ a Elena y a Pedro.

_____

4. La estrella favorita de Elena es _____.

_____

5. Elena tiene el pelo oscuro y _____.

_____

6. El peluquero copia el _____ de la señorita que está en la portada de la revista.

_____

7. Pedro desea el pelo _____.

_____

8. El corte especial cuesta el _____.

_____

9. Pedro decide que no va gastar el _____ extra.

_____

10. Finalmente Pedro le da al peluquero su dinero y una _____.

_____

EJERCICIO B

Answer the following questions, based on the **Conversación**.

1. ¿Con quiénes va Elena a la peluquería?

_____

2. ¿Según Elena, que debe llevar el (la) estudiante?

_____

3. ¿Qué quiere Elena primero?

_____

4. ¿Cómo es el pelo de Gloria Sánchez?

_____

5. ¿Qué debe poner Pedro en el colgador?

_____

6. ¿Qué corte cuesta más?

_____

7. ¿Según el peluquero, cómo debe Pedro dividir su dinero?

_____

8. ¿Por qué prefiere Pedro un peinado sin raya?

_____

9. ¿Qué usa Pedro para mirar el peinado?

_____

10. ¿Quiénes no van a reconocer a Pedro?

_____

EJERCICIO C

Preguntas Personales

1. Describe tu pelo.

_____

2. ¿Cuántas veces al mes vas a la peluquería?

_____

3. ¿Cómo es tu peluquero(-a)?

_____

4. ¿Qué le dices al peluquero (a la peluquera) acerca del estilo de peinado que quieres?

_____

5. ¿Cuándo le das una propina al peluquero (a la peluquera)?

_____

EJERCICIO D

Using words and expressions of the **Conversación**, make up five sentences in Spanish describing the picture below.

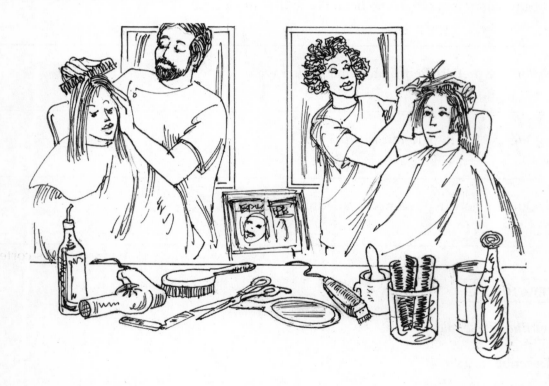

_____

_____

_____

_____

_____

EJERCICIO E

Diálogo   You are calling a hair stylist to make an appointment for the first time.

PELUQUERA: Peluquería Venus y Marte, ¿quién habla?

TÚ: _____

PELUQUERA: ¿En qué puedo servirte?

TÚ: _____

PELUQUERA: ¿Es tu primera visita a Venus y Marte?

TÚ: _____

PELUQUERA: Necesito tu número de teléfono.

TÚ: _____

PELUQUERA: Describe su pelo.

TÚ: _____

PELUQUERA: ¿Quién te recomienda nuestra peluquería?

TÚ: _____

PELUQUERA: Ofrecemos una variedad de servicios: arreglamos peinados, damos cortes de pelo y podemos teñir tu pelo. ¿Qué quieres?

TÚ: _____

PELUQUERA: ¿Tienes una foto de una persona con el estilo de peinado que prefieres?

TÚ: _____

PELUQUERA: Tenemos un servicio especial que incluye champú y manicura.

TÚ: _____

PELUQUERA: Tienes una cita para el viernes a las dos de la tarde. Favor de llegar a tiempo porque tenemos muchos clientes.

TÚ: _____

EJERCICIO F

Charla　For the following themes, hold a conversation with a classmate or your teacher. The conversation should consist of at least five relevant responses on the part of each participant.

1. Each of you talk about the hair stylist that you use.

2. You try to persuade your partner that he/she needs to go to the hair stylist before the party on Saturday.

EJERCICIO G

Actividad　Prepare a poster in Spanish to advertise a hair salon called **El Arco Iris** (*The Rainbow*).

EJERCICIO H

Español Práctico　Read the following information in Spanish about hair care and explain it to a friend who does now know Spanish.

ALGUNOS CONSEJOS PARA EL CUIDADO DE TU PELO

1. Primero, debes considerar que las dietas, el estrés y los cambios hormonales dicen mucho de la salud de tu pelo.

2. Toma vitaminas A, E y H, ya que con ellas puedes hidratar, tonificar y darle fuerza al pelo.

3. Considera que para tener un pelo 100% sano, debes tomar minerales como el hierro, el cobre, el potasio y el magnesio.

4. Selecciona con cuidado los champús y otros productos; recuerda que cada persona es diferente y cada champú funciona según el tipo de pelo.

5. Ante de lavarte el pelo debes:

   • Cepillarlo con cuidado.
   • Usar agua tibia (para obtener un un brillo muy bonito).
   • Finalmente, si deseas utilizar un secador de pelo, no uses aire muy caliente.

LANGUAGE STRUCTURE

◆ **The Familiar Singular Imperative**

The imperative form is used when giving commands. Some examples in English are:

Open the door.   *Read* the assignment.   *Study* the lesson.

Note that in English the subject (*you*) is understood. The same is true for the familiar imperative in Spanish.

Abre la puerta.   Lee la tarea.   Estudia la lección.

When giving a command to ONE person you know on a familiar basis, two forms are used: one for the affirmative command and one for the negative.

With most verbs, the affirmative form is derived from the **el / ella-**form of the present tense.

INFINITIVE	PRESENT TENSE EL / ELLA-FORM	MEANING
tomar	tom*a*	*take*
comer	com*e*	*eat*
escribir	escrib*e*	*write*

In negative command forms, the final vowel is dropped from the affirmative familiar command. **-Es** is added to **-ar** verbs and **-as** to **-er** and **-ir** verbs.

INFINITIVE	NEGEATIVE COMMAND	MEANING
tomar	no tom*es*	*don't drink*
comer	no com*as*	*don't eat*
escribir	no escrib*as*	*don't write*

Note that the following verbs have irregular forms in the negative. The affirmative is the **él/ella-**form of the present tense:

INFINITIVE	NEGATIVE COMMAND		AFFIRMATIVE COMMAND	
oír	no oigas	*don't hear*	oye	*listen*
traer	no traigas	*don't bring*	trae	*bring*
estar	no estés	*don't be*	esta	*be*

◆ **Familiar Commands of Frequently Used Irregular Verbs**

INFINITIVE	AFFIRMATIVE COMMAND	NEGATIVE COMMAND
decir	**di** *say, tell*	**no digas** *don't say / tell*
ir	**ve** *go*	**no vayas** *don't go*
hacer	**haz** *do, make*	**no hagas** *don't do / make*
poner	**pon** *put*	**no pongas** *don't put*
salir	**sal** *leave, go out*	**no salgas** *don't leave / go out*
ser	**sé** *be*	**no seas** *don't be*
tener	**ten** *have*	**no tengas** *don't have*
venir	**ven** *come*	**no vengas** *don't come*

EJERCICIO I

Pattern Drills

1. Repeat the Spanish sentence replacing the words in italics with each of the listed alternatives. Then, express the sentence in English.

a. Me gusta mucho *esta peluquería.* _____

   (1) el consejo de Enrique _____

   _____

   (2) el paraguas de Martín _____

   _____

   (3) el peinado de Carmen _____

   _____

   (4) la portada de la revista _____

   _____

b. Silvia tiene el pelo *rubio.*

    (1) rizado

    (2) bonito

    (3) lacio

    (4) oscuro

    (5) sin raya

c. Mi peluquero siempre usa
las tijeras.

    (1) la navaja

    (2) el peine

    (3) el cepillo de cabeza

    (4) la maquinilla cortapelos

    (5) un paraguas cuando va a llover

    d. A Clara le van a *secar* el pelo
ahora.

        (1) enjuagar

        (2) lavar

        (3) recortar

        (4) teñir

Ejercicio J

Change the following informal commands from the affirmative to the negative and vice
versa. Then, express the sentence in English.

  1. Usa el colgador.

  2. No abras el paraguas.

  3. No invites a la pelirroja.

  4. Mira el bigote de Pedro.

5. Ve a la peluquería.

_____

6. No vendas el libro.

_____

7. Sal de tu casa.

_____

8. Come en aquel restaurante.

_____

9. No hagas la tarea ahora.

_____

10. Ten prisa.

_____

11. No estés en la escuela antes de las ocho

_____

12. Ven conmigo a la peluquería

_____

13. No seas el novio de María

_____

14. No traigas un espejo

_____

15. Oye música mañana

_____

EJERCICIO K

Change the following sentences of obligation to informal commands and express them in English.

1. Debes decir la verdad.

   _____

   _____

2. No debes traer las tijeras.

   _____

   _____

3. Debes insistir en usar el espejo.

   _____

   _____

4. Debes ser muy prudente.

   _____

   _____

5. No debes estar en la localidad
   a la derecha.

   _____

   _____

6. Debes pagar tus compras.

   _____

   _____

7. No debes temer el examen.

   _____

   _____

8. Debes poner tus ahorros en el banco.

   _____

   _____

9. No debes venir a mi casa sin Juan.

   _____

   _____

10. Debes hacer tu tarea ahora.

    _____

    _____

EJERCICIO L

Express in forms in parentheses as informal commands in Spanish and express the complete sentence in English.

1. _____ las cartas hoy.
          (*send*)

_____

2. _____ el champú después de recortar el pelo.
          (*open*)

_____

3. _____ la barba del hombre en el cuadro.
          (*look at*)

_____

4. No _____ a la izquierda sin mirar el trafico.
          (*go*)

_____

5. _____ hecho y derecho y podemos salir.
          (*say*)

_____

6. No _____ todas las palabras hoy.
          (*learn*)

_____

7. No _____ la maquinilla cortapelos ahora.
          (*use*)

_____

8. _____ el pelo más rizado.
          (*make*)

_____

9. No _____ las patillas largas.
  (have)

_____

10. No _____ con ese lápiz.
  (write)

_____

Ejercicio M

Composición   Using the words and expressions that you have learned, express the following in Spanish. Assume that all commands given are familiar singular.

1. Open the bottle of shampoo. Wash, rinse, and dry the hair of the redhead girl who (**que**) is in the barber's chair.

_____

2. Don't speak with the brunette. The blond girl who works here knows the prices of all the hair brushes and the combs.

_____

3. Go to the hair stylist's and say that (**que**) your hair is dark and straight and you want an unforgettable hair style.

_____

4. When Don Alfonso uses the scissors and a razor, my haircut costs a lot. I prefer the clippers when he trims the sides a little.

_____

5. Write a letter today. Ask in the store about the man who has a mustache and a gray beard.

_____

6. Put your coat on the hook and do the assignment in the library. Don't leave until 4 o'clock.

_____

7. Be wise. My advice is, don't spend all the money that you earn. Have something (**algo**) for savings and important purchases.

_____

8. Don't come to the left because to the right you can park the car.

_____

9. Don't read the magazine with the cover with a man with (**las**) long sideburns. (It) is for (**para**) students who (**que**) are learning English.

_____

10. Finished! My friends are not going to recognize me. Now I have to dye my umbrella to (**para**) match my hair!

_____

Refrán
La belleza dura poco tiempo, pero la bondad nunca se olvida.	_Beauty lasts a short time, but kindness is never forgotten._

CONVERSACIÓN
|27|
El taxi

¿Qué pasa?   The three friends take a taxi to the airport.

Aprendes: Using the polite imperative (singular and plural)

VOCABULARIO

encontrar *to meet*
el avión *the airplane*
libre *free, not in use*
el (la) taxista *cabdriver*
vaya *go* (polite command; from **ir**)
cuanto antes *as soon as possible*
tenga cuidado *be careful* (polite command; from **tener cuidado**)
sano(-a) y salvo(-a) *safe and sound*
sean *be* (polite command; from **ser**)
ponga atención *pay attention* (polite command; from **poner atención**)
la ruta *route*
doble *turn* (polite command; from **doblar**)
la carretera *highway*
pare *stop* (polite command; from **parar**)

la entrada principal *main entrance*
espere *wait* (polite command; from **esperar**)
comprendan *understand* (polite command; from **comprender**)
abran *open* (polite command; from **abrir**)
la portezuela *car door*
regrese *return* (polite command; from **regresar**)
el portaequipaje *trunk* (automobile)
bajen *get out / off* (familiar plural command; from **bajar**)
delantero(-a) *front* (adjective)
menos *less*
de vuelta *return* (trip)
cuenta *it counts* (from **contar**)
tome *take* (polite command; from **tomar**)

CONVERSACIÓN

ELENA: Pedro, ¿qué hora es? Tengo que ir al aeropuerto para encontrar a mi prima Caterina, que viene de Philadelphia. Su avión va a llegar a las cinco y media.

PEDRO: ¡Caramba! Ya son las cinco menos veinte. Es muy tarde. Vamos a tomar un taxi. Hay uno libre en la esquina.

ESTUDIANTE: Es una buena idea tomar un taxi porque _____.

* * * * *

TAXISTA: ¿Adónde quieren Uds. ir?

ELENA: Vaya al aeropuerto municipal cuanto antes; pero tenga cuidado porque deseamos llegar sanos y salvos.

TAXISTA: No sean impacientes en llegar al aeropuerto. Tengo que pasar por el centro de la cuidad es la hora punta.

ELENA: Ponga atención a mis instrucciones y podemos llegar en cuarenta minutos.

TAXISTA: Favor de explicar la ruta.

ELENA: Doble la esquina a la derecha y continúe por diez cuadras hasta la Avenida Álamo. Luego doble a la izquierda y vaya derecho cinco cuadras hasta la carretera que va al aeropuerto.

* * * * *

TAXISTA: Pues, aquí estamos en el aeropuerto.

ESTUDIANTE: Señor taxista, Ud. conduce _____.

ELENA: Vaya donde dice «Terminal A» y pare delante de la entrada principal.

PEDRO: Vamos a entrar para ayudar a Caterina con su equipaje. (Al taxista) Por favor, espere aquí con nuestro(a) amigo(a) en el taxi.

TAXISTA: Comprendan que sigue el metro mientras que los espero. Abran la portezuela y bajen con cuidado, hay mucho tráfico ahora.

ESTUDIANTE: (al taxista) Es difícil conducir un taxi en la cuidad porque _____.

* * * * *

ELENA: Aquí estamos. (Al taxista) Ponga el equipaje de Caterina en el portaequipaje por favor y regrese a mi casa. Pedro, toma el asiento delantero. (Al/ a la estudiante) Di hola a mi prima Caterina.

CATERINA: Mucho gusto en conocerte.

ESTUDIANTE: _____

* * * * *

TAXISTA: ¿Es ésta su casa, señorita?

CATERINA: ¡Qué casa tan bonita!

ELENA: Sí, gracias Caterina. (Al / a la estudiante) No dejes nada en el taxi. Como Uds. ven, con menos tráfico el viaje de vuelta es bastante rápido. (Al taxista) ¿Y cuánto es la tarifa?

TAXISTA: Lee el metro. Cuenta la distancia y el tiempo.

PEDRO: Tome el dinero.

ESTUDIANTE: Y yo quiero añadir una buena propina porque _____.

VOCABULARIO ADICIONAL

el atajo *shortcut*
cobrar *to charge*
el cruce *intersection*
la desviación *detour*
llamar a un taxi *to hail a taxi*
la parada de taxis *taxi stand*

el peaje *toll*
el puente *bridge*
el semáforo *traffic light*
la tarifa redonda *flat rate*
el túnel *tunnel*

EJERCICIO A

Complete the following sentences based on the **Conversación** and express them in English.

1. Elena tiene que ir al _____.

_____

2. Caterina va a _____ a las cinco y media.

_____

3. Los amigos van a tomar un _____.

_____

4. Según el taxista, tienen que pasar por el _____ de la ciudad.

_____

5. Al llegar a la Avenida Alamo, el taxista debe seguir _____ cinco cuadras.

_____

6. En el aeropuerto el taxista para _____ del Terminal A.

_____

7. Pedro y Elena entran para ayudar con el _____.

_____

8. Elena dice que deben regresar a su _____.

_____

9. El viaje de _____ es bastante rápido.

_____

10. El (la) estudiante le da al taxista una buena _____.

_____

EJERCICIO B

Answer the following questions, based on the **Conversación**.

1. ¿Quién es Caterina?

_____

2. ¿Dónde ven un taxi?

_____

3. ¿Cómo desean llegar al aeropuerto?

_____

4. ¿Por qué es difícil pasar por el centro de la cuidad?

_____

5. ¿Quién le explica la ruta al taxista?

_____

6. ¿Adónde van Elena y Pedro mientras el (la) estudiante y el taxista esperan en el taxi?

_____

7. ¿Cómo deben bajar del taxi?

_____

8. ¿Dónde pone el taxista el equipaje de Caterina?

_____

9. ¿Quién dice que la casa de Elena es bonita?

_____

10. ¿Cómo sabe Pedro cuánto le deben al taxista?

_____

Ejercicio C

Preguntas Personales

1. ¿Cuándo tomas un taxi?

_____

2. ¿Cuánto cuesta llegar al centro?

_____

3. ¿Cómo conducen los taxistas?

_____

4. ¿Te gusta hablar con el taxista? ¿Por qué?

_____

5. ¿Cómo decides cuánto dinero le debes dar de propina al taxista?

_____

EJERCICIO D

Using the words and expressions of the **Conversación**, make up five sentences in Spanish describing the picture below.

_____

_____

_____

_____

_____

EJERCICIO E

Diálogo   You hail a taxi because you want to go to a store downtown.

TAXISTA: Hola joven. ¿Adónde quieres ir?

TÚ.:   _____

TAXISTA: ¿Sabes la dirección de la tienda?

TÚ.:   _____

TAXISTA: ¿Qué vas a comprar?

TÚ.: _____

TAXISTA: ¿Vives aquí o eres turista?

TÚ.: _____

TAXISTA: A esta hora hay mucho tráfico.

TÚ.: _____

TAXISTA: Conozco una ruta donde no hay muchos semáforos.

TÚ.: _____

TAXISTA: O podemos pasar por el parque que es muy bello.

TÚ.: _____

* * * * *

TAXISTA: Aquí estamos, sanos y salvos.

TÚ.: _____

TAXISTA: Gracias, ¿y cuánto quieres de vuelta del dinero que me das?

TÚ.: _____

TAXISTA: Cuidado en la calle, hay mucho tráfico.

TÚ.: _____

Ejercicio F

Charla For the following themes, hold a conversation with a classmate or your teacher. The conversation should consist of at least five relevant responses on the part of each participant.

1. You try to convince your partner that you should take a taxi to go to the movies.

2. You explain to your partner why you want to be a taxi driver to help pay college tuition (**la matrícula de la universidad**).

EJERCICIO G

Actividad   Prepare an ad in Spanish for the "**Servicio de Taxi Relámpago.**"

EJERCICIO H

Español Práctico   Read the following ad and explain to a friend who does not know Spanish, what is **Taxis Mariachi** and what services it provides to its customers.

TAXIS MARIACHI

¿Se encuentra de viaje por la Ciudad de México? No se preocupe...
contáctenos y nosotros lo llevamos a cualquier destino dentro del área metropolitana.
Nuestros taxis son cómodos, limpios y modernos.

NUESTROS SERVICIOS:

Además de nuestro servicio de taxi regular, le ofrecemos los siguientes servicios:

- **Mensajero:** Recogemos y transportamos documentos o paquetes dentro de la ciudad.
- **Farmacia:** Le compramos y llevamos sus medicinas directamente a su casa.
- **Aeropuerto:** Lo llevamos al aeropuerto internacional. ¡Puntualidad garantizada!
- **Servicio escolar:** Transportamos sus niños de la casa a la escuela y viceversa.

Desde cualquier lugar y a cualquier hora.

Llámenos al (779) 555-7960: o envíenos un mensaje electrónico a info@taximariachi.mexico

Language Structure

◆ Polite Commands

When we give commands in Spanish to one person whom we know on a formal basis or to more than one person formally or informally, we form the command forms as follows:

Singular Form

For regular verbs that end in **-o** in the **yo**-form of the present tense, drop the **-o**; for **-ar** verbs, add **-e**. For **-er** and **-ir** verbs, add **-a**. Here are some examples:

Regular verbs

INFINITIVE	PRESENT TENSE YO-FORM	POLITE COMMAND
habl*ar*	habl*o*	habl*e* *speak*
aprend*er*	aprend*o*	aprend*a* *learn*
abr*ir*	abr*o*	abr*a* *open*

NOTE: As with other subject pronouns, **Ud.** is usually omitted.

Irregular verbs based on the **yo**-*form of the present tense*

INFINITIVE	PRESENT TENSE YO-FORM	POLITE COMMAND
conocer	conozco	conozca *know*
decir	digo	diga *say, tell*
hacer	hago	haga *do, make*
oír	oigo	oiga *hear*
poner	pongo	ponga *put*
salir	salgo	salga *leave*
tener	tengo	tenga *have*
traer	traigo	traiga *bring*
venir	vengo	venga *come*
ver	veo	vea *see*

The following verbs do not end in **-o** in the **yo**-form of the present tense. They form the polite command as follows:

INFINITIVE	PRESENT TENSE YO-FORM	POLITE COMMAND
dar	doy	dé* *give*
estar	estoy	esté *be*
ir	voy	vaya *go*
saber	sé	sepa *know*
ser	soy	sea *be*

Plural Forms

To make all of the above forms plural, add an **-n** to the ending.

hable*n*   *speak*   **venga***n*   *come*
aprenda*n*   *learn*   **vaya***n*   *go*
abra*n*   *open*

The above commands are the same in negative sentences. Remember that the **Uds.**-form is used for both polite and familiar situations in the plural.

EJERCICIO I

Pattern Drills

1. Say the first sentence in Spanish and express it in English. Then, repeat the Spanish sentence, replacing the words in italics with each of the listed alternatives and express the sentence in English.

   a. El taxista busca *la ruta.*   _____

   (1) la carretera   _____

   _____

   (2) la entrada principal   _____

   _____

---

*The plural of **dé** is **den**. It has no accent mark.

(3) el atajo

_____

_____

(4) el túnel

_____

_____

b. Con el taxi vamos a llegar
cuanto antes.

_____

(1) sanos y salvos

_____

_____

(2) al cruce

_____

_____

(3) a la desviación

_____

_____

(4) al puente

_____

_____

c. El joven en el asiento delantero
desea _abrir la portezuela._

_____

(1) pagar la tarifa redonda

_____

_____

(2) parar el taxi

_____

_____

(3) saber la tarifa

_____

_____

(4) bajar en la parada de taxis

_____

_____

d. Silvia tiene que *llamar a un taxi.*   _____

   (1) abrir el portaequipaje del auto   _____

    _____

   (2) encontrar un taxi libre   _____

    _____

   (3) tomar un avión   _____

    _____

   (4) hacer el viaje de vuelta   _____

    _____

EJERCICIO J

Change the infinitives to the correct form of the formal command. Then, express the complete sentence in English.

1. _____ con los otros estudiantes.
     (hablar / Ud.)

_____

2. No _____ a la derecha.
     (doblar / Ud.)

_____

3. _____ menos pan.
     (comer / Uds.)

_____

4. _____ el equipaje en el portaequipaje.
     (poner / Ud.)

_____

5. No _____ en la carretera.
     (venir / Uds.)

_____

6. No _____ la portezuela ahora.
   (abrir / Ud.)

_____

7. _____ a la entrada principal.
   (ir / Uds.)

_____

8. _____ en la escuela a las ocho en punto.
   (estar / Uds.)

_____

9. No _____ prisa, hay bastante tiempo.
   (tener / Uds.)

_____

10. _____ bondadoso con los pobres.
   (ser / Ud.)

_____

EJERCICIO K

Complete the sentences with the appropriate *polite* command and then express the sentence in English.

1. _____ un poco antes de cruzar el puente.
   (*wait* / you, sing.)

_____

2. _____ porque la carta es importante.
   (*answer* / you, sing.)

_____

3. No _____ en aquel barrio.
   (*live* / you, plural)

_____

4. _____ los aviones en el aeropuerto.
   (*see* / you, plural)

_____

5. _____ a la casa de sus abuelos.
   (*come* / you, plural)

   _____

6. No _____ cuánto cobra el peluquero.
   (*tell* / you, singular)

   _____

7. _____ todas las calles en el centro.
   (*know* / you, plural)

   _____

8. Primero _____ a doblar a la izquierda.
   (*learn* / you, singular)

   _____

9. No le _____ la tarifa al taxista ahora.
   (*give* / you, singular)

   _____

10. _____ bastante dinero para el peaje del túnel.
    (*bring* / you, singular)

    _____

EJERCICIO L

Change the following commands from polite to familiar and vice versa. Then, express the sentence in English.

1. Tome la carretera para llegar al aeropuerto en menos tiempo.

   _____

2. Escribe la ruta en el papel.

   _____

3. No abra la portezuela del auto.

   _____

4. Venga al cruce.

_____

5. Vende tu televisor.

_____

6. Salga de la parada de taxis.

_____

7. No cobre una tarifa redonda.

_____

8. Haz el viaje de vuelta a las tres.

_____

9. No doble la esquina rápidamente.

_____

10. Trae el libro a la biblioteca.

_____

EJERCICIO M

Composición Using the words and expressions that you have learned, express the following in Spanish. Assume that all commands given in sentences 1 to 10 are formal.

1. Enter (**en**) the tunnel and turn to the left on the highway.

_____

2. "Mr. Cabdriver, go on this avenue and stop in front of the that department store. Pay attention to the traffic lights."

_____

3. Open the trunk of the taxi and bring my luggage to my uncle's house.

_____

4. Hail a taxi and ask how much the fare to our favorite restaurant is. Understand that (**que**) it costs more to take a taxi.

_____

5. Leave (plural) as soon as possible, but be careful because we want to arrive safe and sound.

_____

6. Write the number of your grandfather's house on this paper and use the address for the taxi driver.

_____

7. Don't be in the front seat during the return trip. Put your clothing there.

_____

8. The meter counts the fare. Don't give the money now. Wait, the taxi driver is going to open the car door.

_____

9. Learn (plural) where the shortcut is. (It) is near the intersection in front of the taxi stand.

_____

10. Take the detour until the traffic light and get out of the taxi there.

_____

EJERCICIO N

In the next group of sentences, determine from the context whether the polite or familiar command should be used. Then, express in Spanish.

1. Dr. Gomez, bring the medicine to our house. Come in a taxi.

_____

2. Juanito, put the toll for the bridge in your wallet and don't say anything.

_____

3. Friends don't take an airplane if you can drive there (**allá**) in two hours.

_____

4. Brother, don't go to the concert. Hear the music in my car while (**mientras**) we go on the route to the country.

_____

5. Visit our house again Mr. Sanchez; but the next time don't walk, take a taxi.

_____

Refrán	
Viajando se aprende mucho.	_By traveling, one learns a lot._

CONVERSACIÓN
|28|
En el campo

¿Qué pasa?   The three friends spend a day in the country.

Aprendes: Describing the weather

                Using the form **al** + infinitive

VOCABULARIO

hace buen tiempo *the weather is nice*
hace (mucho) calor *It is (very)
   hot* (weather)
merendar *to picnic*
la señal de carretera *road sign*
hace fresco *it is cool* (weather)
el prado *meadow*
hace viento *it is windy*
el lago *lake*
la montaña *mountain*
alto(-a) *high*
bellísimo(-a) *very pretty*
al respirar *upon breathing*
refrescante *refreshing*
la sombra *shade*
desdoblar *to unfold*
la manta *blanket*
sentarnos *to sit down*
la canasta *basket*
¡ojo! *watch out!*
al aire libre *out of doors*
hace mal tiempo *the weather is bad*
llueve *it rains*
la cima *summit, top*
el telesquí *skilift*
el esquí *skiing, ski*
nieva *it snows*

esquiar *to ski*
patinar *to skate*
hace frío *it is cold* (weather)
congelado(-a) *frozen*
remar *to row*
hace sol *it is sunny*
el bosque *forest*
recoger *to pick* (up)
silvestre *wild* (plant)
la belleza *beauty*
la naturaleza *nature*
de acuerdo *agreed*

CONVERSACIÓN

PEDRO: Es un día espléndido. Hace buen tiempo y mucho calor.

ELENA: Vamos a hacer una excursión al campo. Podemos ir a merendar a un parque del estado que conozco. Yo puedo preparar el almuerzo.

PEDRO: ¡Qué buena idea! (A (a la) estudiante) ¡Ven con nosotros!

ESTUDIANTE: Sí, y puedo ayudar con el almuerzo. Quiero ir porque _____.

PEDRO: Vamos a tomar mi auto. No debemos olvidar un mapa porque el parque está en una ruta secundaria y hay que poner atención a las señales de carretera.

* * * * *

ELENA: Pues aquí estamos. Hace fresco en el prado porque hace viento. ¡Qué panorama tenemos ante nosotros! Miren el lago azul, los campos verdes y, a lo lejos, las montañas altas. Todo bellísimo ¿verdad?

ESTUDIANTE: _____

PEDRO: Al respirar el aire tan puro y refrescante, recuerdo la casa de campo de mis abuelos. Vamos a comer aquí a la sombra de este árbol grande.

ELENA: Vamos a desdoblar la manta para sentarnos a comer. Ten cuidado con la canasta y ojo con los insectos.

PEDRO: Me gusta mucho comer al aire libre. ¿Hay bastante comida, no?

ELENA: Creo que sí. Tenemos sándwiches de pollo y de jamón, tomates, frutas y refrescos. Si no hace mal tiempo y llueve, vamos a pasar un buen rato.

PEDRO: Elena, ¿qué sube hasta la cima de aquella montaña?

ELENA: Es un telesquí. En el parque hay facilidades para el esquiismo y al llegar el invierno vengo aquí con mi familia para esquiar. (Al / a la) estudiante) ¿Te gusta esquiar?

ESTUDIANTE: _____

PEDRO: Yo no sé esquiar pero me gusta patinar. Es posible patinar en el lago si hace mucho frío, porque el lago tiene que estar bien congelado.

ELENA: Al terminar el almuerzo podemos alquilar un bote para remar en el lago. ¿Sabes nadar?

ESTUDIANTE: _____

ELENA: Y más tarde, si todavía hace sol, voy a dar un paseo por el bosque para recoger bellas flores silvestres. (Al (a la) estudiante) ¿Quieres acompañarme?

ESTUDIANTE: _____

PEDRO: Aprecien la belleza de la naturaleza porque es muy importante en la vida.

ESTUDIANTE: De acuerdo. La ecología es muy importante porque _____.

VOCABULARIO ADICIONAL

el cielo está nublado   *the sky is cloudy*
la hierba   *grass*
hay neblina   *it is foggy*
el sol   *sun*
la mariposa   *butterfly*

la mosca   *fly*
el pájaro   *bird*
pescar   *to fish*
la rebanada   *slice* (of food)

EJERCICIO A

Complete the following sentences based on the **Conversación** and express them in English.

1. Elena desea hacer una excursión al _____.

   _____

2. El (La) estudiante ayuda a preparar el _____.

   _____

3. Para ir al parque, viajan en el _____ de Pedro.

   _____

4. Hace fresco en el prado porque _____.

   _____

5. En el panorama hay montañas _____ a lo lejos.

   _____

6. Comen a la _____ de un árbol alto.

   _____

7. El _____ sube hasta la cima de la montaña.

   _____

8. A Pedro le gusta _____.

   _____

9. Elena quiere ir al bosque para _____ flores silvestres.

   _____

10. Pedro aprecia la _____ de la naturaleza.

   _____

Ejercicio B

Answer the following questions, based on the **Conversación**.

1. ¿Cómo es el día?

   _____

2. ¿A dónde pueden ir a merendar los tres al encontrar un sitio agradable?

   _____

3. ¿Qué necesitan para encontrar el parque?

   _____

4. ¿Cómo es el aire en el parque?

   _____

5. ¿Qué comen para el almuerzo?

   _____

6. ¿Cuándo esquían en el parque?

   _____

7. ¿Cómo tiene que estar el lago para patinar?

_____

8. ¿Dónde pueden remar?

_____

9. ¿Cómo son las flores en el bosque?

_____

10. ¿Quién dice que la ecología es importante?

_____

EJERCICIO C

Preguntas Personales

1. ¿En qué estación del año te gusta ir al campo?

_____

2. ¿Qué ves en el campo?

_____

3. ¿Con quién (es) vas al campo?

_____

4. ¿Cuáles son tus actividades favoritas en el campo?

_____

5. ¿Qué comes cuando meriendas en el campo?

_____

EJERCICIO D

Using the words and expressions of the **Conversación**, make up five sentences in Spanish describing the picture below.

_____

_____

_____

_____

_____

EJERCICIO E

Diálogo   You and your friend Carmen discuss a class trip to the country.

CARMEN: Nuestra clase de biología va a hacer una excursión al campo con nuestro profesor, el señor Jiménez. ¿Puedes ir con nosotros?

TÚ: _____

CARMEN: ¿Cómo vas a llegar al parque del estado?

TÚ: _____

CARMEN: ¿Qué vas a llevar para merendar?

TÚ: _____

CARMEN: ¿Qué aspectos del campo te interesan?

TÚ: _____

CARMEN: A mí me gusta nadar en el lago y caminar por las montañas.

TÚ: _____

CARMEN: Podemos alquilar un bote para remar en el lago.

TÚ: _____

CARMEN: Creo que el señor Jiménez va a explicar algo sobre la ecología del bosque.

TÚ: _____

CARMEN: Voy a llevar mi cámara para tomar fotos de los pájaros y las mariposas en el bosque.

TÚ: _____

CARMEN: Dicen que te gusta ir al campo durante el invierno. ¿Por qué?

TÚ: _____

CARMEN: ¿Qué vamos a hacer si llueve el día de la excursión?

TÚ: _____

EJERCICIO F

Charla For the following themes, hold a conversation with a classmate or your teacher. The conversation should consist of at least five relevant responses on the part of each participant.

1. You describe how you spend time at a house that your family has in the country.

2. You and your partner talk about the **Club de Ecología** in school.

Ejercicio G

Actividad Prepare an announcement for a class trip to the country. Mention where, when, mode of transportation, activities and points of interest.

Ejercicio H

Español Práctico Read the following newspaper ad. Explain to a friend who does not know Spanish what is **Las Tres Cabritas** and what services it offers to its customers.

Las Tres Cabritas

Ruta 10, Km. 175
La Guaira, Venezuela

Localizada en un hermoso valle, la Hacienda Las Tres Cabritas te ofrece un lugar formidable para gozar de paz y tranquilidad. La hacienda cuenta con las siguientes amenidades.

- **Gimnasio**
- **Piscina**
- **Cancha de tenis / voleibol**
- **Bicicletas**
- **Excursiones en grupo**
- **Acceso gratis al Internet**

Nuestros precios son muy competitivos:

	PRECIO (dólares americanos)
PENSIÓN COMPLETA	$100 al día por adulto (todo incluido); niños pagan $60.
PENSIÓN PARCIAL	$100 al día por adulto (desayuno o cena incluido); niños pagan $30.
PENSIÓN SENCILLA	$100 al día por adulto (no incluye comidas); niños pagan $20.

Para más información, llame al (555) 343-2020, 24 horas al día.

LANGUAGE STRUCTURE

◆ Describing the Weather in Spanish

Learn the following frequently used expressions:

Hace buen tiempo.   *The weather is good.*   **Hace (mucho) viento.**   *It is (very) windy.*

Hace mal tiempo.   *The weather is bad.*   **Hay neblina.**   *It is foggy.*

Hace (mucho) calor.   *It is (very) warm.*   **Llueve.**   *It is raining.*

Hace fresco.   *The weather is cool.*   **Nieva.**   *It is snowing.*

Hace (mucho) frío.   *It is (very) cold.*   **El cielo está nublado.**   *The sky is cloudy.*

Hace sol.   *It is sunny.*

◆ Hot and Cold

Note that to express concepts of temperature in Spanish, various verbs are used depending on the situation.

Weather: *Hace calor* **en Arizona.**

Personal feelings: *Juan tiene frío* **porque está enfermo.**

Permanent condition: **El sol** *es caliente.*

Temporary condition: **Mi café** *está frío.*

◆ Al + Infinitive

In Spanish, *upon, on,* or *when + -ing verb* is expressed with **al** + infinitive.

Al entrar, **él saluda a sus amigos.**   *When entering he greets his friends.*

Al terminar **el examen, Marta pasa su papel a la profesora.**   *Upon finishing the exam Marta passes her paper to the teacher.*

EJERCICIO I

Pattern Drills

1. Say the first sentence in Spanish and express it in English. Then, repeat the Spanish sentence, replacing the words in italics with each of the listed alternatives and express the sentence in English.

   a. Al llegar al parque *desdoblamos la manta.*   _____

(1) ellos meriendan bajo un árbol

_____

_____

(2) Carlos descansa en el prado

_____

_____

(3) Susana busca mariposas

_____

_____

(4) Federico va a pescar

_____

_____

b. Mi sitio favorito en el parque
es *la montaña*.

_____

(1) el lago

_____

_____

(2) el bosque

_____

_____

(3) el telesquí

_____

_____

(4) la sombra refrescante
de un árbol

_____

_____

c. No vamos a salir hoy porque
hace mal tiempo.

_____

(1) llueve

_____

_____

(2) hay neblina

_____

(3) nieva

_____

_____

(4) el cielo está nublado

_____

_____

d. Nos gusta mucho *remar un bote.*

(1) esquiar

_____

_____

(2) sentarnos en la hierba

_____

_____

(3) recoger flores

_____

_____

(4) subir la montaña

_____

_____

e. En el parque ellos van a *ver los pájaros.*

(1) buscar mariposas

_____

_____

(2) remar un bote

_____

_____

(3) usar el telesquí

_____

_____

(4) encontrar mosquitos

_____

_____

EJERCICIO J

Fill in each sentence with an appropriate weather expression and express the complete sentence in English.

1. Cuando _____ uso el paraguas.

_____

2. Cuando _____ podemos esquiar.

_____

3. Cuando _____ José nada en el lago.

_____

4. Cuando _____ María usa el abrigo y los guantes.

_____

5. Cuando _____ Rodrigo busca un sitio en la sombra.

_____

6. Cuando _____ no podemos ver el sol.

_____

7. Cuando _____ es difícil conducir el auto.

_____

8. Cuando _____ nos gusta estar al aire libre.

_____

9. Cuando _____ las aguas del lago están agitadas (*rough*).

_____

10. Cuando _____ preferimos estar en casa.

_____

EJERCICIO K

Supply the correct verb form according to the meaning of the sentence. Then, express the complete sentence in English.

1. _____ frío en el Polo Norte.

_____

2. Pedro _____ calor y no va a usar el abrigo.

_____

3. Mi refresco _____ frío y me gusta así.

_____

4. El fuego _____ caliente y a veces peligroso.

_____

5. Generalmente _____ fresco en otoño.

_____

6. En una isla tropical _____ mucho calor.

_____

7. Niños, vengan a comer, la cena _____ caliente.

_____

8. Si tú _____ frío debes entrar en casa.

_____

9. Cuando _____ calor, voy a la playa.

_____

10. La nieve _____ fría y hay mucha durante el invierno.

_____

Ejercicio L

Express the following sentences in English.

1. Al desdoblar la manta podemos sentarnos y comer.

_____

2. Al abrir la canasta van a encontrar rebanadas de salchicha.

_____

3. Al ver el panorama bellísimo, aprecio la naturaleza.

_____

4. Juan siempre dice «hola» al entrar en nuestra casa.

_____

5. Al oír mi plan Clara dice: «De acuerdo».

_____

Ejercicio M

Express the following sentences in Spanish, using **al** + _infinitive_.

1. Upon opening the car door, she sees many mosquitoes.

_____

2. On beginning the lesson, the teacher erases the board.

_____

3. When he sees his friend he speaks with him.

_____

4. Upon picking flowers we see many butterflies.

_____

5. On picnicking in the park we see the beauty of (**la**) nature.

_____

EJERCICIO N

Composición   Using the words and expressions that you have learned, express the following in Spanish.

1. If the weather is nice and it isn't windy, we can take the ski lift to the summit of the
mountain.

   _____

2. It is cool in the meadow and we are going to sit down and unfold the blanket near a
very beautiful tree.

   _____

3. Upon going up the mountain, I see a lake where I like to skate when the weather is
very cold and the water is frozen.

   _____

4. Skiing is not easy if the mountain is high and it is foggy. You (familiar) have to say
"watch out" when you are going to ski near another (**otra**) persona.

   _____

5. It is very hot and it is sunny. Upon opening the basket with the slices of sausage, you
(polite) are going to find many flies and mosquitoes (**mosquitos**) in the park.

   _____

6. We see the road sign and go through the forest to the lake where we picnic and row
boats.

   _____

7. The sky is cloudy and I don't know if it is raining or it is snowing in the park.

   _____

8. In the shade of a large tree, I sit down (**me siento**) on the green grass in the refreshing air among (**entre**) the wild flowers.

   _____

9. Agreed. Like the beauty of (**la**) nature when we pick pretty plants (**plantas**) and there are many birds and butterflies in the forest.

_____

10. Upon arriving in (**al**) the park we want to fish where we can see the mountains and the meadows.

_____

Refrán	
Quien aprecia la naturaleza tiene una vida completa.	*One who appreciates nature has a complete life.*

CONVERSACIÓN
|29|
En la playa

¿Qué pasa?	The three friends spend several days in California and decide to go to the beach.
Aprendes:	Regular comparison of adjectives
	Parts of the body

VOCABULARIO

la playa   *beach*
la gente   *people* (3rd person singular)
escolar   *school* (adj.)
la ola   *wave*
la sirena   *mermaid*
tener ganas de + infinitive   *to feel like* +*-ing verb*
la arena   *sand*
el traje de baño   *bathing suit*
quemarme al sol   *to get sunburned*
el aceite bronceador   *suntan lotion*
la cara   *face*
la mano*   *hand*
el dedo   *finger*
el brazo   *arm*
la pierna   *leg*
el pie   *foot*
la nariz   *nose*
proteger   *to protect*
la cabeza   *head*
las gafas de sol   *sunglasses*
tendernos   *to stretch out*
bañarme   *to bathe*
el peligro   *danger*

la resaca   *undertow*
el mar   *sea*
la bahía   *bay*
lejano(-a)   *far off*
la tabla de surf   *surfboard*
el (la) salvavidas   *lifeguard*
de servicio   *on duty*
nadar   *to swim*
tener miedo   *to be afraid*
ahogarme   *to drown*
agua dulce   *fresh water*
la toalla   *towel*
secarnos   *to dry off*
está bien   *OK*
tirarnos   *to plunge*
llevarlas   *to carry them*

---

*Note feminine gender.

CONVERSACIÓN

ELENA: Para pasar un buen rato durante nuestros días en California, debemos ir a la playa. Hoy hace sol y mucho calor.

PEDRO: Es una buena idea. No hay mucha gente allí como durante las vacaciones escolares. Pero, ¿a qué playa quieres ir? La playa Las Olas es bella y la playa La Sirena es más bella.

ELENA: La playa Las Brisas es la más bella de la región. Además está más cerca que las otras. (Al (a la) estudiante) ¿Vas a acompañarnos?

ESTUDIANTE: Sí, tengo ganas de ir a la playa porque _____.

* * * * *

PEDRO: Aquí estamos. Ésta es la primera vez que estoy en la playa este año. Podemos sentarnos aquí en la arena; pero no llevo más que mi traje de baño y no quiero quemarme al sol.

ELENA: Exactamente a causa de eso tengo mi aceite bronceador. Tenemos que usarlo en todas las partes del cuerpo: la cara, las manos, los dedos, los brazos, las piernas, los pies y—especialmente—la nariz

PEDRO: Y llevamos sombrero para proteger la cabeza.

ELENA: También llevo mis gafas de sol para los ojos.

ESTUDIANTE: Al ir a la playa siempre traigo _____.

PEDRO: Vamos a tendernos un rato aquí. Creo que este sitio es el más agradable de toda la playa. Después podemos entrar al agua.

* * * * *

ELENA: No sé si voy a bañarme. Hay pocas personas que nadan. Creo que el agua está más fría que el aire. También hay el peligro de la resaca.

PEDRO: Pues aquí el mar no está agitado. En la bahía más lejana las olas son más grandes. Veo a varias personas allá que usan tablas de surf. Y mira, Elena, el salvavidas está de servicio hoy. Por eso podemos nadar en esta playa. Además, voy a acompañarlos al agua.

ESTUDIANTE: _____

ELENA: Sé nadar bastante bien y no tengo miedo de ahogarme, pero prefiero el agua dulce y más tranquila de un lago.

PEDRO: ¡Pero ahora hace mucho calor y el agua está tan refrescante! Además tenemos nuestras toallas para secarnos al salir del agua. (Al [a la] estudiante) ¿Te gusta nadar?

ESTUDIANTE: _____.

ELENA: Está bien, vamos a tirarnos al agua. El último en entrar al agua tiene que doblar todas las toallas y llevarlas al hotel.

TODOS: Uno, dos, tres... ¡vamos!

VOCABULARIO ADICIONAL

el balde *pail*
la boya *buoy*
la balsa *raft*
el (la) bañista *bather*
cavar *to dig*

la concha *seashell*
la marea *tide*
la pala *shovel*
la sombrilla de playa *beach umbrella*

EJERCICIO A

Complete the following sentences based on the **Conversación** and express them in English.

1. Los tres están en el estado de _____.

   _____

2. La playa Las _____ es la más bella de la región.

   _____

3. Ellos deciden sentarse en la _____.

   _____

4. Para protegerse contra los rayos del sol, Elena tiene _____.

   _____

5. Ella lleva _____ de sol.

   _____

6. Hay pocas _____ que nadan.

   _____

7. El mar no está _____.

   _____

8. En la bahía más lejana usan _____.

   _____

9. Elena sabe _____ bastante bien.

   _____

10. Al salir del agua, van a usar las _____.

   _____

EJERCICIO B

Answer the following questions based on the **Conversación**.

1. ¿Qué tiempo hace en California?

   _____

2. ¿Adónde deciden ir los amigos?

   _____

3. ¿Qué prenda de vestir lleva Pedro a la playa?

   _____

4. ¿En qué partes del cuerpo ponen aceite bronceador?

   _____

5. Según Elena, ¿de qué hay peligro?

   _____

6. ¿Quién está de servicio?

_____

7. ¿Dónde prefiere nadar Elena?

_____

8. ¿Quién dice «vamos a tirarnos al agua»?

_____

9. ¿Qué tiene que hacer el último en entrar al agua?

_____

10. Después de contar hasta tres, ¿adónde van los amigos?

_____

EJERCICIO C

Preguntas Personales

1. ¿Te gusta ir a la playa? ¿Por qué?

_____

2. ¿Con quién(es) vas a la playa?

_____

3. Menciona varias cosas que llevas a la playa.

_____

4. ¿Dónde pones aceite bronceador cuando estás en la playa?

_____

5. ¿Quieres ser salvavidas? ¿Por qué?

_____

EJERCICIO D

Using the words and expressions of the **Conversación**, make up five sentences in Spanish describing the picture below.

_____

_____

_____

_____

_____

EJERCICIO E

Diálogo   You and Luisa are spending the day at the beach.

LUISA: Es un día ideal para estar en la playa.

TÚ: _____

LUISA: Me gusta mucho tu traje de baño.

TÚ: _____

LUISA: ¿Qué quieres hacer después de merendar?

TÚ: _____

LUISA: ¿Dónde vas a poner el aceite bronceador?

TÚ: _____

LUISA: ¿Cuándo vamos a nadar?

TÚ: _____

LUISA: ¿De qué tienes miedo en la playa?

TÚ: _____

LUISA: El salvavidas es muy guapo.

TÚ: _____

LUISA: ¿Por qué quieres buscar conchas en la arena?

TÚ: _____

LUISA: Mira, en aquella bahía hay jóvenes con tablas de surf.

TÚ: _____

LUISA: ¿Cómo vamos a secarnos al salir del agua?

TÚ: _____

EJERCICIO F

Charla For the following themes, hold a conversation with a classmate or your teacher. The conversation should consist of at least five relevant responses on the part of each participant.

1. You tell your partner what you do at the beach.

2. You try to convince your partner that it is better to spend a day at the beach rather than in the country.

Ejercicio G

Actividad   Prepare a poster announcing a class trip to the beach. Be sure to mention activities, what to wear and what to bring.

Ejercicio H

Español Práctico   Explain to a friend who does not know Spanish, an advertisement for a vacation at a seaside resort.

Hotel Mar Bella

Carretera 31, Km. 78 Luquillo, Puerto Rico

¡Pase unas vacaciones espectaculares en nuestro fabuloso hotel!

El Hotel Mar Bella está localizado a 5 minutos de la famosa Playa de Luquillo, una de las playas más visitadas de Puerto Rico. Mar Bella está situado convenientemente a 45 minutos de San Juan y a 30 minutos del aeropuerto internacional.

Nuestras habitaciones son amplias, cómodas y lujosas; y ofrecen los siguientes servicios:

- Aire Acondicionado Central
- Teléfono (llamadas locales gratis)
- TV satélite
- DVD

Además, el hotel cuenta con

- Bar / Cafetería
- Piscina
- Jacuzzi
- Estacionamiento gratis

¡Nuestros precios son irresistibles!

HABITACIÓN SENCILLA $ 75 / día
HABITACIÓN DOBLE $ 100 / día
HABITACIÓN PRESIDENCIAL $ 150 / día

Llámenos al (555) 340 2929 o escríbanos a mar_bella@turismo.pr.com para más información.

LANGUAGE STRUCTURE

◆ **Comparison of Adjectives**

In English, if we wish to compare the quality described by an adjective, we can do it in two ways.

The first lesson is easy. (Adjective)

The second lesson is easier *than the first.*   (Comparative form)

The third lesson is the easiest *in the book.*   (Superlative form)

With adjectives of several syllables we say:

María is intelligent.   (Adjective)

Linda is more intelligent *than Maria.*   (Comparative form)

Clara is the most intelligent *in the class.*   (Superlative form)

In Spanish, we state the above sentences as follows:

La primera lección *es fácil.*	*The first lesson is easy.*
La segunda lección *es más fácil* **que la primera.**	*The second lesson is easier than the first one.*
La tercera lección es *la más fácil* **del libro.**	*The third lesson is the easiest in the book.*
María es *inteligente.*	*María is intelligent.*
Juana es *más inteligente* **que María.**	*Juana is more intelligent than María.*
Clara es la *más inteligente* **de la clase.**	*Clara is the most intelligent in the class.*

In Spanish, the formula for the comparative form for most adjectives is **más** + *adjective.*

Este auto es *más caro* **que el otro.**   *This car is more expensive than the other.*

NOTE: After the comparative form, than is expressed by **que**.

The formula for the superlative form for most adjectives is (**el / la / los / las**) + **más** + *adjective.*

Estos trajes son *los más caros de* **la tienda.***   These suits are the most expensive in the store.

---

*In comparative or superlative phrases, the noun can be either present or understood.

Notes:

1. In a superlative construction, the word *in* is expressed by **de**.

2. The definitive article may be replaced by a possessive adjective.

   Mi **clase** *más interesante* **es el álgebra.**   *My most interesting class is Algebra.*

♦ **Parts of the Body**

Review the following parts of the body which you have already learned.

la boca *mouth*	**el dedo** *finger*	**el pelo** *hair*
el brazo *arm*	**el diente** *tooth*	**el pie** *foot*
la cabeza *head*	**la nariz** *nose*	**la pierna** *leg*
la cara *face*	**el ojo** *eye*	

Notes:

1. In Spanish, the parts of the body are often used with the verb **tener** and generally preceded by the definitive article (**el, la, los, las**).

   Ricardo *tiene los pies* **grandes.**   *Ricardo's feet are big.*

   María *tiene los ojos* **azules.**   *María's eyes are blue.*

2. Where a possessive adjective is used in English before a part of the body or article of clothing, in Spanish the definitive article is used, if the owner is obvious from the context of the sentence.

3. In dealing with parts of the body or articles of clothing of which each individual has only one, the singular form is used in Spanish.

   El dentista dice: «Abre *la boca* **Enrique».**   *The dentist says, "Open your mouth, Enrique."*

   A María le gusta teñirse *el pelo.*   *María likes to dye her hair.*

   Los hermanos de Silvia tienen *la cara* redonda.   *Silvia's brothers have round faces.*

   Todos los alumnos levantan *la mano.*   *All the students raise their hands (one each.)*

EJERCICIO I

Pattern Drills

1. Say the first sentence in Spanish and express it in English. Then, repeat the Spanish sentence, replacing the words in italics with each of the listed alternatives and express the sentence in English.

a. En la playa nos gusta más *tendernos en la arena.* _____

   (1) nadar donde hay olas _____

   (2) cavar con pala y balde _____

   (3) usar la tabla de surf _____

   (4) hablar con el salvavidas _____

b. Hay que poner el aceite bronceador en *la cara.* _____

   (1) la nariz _____

   (2) las manos _____

   (3) los brazos _____

   (4) las piernas _____

c. Yo tengo miedo de *quedarme al sol.* _____

   (1) la resaca _____

   (2) nadar en la bahía _____

   (3) las olas del mar _____

   (4) ver a una sirena _____

d. Juan es muy *inteligente.* _____

   (1) más inteligente que Pedro _____
   (2) el alumno más inteligente
       de su clase _____

    e. Mi chaqueta es *cara.*

        (1) más cara que la chaqueta de
             Alfonso

        (2) la chaqueta más cara de la tienda _____

    f. Estos libros son *difíciles.*

        (1) más difíciles que los libros en
             la clase
        (2) los libros más difíciles de la
             biblioteca

Ejercicio J

Express the following sentences in English.

1. Esta lección es más fácil que la primera lección.

_____

2. Juan prepara una tarea más difícil que la tarea de María.

_____

3. La gente en la playa es más simpática que la gente en el campo.

_____

4. Federico tiene los pies más grandes de todos los muchachos.

_____

5. Elisa tiene los dedos más delicados de su familia.

_____

6. El traje de baño de Clara es más bonito que el traje de baño de María.

_____

7. En nuestra escuela tenemos el año escolar más largo del distrito.

_____

8. En el lago nadamos hasta la balsa más grande.

_____

9. Las gafas de sol de Teresa son más de moda que las gafas de sol de Laura.

_____

10. El peligro más grande del mar es la marea.

_____

EJERCICIO K

Follow the model with the information given. Then express your answers in English.

EJEMPLO: Pedro es rico.   Juan / Ricardo   la escuela

Pedro es _rico_. Juan _es más rico que_ Pedro. Ricardo _es el más rico de la_ escuela.

Pedro is rich. Juan is richer than Pedro. Ricardo is the richest in school.

1. Los amigos son simpáticos.   los primos / los hermanos   la familia

_____

_____

2. El traje es elegante.   el traje de Esteban / el traje de Claudio   la tienda

_____

_____

3. Mi casa es bonita.   la casa de Ramón / la casa de Miguel   el barrio

_____

_____

4. Federico tiene amigos inteligentes.   Raúl / Pablo   la escuela

_____

_____

5. Alicia es rica.   Silvia / Mercedes   nuestra familia

_____

_____

Ejercicio L

Identify the following parts of the body in Spanish.

1. Alicia tiene dos y son azules.   _____

2. Lo cortan en la peluquería.   _____

3. La cubre con un sombrero.   _____

4. Los uso para tocar el piano.   _____

5. Hay muchos dentro de la boca.   _____

6. El lanzador tiene uno muy fuerte.   _____

7. Las cubren los pantalones.   _____

8. Es la parte más prominente de la cara.   _____

9. Las usamos para aplaudir en el teatro.   _____

10. Los protegen los zapatos.   _____

Ejercicio M

Composición   Using the words and expressions that you have learned, express the following in Spanish.

1. She feels like going to the Mermaid Beach because it is more beautiful than the others and her sister can dig in the sand with her pail and shovel.

_____

2. When we arrive with our bathing suits we see that there are many bathers but the lifeguard is not on duty. With our fingers we put suntan lotion on our faces, our arms, our hands, our legs and more on our noses.

_____

3. My sunglasses are going to protect my eyes while I look at the young people in the far off bay. They don't use surfboards where there is the danger of an undertow.

_____

4. I want to swim in the sea today but I believe that the lake is the most pleasant place in California.

_____

5. María has blonde hair and smaller feet than her cousin Clara. But Clara has the biggest beach umbrella in the group and is more popular.

_____

6. I am going to bathe near the buoys because the waves are the highest in the bay and I can find (**encontrar**) more beautiful sea shells under (**bajo**) the water.

_____

7. During the school vacation, the people come to the largest beach in the region. They wear bathing suits but many don't have hats on their heads.

_____

8. When you (polite) see Adela on the beach she opens her mouth to (**para**) say "hello." She has the whitest teeth in the group. She isn't afraid to go to the dentist.

_____

9. OK. We are going to stretch out in the sand. I don't want to get sunburned and afterwards drown in the sea. But it is very hot and I say "let's plunge into the water."

_____

10. At five o'clock we must leave the refreshing water and dry ourselves. Our towels are larger than those (distant) towels and we have to carry them to the hotel.

_____

Refrán	
Nadar solo es buscar peligro.	_To swim alone is to look for danger._

CONVERSACIÓN
|30|
Una fiesta de despedida

¿Qué pasa?   Friends prepare a farewell party for the student.

Aprendes: Irregular comparison of adjectives

VOCABULARIO

¡qué lástima!   *¡what a pity!*
entre   *between, among*
mejor   *best*
el país   *country* (nation)
la despedida   *farewell*
el fin de semana   *weekend*
la sorpresa   *surprise*
la carpeta   *briefcase*
la joyería   *jewelry shop*
mayor   *older*
menor   *younger*
peor   *worse*
la luz   *light* (plural: **luces**)
decirte   *to tell you* (familiar singular)
dicho   *said*
hasta la vista   *so long, see you*
sin duda   *undoubtedly*
vernos   *to see each other*
otra vez   *again*
sobre   *on, on top of*

la vela   *candle*
desearte   *to wish you*
buena suerte   *good luck*
bajo   *under, underneath*
el paquete   *package*
el dorso   *back (of an object), reverse side*
mil gracias   *a thousand thanks*
junto a   *next to*
aunque   *although*
la amistad   *friendship*
seguir   *to follow, to continue*
bailar   *to dance*
el cariño   *the affection*
la voz   *voice* (plural: **voces**)
olvidar   *to forget*

CONVERSACIÓN

PEDRO: ¿Sabes que muy pronto, nuestro(-a) amigo(-a) tiene que regresar a su familia?

ELENA: ¡Qué lástima! Lo (La) considero uno(-a) de mis mejores amigos(-as). Es el (la) joven más popular entre nosotros. Vive tan lejos de nosotros, en otra parte del país.

PEDRO:	Pues, ¿por qué no organizamos una fiesta de despedida en su honor este fin de semana? Va a ser una sorpresa y debemos encontrar un buen regalo para él (ella).
ELENA:	Podemos comprar una carpeta para sus libros de la escuela.
PEDRO:	Muy buena idea, pero creo que tengo otra mejor. Hay una joyería cerca de la escuela y puedo comprar un reloj de pulsera y poner una inscripción en él.
ELENA:	Me gusta tu idea. Podemos dar una fiesta magnífica en mi casa. Vamos a invitar a todos nuestros amigos del Círculo Hispano. También debemos invitar a Pablo, el hermano mayor de Alejandro, porque toca la guitarra muy bien.
PEDRO:	Celia, la hermana menor de Federico, canta muy bien. Vamos a invitar a Celia también. No hay nada peor que una fiesta sin música.
ESTUDIANTE:	Hola amigos. Que pasa?

* * * * *

(El día de la fiesta todos esperan al (a la) estudiante, que llega y toca a la puerta.
Al poner la luz, todos gritan «¡Sorpresa!».)

TODOS:	¡Sorpresa!
ESTUDIANTE:	_____
PEDRO:	Elena y yo y nuestros amigos queremos decirte adiós —o mejor dicho— hasta la vista, porque sin duda vamos a vernos otra vez en el futuro.
ELENA:	Y sobre la mesa hay un pastel con una vela para desearte buena suerte.
ESTUDIANTE:	_____
PEDRO:	Bajo la mesa hay un paquete que contiene un regalo de despedida de todos aquí.
ELENA:	Puedes abrir el paquete ahora.

[El (La) estudiante abre el paquete.]

ESTUDIANTE:	_____
PEDRO:	Y lee la inscripción en el dorso.
ESTUDIANTE:	«Para una persona simpática e inteligente. De tus amigos del Círculo Hispano». ¡Mil gracias a todos!
PEDRO:	Con este reloj de pulsera, vas a recordar a tus amigos.

ESTUDIANTE: Aunque el reloj de pulsera es magnífico, el mejor regalo es su amistad.

    Para mí, la experiencia de estar aquí con Uds. es _____.

PEDRO: Pero ahora vamos a seguir con la fiesta. Tenemos ensalada, arroz con pollo, café y tu pastel—todo preparado con cariño por Elena.

ESTUDIANTE: _____

ELENA: Después hay música con la voz de Margarita y la guitarra de Carlos; y vamos a bailar al ritmo de nuestra música latina favorita.

PEDRO: Bueno, vamos a pasar un buen rato antes de decir adiós.

ESTUDIANTE: Nunca voy a olvidar _____.

VOCABULARIO ADICIONAL

abrazar *to hug*
el acompañante *escort*
bailar *to dance*
besar *to kiss*
coquetear *to flirt*
el cumpleaños *birthday*
debajo de *under*
encima de *on, upon*

el estéreo *stereo*
el (la) invitado(-a) *guest*
llevar *to escort*
presentar *to introduce*
el quinceañero *fifteenth-birthday party celebrated* (throughout Spanish America and corresponding to the "sweet sixteen" in the U.S.)

EJERCICIO A

Complete the following sentences based on the **Conversación** and express them in English.

1. El (La) estudiante tiene que _____ a su familia.

_____

2. Elena y Pedro organizan una fiesta de _____.

_____

3. Elena tiene la idea de comprar una _____ para sus libros.

_____

4. Pablo, el hermano mayor de Alejandro, _____ la guitarra.

_____

5. Cuando ponen la luz, todos gritan _____.

_____

6. Sobre la mesa hay un _____ con una vela.

_____

7. En el paquete hay un _____.

_____

8. Según el (la) estudiante, el mejor regalo es la _____.

_____

9. Durante la fiesta, van a comer _____.

_____

10. Después van a _____ al ritmo de su música latina favorita.

_____

EJERCICIO B

Answer the following questions based on the **Conversación**.

1. ¿Que piensa Elena del (de la) estudiante?

_____

2. ¿Cuándo van a organizar una fiesta de despedida?

_____

3. ¿Adónde va Pedro para comprar un reloj de pulsera?

_____

4. ¿A quiénes invitan a la fiesta?

_____

5. ¿Quién canta muy bien?

_____

6. Según Pedro, ¿cuándo van a ver al (a la) estudiante otra vez?

_____

7. ¿Con qué le desean buena suerte al (a la) estudiante?

_____

8. ¿Qué dice la inscripción del reloj?

_____

9. ¿Qué van a comer de postre?

_____

10. ¿Quién es la persona responsable de preparar de la comida?

_____

Ejercicio C

Preguntas Personales

1. ¿A quiénes invitas si das una fiesta?

_____

2. ¿Qué hacen tú y tus amigos durante una fiesta?

_____

3. ¿Qué tipo de música te gusta en tus fiestas?

_____

4. ¿Qué comes y bebes durante una fiesta?

_____

5. ¿Qué regalo compras si hay una fiesta de cumpleaños para una amiga?

_____

EJERCICIO D

Using the words and expressions of the **Conversación**, make up five sentences in Spanish describing the picture below.

_____

_____

_____

_____

_____

Ejercicio E

Diálogo   You and your friend Enrique meet at a quinceañero for Matilde.

ENRIQUE: Hola, es un placer ver a un(-a) amigo(-a) aquí.

TÚ: _____

ENRIQUE: ¿De dónde conoces a Matilde?

TÚ: _____

ENRIQUE: Veo a Rodrigo, el hermano mayor de Matilde.

TÚ: _____

ENRIQUE: Mi regalo para Matilde es una bella blusa de seda.

TÚ: _____

ENRIQUE: Veo que en el pastel hay dieciséis velas. ¿No hay una extra?

TÚ: _____

ENRIQUE: ¿Qué vamos a comer durante la fiesta?

TÚ: _____

ENRIQUE: Mira, Luisa coquetea con Carlos en el sofá.

TÚ: _____

ENRIQUE: Pero Luisa es la novia de Ramón ¿verdad?

TÚ: _____

ENRIQUE: La música del estéreo es extraordinaria.

TÚ: _____

ENRIQUE: ¿Qué tipo de baile prefieres bailar?

TÚ: _____

ENRIQUE: Creo que vamos a pasar un buen rato durante esta fiesta.

TÚ: _____

EJERCICIO F

Charla   For the following themes, hold a conversation with a classmate or your teacher. The conversation should consist of at least five relevant responses on the part of each participant.

1. You describe to your partner the parties that el Círculo Hispano has in school.

2. You ask your partner to help to plan a birthday party for their mutual friend Ramón.

EJERCICIO G

Actividad   Write an invitation to a class party "**en honor de**" your teacher. Mention the time, the location, the activities that will take place, and the refreshments that will be served.

EJERCICIO H

Español Práctico   Explain to a friend who does not know Spanish, the following invitation to a quinceañero party, which appeared in a Spanish-language newspaper.

Quinceañero Quintana-Cabilla

El doctor José Quintana y su esposa desean invitar por este medio a todos sus amigos y familiares a celebrar el quinceañero de su hija María de Lourdes Quintana Cabilla el próximo sábado 23 de mayo a las 4 de la tarde, en el Salón Presidencial del Centro de Convenciones de San Juan. Los padrinos de la joven son el senador Enrique Gómez y su esposa Cecilia Matos.

Los invitados deben presentar su invitasción en la entrada.

LANGUAGE STRUCTURE

◆ **Irregular Comparison of Adjectives**

In English, some of the adjectives have irregular comparative and superlative forms; for example, *good, better,* and *best.* Likewise, some Spanish adjectives have irregular comparative and superlative forms.

Mi cartera es *buena.*	*My briefcase is good.*
La carpeta de Felipe es *mejor.*	*Felipe's briefcase is better.*
La carpeta de Antonio es *la mejor* **de todas.**	*Antonio's briefcase is the best of all.*
El pupitre de Carla es *malo.*	*Carla's desk is bad.*
El pupitre de Silvia es *peor.*	*Silvia's desk is worse.*
El pupitre de Berta es *el peor* **de la clase.**	*Berta's desk is the worst in the class.*

The adjectives **grande** y **pequeño** refer to size. When size is the factor referred to in comparative or superlative forms, they are treated like regular adjectives. However, when age is the factor referred to in comparative or superlative forms, **mayor** (*older*) and **menor** (*younger*) are used.

SIZE

La lámpara de Juan es *más pequeña* **que la otra.**	*Juan's lamp is smaller than the other.*
El suéter de Carlos *es el más grande* **de la tienda.**	*Carlos's sweater is the biggest in the store.*

AGE

Carlos es *mayor que* **Rafael.**	*Carlos is older than Rafael.*
Pedro es el hermano *mayor* **de la familia.**	*Pedro is the oldest brother in the family.*
Rosita *es menor que* **Elena.**	*Rosita is younger than Elena.*
Clara es la chica *menor* **de la clase.**	*Clara is the youngest girl in the class.*

Notes:

1. **Bueno, malo,** and their respective forms are frequently used before the noun that they modify.

   Buenos **días.**   *Good day. / Good morning.*
   Una *mala* **palabra.**   *A bad word.*

2. **Bueno** and **malo** drop the final **-o** when they precede a masculine singular noun.

un *buen* **almuerzo**   *a good lunch*
un *mal* **plan**   *a bad plan*

EJERCICIO I

Pattern Drills

1. Say the first sentence in Spanish and express it in English. Repeat the Spanish sentence, replacing the words in italics with each of the listed alternatives. Then, express the new sentence in English.

a. Mi amigo Federico vive *en otra parte del país.*

_____

   (1) junto a una joyería

_____

_____

   (2) cerca de mi hermana menor

_____

_____

   (3) entre mi barrio y el centro

_____

_____

   (4) en el peor apartamento del edificio

_____

_____

   (5) encima de una tienda

_____

_____

b. Clara va a *celebrar su cumpleaños.*

_____

   (1) besar a su acompañante

_____

_____

   (2) coquetear con Diego

_____

_____

    (3) abrazar a sus padres

    _____

    (4) presentar a su amiga Claudia

    (5) comprar el regalo en una
        tienda cerca de su casa.

c. En el quinceañero de Luisa,
   Carlos va a llevar a María.

    (1) todos van a gritar «¡Sorpresa!»

    (2) vamos a pasar un buen rato

    (3) Lola coquetea con Enrique

    (4) voy a ver a su hermano mayor

d. Cuando Miguel regresa a su ciudad,
   todos le decimos «*Hasta la vista*».

    (1) «vamos a vernos otra vez»

    (2) «mil gracias por tu amistad»

    (3) «queremos desearte buena
        suerte»

    (4) «adiós con cariño»

(5) «la sorpresa esta debajo de la mesa»

_____

_____

_____

e. Mi libro *es bueno*.

_____

(1) mejor que los otros

_____

_____

(2) el mejor de la biblioteca

_____

_____

f. Clara es *pequeña*.

_____

(1) menor que su prima

_____

_____

(2) la menor de la familia

_____

_____

g. Estos programas de televisión son *malos*.

_____

(1) peores que los otros

_____

_____

(2) los peores del Canal Q

_____

_____

h. David Sánchez es un *muchacho grande*.

_____

(1) mayor que Alfonso

_____

_____

(2) el muchacho mayor del grupo

_____

_____

Ejercicio J

Express the following sentences in English.

1. Aunque este examen es peor que el otro, no tengo miedo.

   _____

2. José es mayor que Roberto, pero Roberto está en una clase más avanzada.

   _____

3. En el dorso del reloj de pulsera, la inscripción dice: «Para mi mejor amiga, Julia. Felicitaciones y Buena Suerte».

   _____

4. Esta canción es la peor de la colección «Ritmos Latinos».

   _____

5. No vemos a la hermana menor de Gloria. ¡Ah... está bajo la mesa!

   _____

6. De todas mis clases, la mejor es sin duda la clase de español.

   _____

7. Rafael es el mayor de los cuatro hermanos.

   _____

8. De todas las muchachas de la clase, Carolina es la menor.

   _____

9. No debemos olvidar que el abuelo Felipe es el mayor de la familia.

   _____

10. Oigo la voz de la mejor cantante de la clase.

    _____

EJERCICIO K

Express the words in parenthesis in Spanish. Then, express the complete sentence in English.

1. Este fin de semana vamos a dar _____ fiesta para el quinceañero de Lola.
   (the best)

2. Mi casa es _____ del barrio.
   (the largest)

3. El señor López es _____ que la señorita Vargas.
   (older)

4. Mis tareas son _____ que las tareas de Carlos.
   (worse)

5. Es _____ llevar a una persona a la fiesta que ir solo.
   (better)

6. De todas las películas del año _____ es «La voz misteriosa».
   (the worst)

7. Tengo tres buenas amigas y Teresa es _____.
   (the youngest)

8. En mi familia mis dos tíos son _____.
   (the oldest)

9. Mis zapatos son _____ que los zapatos de Eduardo.
   (smaller)

10. En la foto, Carla está junto a su primo _____.
    (younger)

EJERCICIO L

Follow the model with the information given. Then express your answers un English.

EJEMPLO: Los abrigos son buenos.   (los trajes / los pantalones: la tienda)

Los trajes son mejores.   **Los pantalones son los mejores de la tienda.**

The dresses are better.   *The pants are the best in the store.*

1. El libro es malo.   (la revista / el disco: mi colección)

2. Los cuentos son buenos.   (las novelas / las películas: el cine)

_____

3. Oscar es un niño grande (age).   (Pedro / Raúl: la familia)

_____

4. Mis hermanas son pequeñas (age).   (las primas / mis amigas: el grupo)

_____

EJERCICIO M

Composición   Using the words and expressions that you have learned, express the following in Spanish.

1. What a pity! Maria's younger brother can't come to the farewell party this weekend.
His cold is worse.

_____

2. The briefcase is going to be the best surprise, better said, gift, that (**que**) Enrique's
older brother is going to receive.

_____

3. He is going to buy a wristwatch at the jewelry shop near my house. The owner can
put an inscription on the back.

_____

4. When I say "See you," I know without doubt that I am going to visit your city and
we can see each other again.

_____

5. This is the worst birthday party. The young people don't dance. They want to talk,
flirt, and listen to the stereo.

_____

6. When we put on the light, we see that Clara is kissing her escort Miguel and Gloria
is embracing Ricardo, my oldest cousin.

_____

7. For the fifteenth birthday party there is a beautiful cake. On top of the cake there are sixteen candles. The inscription on the cake says "To (*para*) wish you good luck."

_____

8. Under the table there is a package and Susana opens it. With much affection, she says: "This birthday is the best in my life (**vida**). I am never going to forget your friendship. A thousand thanks."

_____

9. I am going to introduce my youngest brother Martin later (**más tarde**), although he is escorting my best friend.

_____

10. We are going to continue with the party because we want to have a good time. Among the young people, there are two sisters from another country. The older doesn't speak English and the younger is very shy (**tímida**). But we speak Spanish with her. At midnight, Martin, who (**que**) is next to Rosa, is going to shout: "Now we must say goodbye."

_____

Refrán	
En una fiesta, todos somos amigos.	*At a party, we are all friends.*

Spanish-English Vocabulary

This Spanish-English Vocabulary is intended to be complete for the context of this book.

Nouns are listed in the singular. Regular feminine forms of nouns are indicated by **(-a)** or the ending that replaces the masculine ending.

ABBREVIATIONS

adj.	adjective	*pl.*	plural
f.	feminine	*sing.*	singular
m.	masculine		

a eso de   at about
a la derecha   to the right
a la izquierda   to the left
a veces   at times
a ver   let's see
abogado(-a)   lawyer
abrigo *m.*   overcoat
abuela *f.*   grandmother
abuelo *m.*   grandfather
aceite *m.*   oil
aceptar   accept
acerca de   about, concerning
acompañar   to accompany
además (de)   in addition to
adiós   good-bye
aficionado(-a)   fan (*sports*)
agua *f.*   water
ahora   now
ahora mismo   right now
algo   something
algodón *m.*   cotton
alineación *f.*   line-up
allí   there
almacén *m.*   department store
almanaque *m.*   almanac
alumno(-a)   pupil
amarillo, -a   yellow
ambiente *m.*   atmosphere, surroundings

amigo(-a)   friend; **amigo(-a) por correspondencia**   pen pal
anaranjado, -a   orange
andén *m.*   platform
anotar   to store
antena parabólica *f.*   dish antenna
antes   before
anunciar   to advertise
anuncio *m.*   announcement, advertisement
apagafuegos *m. sing. & pl.*   fire extinguisher
apagar   to extinguish; to turn off (appliances)
aparato *m.*   appliance
aprender   to learn
aquí   here
árbitro *m. & f.*   umpire
arrancar   to start (car)
arreglar   to fix
arrestar   to arrest
arroz *m.*   rice; **arroz con pollo**   yellow rice with chicken
ascensor *m.*   elevator
asiento *m.*   seat
asignatura *m.*   subject (*school*)
asistir   to attend
atentamente   yours truly
atrapar   to catch

ausente   absent
avance *m.*   preview
avenida *f.*   avenue
ay de mí!   oh my!
ayudar   to help
azafrán *m.*   saffron
azul   blue

bajar   to get off
banco *m.*   bank
bandera *f.*   flag
barato, -a   inexpensive
barrio *m.*   neighborhood
bastante   enough
batazo *m.*   hit
bate *m.*   bat
batear   to bat
bebé *m. & f.*   baby
bebida *f.*   beverage
bello, -a   beautiful
biblioteca *f.*   library
bienes raíces *m. sing. & pl.*   real estate
bienvenido, -a   welcome (to)
blanco, -a   white
blusa *f.*   blouse
boca *f.*   mouth; **boca de agua**   fire
   hydrant
bocina *f.*   horn (*car*)
bodega *f.*   grocery store
bolsa   bag; **bolsa de papel**   paper bag
bombero(-a)   firefighter
bondadoso, -a   kind, generous
borrador *m.*   eraser
borrar   to erase
botella *f.*   bottle
botón *m.*   button
buenas tardes   good afternoon
buenos días   good morning, hello
bujía *f.*   spark plug
buscar   to look for

cada (*invariable*)   each
café *m.*   coffee; **café solo**   black coffee

cajero automático *m.*   ATM
   (Automated Teller Machine)
calcetín *m.*   sock
caldo gallego *m.*   traditional Spanish
   vegetable soup
calle *f.*   street
cama *f.*   bed
cámara *f.*   camera
cambiar   to change
cambio *m.*   change; **cambio de
   marchas**   gear shift
camión *m.*   truck; **camión de
   bomberos**   fire engine
camisa *f.*   shirt
camiseta *f.*   T-shirt
campo *m.*   country (rural area); field
¡caramba!   gosh!
cárcel *f.*   jail
cargo *m.*   charge (money transaction)
caricatura *f.*   cartoon
caries *f. sing. & pl.*   cavity (*dental*)
carne *f.*   meat
carnicería *f.*   butcher shop
caro, -a   expensive
carrera *f.*   run (*baseball*)
carro *m.*   car; **carro de escaleras de
   incendio**   hook and ladder truck
carta *f.*   letter
cartera *f.*   purse, wallet
casa *f.*   house; **casa de pisos**
   apartment house; **casa particular**
   private house
casco *m.*   helmet; **casco de bomberos**
   firefighter's helmet
casi   almost
causar   to cause; **causar dolor**   to
   cause pain
cena *f.*   supper, evening meal
centro *m.*   downtown
cepillar   to brush
cepillo *m.*   brush; **cepillo de dientes**
   toothbrush
cesto *m.*   wastebasket

chaleco *m.* vest
chaqueta *f.* jacket
cheque *m.* check
chicle *m.* chewing gum
ciencia *f.* science
cine *m.* movie theater
cinta de video *f.* videotape
cinturón *m.* belt
cita *f.* appointment
citación *f.* ticket
citar to quote
ciudad *f.* city
claramente clearly
cobertizo *m.* dugout
cobro: llamada al cobro *f.* collect
  telephone call
cocina *f.* cooking; kitchen
colgar to hang up
colmillo *m.* eye tooth
comedia *f.* play (theater)
comedor *m.* dining room
comenzar to begin
comer to eat
comestible food item
comida *f.* meal
como since
¿cómo? how; **¿cómo está Ud.?** how
  are you?; **¡cómo no!** of course;
  ¿cómo se llama Ud.? what's your
  name?
comprar to buy
comprender to understand
computador *m.* computer;
  computador portátil laptop
computadora *f.* computer;
  computadora portátil laptop
con with
conductor(-ora) driver
conocer to meet
conseguir to get, to obtain
consultorio *m.* doctor's office;
  consultorio sentimental column on
  relationships
contener to contain
contento, -a happy
contigo with you (familiar)

contra against
contrario(-a) opponent
corbata *f.* tie
corona *f.* crown
cortina *f.* curtain
coser to sew
creer to believe
crimen *m.* crime
cronista deportivo, -a sports reporter
crucigrama *m.* crossword puzzle
cuaderno *m.* notebook
cuadra *f.* block (city)
cuadro *m.* *infield* (baseball)
¡cuál? which?, what?
¿cuando? when?
¿cuánto, -a? how much?; **¿cuánto
  cuesta(n)?** how much does it /
  do they cost?; **¿cuántos, -as?** how
  many?
cuartel *m.* barracks; **cuartel de
  bomberos** *firehouse*
cuarto *m.* room; **cuarto de baño**
  bathroom; *also adj.:* **cuarto, -a** fourth
cuchara *f.* spoon
cucharadita *f.* teaspoonful
cuchillo *m.* knife
cuenta *f.* check, bill
cuento *m.* story
cuero *m.* leather
cuerpo *m.* body; **cuerpo de bomberos**
  fire company
cuidado *m.* care; **con cuidado**
  carefully

daño *m.* damage
dar to give, to show (movie); **dar a**
  to face; **dar con** to meet, to run into;
  dar de comer to feed; **dar un paseo**
  to take a walk
de of, from; **de compras** shopping;
  ¿de dónde? from where?; **de
  segunda mano** second hand, used;
  de todo everything; **de vez en
  cuando** from time to time
deber *m.* duty; *also verb:* **deber** to
  have to, must

décimo, -a   tenth

dejar   to leave

delante (de)   in front of

demasiado, -a   too

dentadura *f.*   denture

dependiente(-a)   salesperson

deporte *m.*   sport

deportivo, -a   sporting

derecho   straight ahead

desayuno *m.*   breakfast

descansar   to rest

descompuesto, -a   broken, out of order

describir   to describe

descolgar   to pick up (phone)

desear   to wish, want

después   afterwards; **después (de)** after

devolver   to return

diario *m.*   daily (newspaper); *also adj.*: **diario, -a**   daily

dibujo *m.*   drawing; **dibujo animado** cartoon

diccionario *m.*   dictionary

diente *m.*   tooth; **diente de leche** baby tooth

difícil   difficult

dinero *m.*   money; **dinero contante** cash

dirección *f.*   address; newspaper office

director(-a)   director

dirigir   directs

divertido, -a   entertaining

dólar *m.*   dollar

dolor *m.*   pain; **dolor de muelas** toothache

domingo *m.*   Sunday

dormitorio *m.*   bedroom

dosis *f. sing & pl.*   dose

dramaturgo(-a)   dramatist, playwright

dueño(-a)   owner

dulce *m.*   candy; also adj.: **dulce** sweet

DVD   digital video disc, DVD

edificio *m.*   building

ejemplar *m.*   copy

emergente *m. & f.*   pinch hitter

empate *m.*   tie

en   in, on; **en cambio**   on the other hand; **en casa**   at home; **en cuanto a**   as for; **en punto**   on the dot; sharp (time); **¿en qué puedo servirle?**   how can I help you?

encantado, -a   delighted

enfermedad *f.*   sickness

enfermero(-a)   nurse

enfermo, -a   sick

engrase *m.*   lube job

enojado   angry

ensayo *m.*   essay

entrada *f.*   ticket (for movie, show, event, etc.); inning (*baseball*)

entrar   to enter

entremés *m.*   appetizer

entretanto   meanwhile

entretenimiento *m.*   entertainment

época *f.*   era, age

equipo (sports)   team; **equipo de casa** home team

escalera *f.*   stair; **escalera de salvamento**   fire escape; **escalera mecánica**   escalator

escoger   to choose

escribir   to write

escritor(-ora)   writer

escritorio *m.*   teacher's desk

escuchar   to listen (to)

escuela *f.*   school; **escuela intermedia** middle school; **escuela primaria** elementary school; **escuela secundaria**   the high school

español, -ola   Spanish

esperar   to wait (for)

esposas *f. pl.*   handcuffs

esquina *f.*   corner

esta   this; **esta mañana**   this morning

ésta   this (one)

estación *f.*   station

estacionamiento *m.*   parking

estante *m.*   shelf

estar   to be; **estár bien**   to be OK; **estar listo**   to be ready; **estar seguro** to be sure

estilo *m.*   style; **estilo español** Spanish style

estimado *m.*   estimate

estrella *f.*   star

estreno *m.*   premiere, first performance

estudiante *m. & f.*   student

estudiar   to study

etiqueta *f.*   tag

euro *m.*   Euro (monetary unit used in most European countries)

evitar   to avoid

examinar   to examine

éxito *m.*   hit, success

fácil   easy

falda *f.*   the skirt

fanático(-a)   enthusiast, fan

farmacia *f.*   pharmacy

fiebre *f.*   fever

firmar   to sign

flan *m.*   Spanish custard

fracaso *m.*   flop, failure

frase *f.*   phrase, sentence

freno *m.*   brake

fresa *f.*   drill (dental)

frijol *m.*   bean

fuera (de)   outside of; **fuera del cuadro**   foul ball

función *f.*   performance

funcionar   to work; to function

garaje *m.*   the garage

garbanzo *m.*   chick pea

gastado, -a   worn out

generalmente   generally

gente *f.*   people

gentío *m.*   crowd

gimnasio *m.*   gym(nasium)

gozar (de)   to enjoy

gracias   thank you

grave   serious (illness)

gris *m.*   grey

guante *m.*   glove

guapo, -a   handsome

guardar   to keep; **guardar cama**   to stay in bed

guía *f.*   guide; **guía telefónica** telephone directory

guiar   to drive

guión *m.*   script

gusto *m.*   taste; **al gusto hispano** Hispanic-style

habitación *f.*   room

hablar   to speak; **hablar por teléfono** to talk on the telephone

hacer   to do, to make; **hacer caso (de)** to pay attention (to); **hacer cola**   to wait in line; **hacer footing**   to jog; **hacer preguntas**   to ask questions; **hacer un viaje**   to take a trip

hasta   until

hay   there is, there are; **hay que**   it's necessary, one must

helado *m.*   ice cream

hermano *m.*   brother

hispano(-a)   person with cultural roots in Spanish America

historia *f.*   history, story

hola   hello

hora *f.*   hour, time; **hora punta**   rush hour

horario *m.*   schedule

horóscopo *m.*   horoscope

humo *m.*   smoke

igualmente   same here

impermeable *m.*   raincoat

impuesto *m.*   tax

inalámbrico, -a   cordless

incendio *m.*   fire (destructive)

inclusive   including

informe *m.*   report

inglés, -esa   English

inspeccionar   to inspect

interés *m.*   interest

interesante   interesting

investigación *f.* research
invierno *m.* winter

jardín *m.* outfield
jefe(-efa) chief
jonrón *m.* homerun
jueves *m.* Thursday
jugar to play; **jugar al básquetbol /
fútbol / tenis** to play basketball /
soccer / tennis
jugador(-ora) player
jugo *juice*; **jugo de tomate** tomato
juice
juntos, -as together

ladrón *m.* (*f.* **ladrona**) thief
lámpara *f.* the lamp
lana *f.* wool
lanzar to throw
lanzador(-ora) pitcher
lápiz *m.* (*pl.* **lápices**) pencil
largo, -a long
lata *f.* can (container)
lección *f.* lesson
leche *f.* milk
leer to read
lejos far
levantarse to get up
libertador(-ora) liberator
libra *f.* pound
libro *m.* book
limpiar to clean
lineazo line drive
listo, -a ready
llama *f.* flame
llamada *f.* call
llanta *f.* tire
llave *f.* key
llenar to fill out
llevar to wear, to take, to carry
localidad *f.* seat (movie house)
locutor(-ora) announcer
lomita *f.* mound
los them (direct-object pronoun)
luego then (next)
lugar *m.* place

madre *f.* mother
mandar to send
manejar to field
manguera *f.* hose
mantel *m.* tablecloth
mantener to maintain
mantequilla *f.* butter
mañana *f.* morning
marca *f.* brand, make (of a product)
marcar to dial
marrón brown
martes *m.* Tuesday
matemáticas *f. pl.* mathematics
media hora half an hour
medianoche *f.* midnight
media *f.* stocking
medicina *f.* medicine
médico(-a) doctor
menor younger
menos except
mensaje *m.* message
mesa *f.* the table
metro *m.* subway
mi my
miércoles *m.* Wednesday
mirar to look, to watch; **mirar la
television** to watch TV
mismo, -a same
mitad half
moda *f.* style
módico, -a reasonable (price)
morado, -a purple
mostrar to show
mozo *m.* waiter
muchedumbre *f.* crowd
mucho gusto it's a pleasure
muebles *m. pl.* furniture
muela *f.* molar; **muela del juicio**
wisdom tooth
muelle *m.* dock
multa *f.* fine
multicines *m. sing. & pl.* multiple
mundial worldwide
muy bien very well

nada   nothing
nadie   nobody, no one
necesitar   to need
necesitar   I need
negro, -a   black
ni siquiera   not even
nieta *f.*   granddaughter
nieto *m.*   grandson
nombre *m.*   name
noticias *f. pl.*   news
novela *f.*   soap opera
nuestro, a   our
nuevo, -a   new
nunca   never

obra *f.*   work; **obra de consulta**
   reference work
octavo, -a   eighth
ocupado, a   busy
oficial *m.& f.*   officer
oficina *f.*   office
oír   to hear
ojo *f.*   eye
ortodoncia *f.*   orthodontia
oscuridad *f.*   darkness
otoño   fall
oxígeno   oxygen

padre *m.*   father
paella *f.*   typical Spanish yellow rice
   with seafood, chicken, and sausages
pagar   to pay
pago *m.*   payment
página *f.*   page
palabra *f.*   word
pálido, -a   pale
palillo *m.*   toothpick
palomita *f.*   fly ball; **palomita de maíz**
   popcorn
pan *m.*   bread
panadería *f.*   bakery
panadero(-era)   baker
panecillo *m.*   roll
pantalla *f.*   screen
pantalones *m. pl.*   pants

papel *m.*   paper; role (part)
papelera *f.*   wastebasket
par *m.*   pair
parabrisas *m.*   windshield
parada   bus stop
parar   to stop
pariente *m. &. f.*   relative
parque *m.*   park
parquear   to park
pasar   to happen
pasado, -a   past
pasajero(-a)   passenger
pasar lista   to take attendance
pasar un buen rato   to have a good
   time
pasatiempo *m.*   passtime
pasillo *m.*   aisle
pasta dentífrica *f.*   toothpaste
pastel *m.*   cake
patria *f.*   homeland
patronizar   to sponsor
pedir   to order, to ask for
película *f.*   film, movie
peligroso, -a   dangerous
pelota *f.*   ball; **pelota de béisbol**
   baseball;
perdido, -a   lost
periódico *m.*   newspaper
permiso *m.*   the permission; **permiso
   de conducir**   driver's license
perro *m.*   dog; **perro caliente**   hotdog
peso *m.*   monetary unit of Mexico
picante   spicy
píldora *f.*   pill
piso *m.*   the floor (level)
pizarra *f.*   the chalkboard
placa *f.*   badge
placer   pleasure
planchar   to iron
periodista *m. & f.*   journalist
plato *m.*   dish; home plate (baseball);
   plato principal   main dish
pluma *f.*   the pen
pobre   poor
poder   to be able; can
poesía   poetry

policía *m.* police officer; *f.* police woman; police force

poner to turn on (appliances)

por through; **por la noche** at night; **por supuesto** of course

portaguantes glove compartment

postizo, -a false

postre *m.* dessert

precio *m.* price

preferir to prefer

presentar to introduce

primavera *f.* spring

primero, -a first; **primeros auxilios** first aid

primo(-a) cousin

pronosticar to predict

pronto soon

propina *f.* tip, gratuity

propio, -a own

prosa *f.* prose

proteger to protect

próximo, -a next

público *m.* audience

pueblo *m.* town

puente *m.* bridge

puerta *f.* door; **puerta principal** main door

puerto *m.* port

pues well

pupitre *m.* student's desk

queja *f.* complaint

que that; **¡qué casa más bella!** what a beautiful house!; **¿qué dice Ud.?** what are you saying?; **¿qué hay de nuevo?** what's new?

quemar to burn

querer to want

quién who?; (*pl.* **quiénes**)

quinto, -a fifth

quiosco *m.* newstand

rápidamente quickly

receptor *m.* catcher, receiver

receta *f.* prescription

recetar to prescribe

recibir to receive

recién llegado, -a recently arrived

recomendar to recommend

reconocimiento *m.* checkup

recordar to remember

recurso *m.* resource

refresco *m.* soft drink

regresar to return

reloj *m.* clock, watch; **reloj de pulsera** wristwatch

reportero(-a) reporter

repostería *f.* pastry shop

reseña *f.* review (by a critic)

resfriado *m.* cold (illness)

responder to answer

restablecerse to get better, to recover

reunión *f.* meeting

revisar to check

revista *f.* magazine

rico, -a delicious

robo *m.* robbery

rociar to spray

rojo, -a red

ropa *f.* the clothing

rosado, -a pink

rueda *f.* wheel

sábado *m.* Saturday

saber to know (how)

sabroso, -a delicious

sacar to take out; **sacar la lengua** stick out one's tongue; **sacar una muela** to extract a molar

sala *f.* living room; **sala de clase** classroom; **la sala de recreo** the recreation room

salchicha *f.* sausage

salir to leave

salón *m.* room, hall; **salón de actos** auditorium

salud *f.* health

sangría *f.* typical Spanish drink with wine, fruit juice, and fruit

saber I know

seda *f.* silk; **seda dental** dental floss

según according to

segundo, -a   second
seguridad *f.*   security
sentarse   to sit down
señal *f.*   signal; **señal para marcar** dial tone
señora *f.*   Mrs.
séptimo, -a   seventh
ser   to be
servilleta *f.*   napkin
sexto, -a   sixth
sí   yes
sidra *f.*   cider
siempre   always
siglo *m.*   century
silla *f.*   chair
sillón *m.*   dentist's chair
simpático, -a   nice, pleasant
simulacro de incendio   fire drill
sin   without; **sin duda**   undoubtedly; **sin embargo**   however, nevertheless
sinceramente   sincerely
sitio *m.*   place
sombrero *m.*   hat
sonar   to ring; to sound
sótano *m.*   basement
su   his, her, your, their
subir   to go up
sucio, -a   dirty
suéter *m.*   sweater
supercarburante *m.*   high-octane fuel
supermercado *m.*   supermarket

tales como   such as
tan   so
tardar (en)   to delay
tarde *f.*   afternoon
tarea *f.*   assignment
tarifa *f.*   fare
tarjeta *f.*   card; **tarjeta de crédito** credit card
taza *f.*   cup
te   you (direct object)
tele(visión) *f.*   television
telecontrol *m.*   remote control
telefonear   to telephone
telefonista *m. & f.*   operator

televisor *m.*   TV set
temprano   early
tendero(-a)   shopkeeper
tenedor *m.*   fork
tener   to have; **tener calor**   to be warm; **tener frío**   to be cold; **tener lugar**   to take place; **tener paciencia** to be patient; **tener prisa**   to be in a hurry; **tener que**   to have to; **tener sed**   to be thirsty; **tener sueño**   to be sleepy
tercero, -a   third
terminado, -a   finished
tía *f.*   aunt
tiburón *m.*   shark
tiempo *m.*   weather
tienda *f.*   store; **tienda de comida rápida**   fast-food store; **tienda de videos**   video store
tintorería *f.*   dry cleaner
tío *m.*   uncle
tira cómica *f.*   comic strip
titular *m.*   headline
tiza *f.*   chalk
tomar   to drink; **tomar el almuerzo** to have lunch
torniquete *m.*   turnstile
tos *f.*   cough
trabajar   to work
traer   to bring
traje *m.*   suit
tratar   to treat

último, a   last; **última moda**   latest style
un poco   a bit
uniforme *m.*   uniform
uno   one; **una vez por semana**   once a week
usar   to use
útil   useful

vacaciones *f. pl.*   vacation
vagón *m.*   (train) car
valiente   brave
vaqueros *m. pl.*   jeans

vaso *m.*   glass
vegetal   vegetable
veloz   fast
venda *f.*   bandage
vender   to sell
venir   to come
ventana *f.*   window
verano *m.*   summer
verdadero, -a   real
verde   green
ver   to see; **verse**   to see each other
vestíbulo *m.*   lobby
vestido *m.*   dress
vez *f.*   time (*pl.* veces)
vida *f.*   life
videocasete *m.*   videocassette

videocinta *f.*   videotape
videograbadora *f.*   VCR
viernes *m.*   Friday
vino *m.*   wine
visitar   to visit
vitrina *f.*   showcase, shopwindow
vivir   to live
volante *m.*   steering wheel
vuelta   change (money)

y   and
ya   already; **ya lo creo**   indeed

zapato *m.*   shoe
zurdo, -a   lefthander